Learn German with Every Man Dies Alone Part I

HypLern Interlinear Project
www.hyplern.com

First edition: 2025, August

Author: Hans Fallada
Foreword: Camilo Andrés Bonilla Carvajal PhD

ISBN: 978-1-989643-35-8

kees@hyplern.com
www.hyplern.com

Learn German with Every Man Dies Alone Part I

Interlinear German to English

Author
Hans Fallada

HypLern Interlinear Project
www.hyplern.com

The HypLern Method

Learning a foreign language should not mean leafing through page after page in a bilingual dictionary until one's fingertips begin to hurt. Quite the contrary, through everyday language use, friendly reading, and direct exposure to the language we can get well on our way towards mastery of the vocabulary and grammar needed to read native texts. In this manner, learners can be successful in the foreign language without too much study of grammar paradigms or rules. Indeed, Seneca expresses in his sixth epistle that "Longum iter est per praecepta, breve et efficax per exempla[1]."

The HypLern series constitutes an effort to provide a highly effective tool for experiential foreign language learning. Those who are genuinely interested in utilizing original literary works to learn a foreign language do not have to use conventional graded texts or adapted versions for novice readers. The former only distort the actual essence of literary works, while the latter are highly reduced in vocabulary and relevant content. This collection aims to bring the lively experience of reading stories as directly told by their very authors to foreign language learners.

Most excited adult language learners will at some point seek their teachers' guidance on the process of learning to read in the foreign language rather than seeking out external opinions. However, both teachers and learners lack a general reading technique or strategy. Oftentimes, students undertake the reading task equipped with nothing more than a bilingual dictionary, a grammar book, and lots of courage. These efforts often end in frustration as the student builds mis-constructed nonsensical sentences after many hours spent on an aimless translation drill.

Consequently, we have decided to develop this series of interlinear translations intended to afford a comprehensive edition of unabridged texts. These texts are presented as they were originally written with no changes in word choice or order. As a result, we have a translated piece conveying the true meaning under every word from the original work. Our readers receive then two books in just one volume: the original version and its translation.

The reading task is no longer a laborious exercise of patiently decoding unclear and seemingly complex paragraphs. What's more, reading becomes an enjoyable and meaningful process of cultural, philosophical and linguistic learning. Independent learners can then acquire expressions and vocabulary while understanding pragmatic and socio-cultural dimensions of the target language by reading in it rather than reading about it.

Our proposal, however, does not claim to be a novelty. Interlinear translation is as old as the Spanish tongue, e.g. "glosses of [Saint] Emilianus", interlinear bibles in Old German, and of course James Hamilton's work in the 1800s. About the latter, we remind the readers, that as a revolutionary freethinker he promoted the publication of Greco-Roman classic works and further pieces in diverse languages. His effort, such as ours, sought to lighten the exhausting task of looking words up in large glossaries as an educational practice: "if there is any thing which fills reflecting men with melancholy and regret, it is the waste of mortal time, parental money, and puerile happiness, in the present method of pursuing Latin and Greek[2]".

Additionally, another influential figure in the same line of thought as Hamilton was John Locke. Locke was also the philosopher and translator of the Fabulae AEsopi in an interlinear plan. In 1600, he was already suggesting that interlinear texts, everyday communication, and use of the target language could be the most appropriate ways to achieve language learning:

> ...the true and genuine Way, and that which I would propose, not only as the easiest and best, wherein a Child might, without pains or Chiding, get a Language which others are wont to be whipt for at School six or seven Years together...[3]

---

1   "The journey is long through precepts, but brief and effective through examples". Seneca, Lucius Annaeus. (1961) Ad Lucilium Epistulae Morales, vol. I. London: W. Heinemann.

2   In: Hamilton, James (1829?) History, principles, practice and results of the Hamiltonian system, with answers to the Edinburgh and Westminster reviews; A lecture delivered at Liverpool; and instructions for the use of the books published on the system. Londres: W. Aylott and Co., 8, Pater Noster Row. p. 29.

3   In: Locke, John. (1693) Some thoughts concerning education. Londres: A. and J. Churchill. pp. 196-7.

Who can benefit from this edition?

We identify three kinds of readers, namely, those who take this work as a search tool, those who want to learn a language by reading authentic materials, and those attempting to read writers in their original language. The HypLern collection constitutes a very effective instrument for all of them.

1. For the first target audience, this edition represents a search tool to connect their mother tongue with that of the writer's. Therefore, they have the opportunity to read over an original literary work in an enriching and certain manner.
2. For the second group, reading every word or idiomatic expression in its actual context of use will yield a strong association between the form, the collocation, and the context. This will have a direct impact on long term learning of passive vocabulary, gradually building genuine reading ability in the original language. This book is an ideal companion not only to independent learners but also to those who take lessons with a teacher. At the same time, the continuous feeling of achievement produced during the process of reading original authors both stimulates and empowers the learner to study[1].
3. Finally, the third kind of reader will notice the same benefits as the previous ones. The proximity of a word and its translation in our interlinear texts is a step further from other collections, such as the Loeb Classical Library. Although their works might be considered the most famous in this genre, the presentation of texts on opposite pages hinders the immediate link between words and their semantic equivalence in our native tongue (or one we have a strong mastery of).

---

1 Some further ways of using the present work include:

1. As you progress through the stories, focus less on the lower line (the English translation). Instead, try to read through the upper line, staying in the foreign language as long as possible.
2. Even if you find glosses or explanatory footnotes about the mechanics of the language, you should make your own hypotheses on word formation and syntactical functions in a sentence. Feel confident about inferring your own language rules and test them progressively. You can also take notes concerning those idiomatic expressions or special language usage that calls your attention for later study.
3. As soon as you finish each text, check the reading in the original version (with no interlinear or parallel translation). This will fulfil the main goal of this

collection: bridging the gap between readers and original literary works, training them to read directly and independently.

Why interlinear?

Conventionally speaking, tiresome reading in tricky and exhausting circumstances has been the common definition of learning by texts. This collection offers a friendly reading format where the language is not a stumbling block anymore. Contrastively, our collection presents a language as a vehicle through which readers can attain and understand their authors' written ideas.

While learning to read, most people are urged to use the dictionary and distinguish words from multiple entries. We help readers skip this step by providing the proper translation based on the surrounding context. In so doing, readers have the chance to invest energy and time in understanding the text and learning vocabulary; they read quickly and easily like a skilled horseman cantering through a book.

Thereby we stress the fact that our proposal is not new at all. Others have tried the same before, coming up with evident and substantial outcomes. Certainly, we are not pioneers in designing interlinear texts. Nonetheless, we are nowadays the only, and doubtless, the best, in providing you with interlinear foreign language texts.

Handling instructions

Using this book is very easy. Each text should be read at least three times in order to explore the whole potential of the method. The first phase is devoted to comparing words in the foreign language to those in the mother tongue. This is to say, the upper line is contrasted to the lower line as the following example shows:

Die	Briefträgerin	Eva	Kluge	steigt	langsam	die	Stufen
The	letter-carrier-female postwoman	Eva	Kluge	rises mounts	slowly	the	steps

im	Treppenhaus	Jablonskistraße	55	hoch.	Sie	ist	nicht
in the	stairwell	(of the) Jablonskistreet	55	high up	She	is	not

nur	deshalb	so	langsam,	weil	ihr	Bestellgang	sie
only	therefore	so	slow	because	her	order walk mail delivery	her

ermüdet	hat,	auch	weil	einer	jener	Briefe	in	ihrer
tired	has	also	because	one	of those	Letters	in	her

Tasche	steckt,	die	abzugeben	sie	haßt,	und	jetzt	gleich,
bag	tucked	that	to deliver	she	hates	and	now	directly

zwei	Treppen	höher,	muß	sie	ihn	bei	Quangels
two	stairs	higher	must	she	it	at to	(the) Quangels

abgeben.
deliver

The second phase of reading focuses on capturing the meaning and sense of the original text. As readers gain practice with the method, they should be able to focus on the target language without getting distracted by the translation. New users of the method, however, may find it helpful to cover the translated lines with a piece of paper as illustrated in the image below. Subsequently, they try to understand the meaning of every word, phrase, and entire sentences in the target language itself, drawing on the translation only when necessary. In this phase, the reader should resist the temptation to look at the translation for every word. In doing so, they will find that they are able to understand a good portion of the text by reading directly in the target language, without the crutch of the translation. This is the skill we are looking to train: the ability to read and understand native materials and enjoy them as native speakers do, that being, directly in the original language.

Die   Brieftägerin   Eva Kluge steigt langsam die Stufen
The   letter-carrier-f...   s
       postwoma...

im   Treppenha...   cht
in the   stairwell   ot
                                     up

nur   deshalb   so   langsam,   weil   ihr   Bestellgang   sie
only   therefore   so   slow   because   her   order walk   her
                                  mail delivery

ermüdet   hat,   auch   weil   einer   jener   Briefe   in   ihrer
tired   has   also   because   one   of those   Letters   in   her

Tasche   steckt,   die   abzugeben   sie   haßt,   und   jetzt   gleich,
bag   tucked   that   to deliver   she   hates   and   now   directly

zwei   Treppen   höher,   muß   sie   ihn   bei   Quangels
two   stairs   higher   must   she   it   at   (the) Quangels
                                  to

abgeben.
deliver

In the final phase, readers will be able to understand the meaning of the text when reading it without additional help. There may be some less common words and phrases which have not cemented themselves yet in the reader's brain, but the majority of the story should not pose any problems. If desired, the reader can use an SRS or some other memorization method to learning these straggling words.

Die Brieftägerin Eva Kluge steigt langsam die Stufen im Treppenhaus Jablonskistraße 55 hoch. Sie ist nicht nur deshalb so langsam, weil ihr Bestellgang sie ermüdet hat, auch weil einer jener Briefe in ihrer Tasche steckt, die abzugeben sie haßt, und jetzt gleich, zwei Treppen höher, muß sie ihn bei Quangels abgeben.

Above all, readers will not have to look every word up in a dictionary to read a text in the foreign language. This otherwise wasted time will be spent concentrating on their principal interest. These new readers will tackle authentic texts while learning their vocabulary and expressions to use in further communicative (written or oral) situations. This book is just one work from an overall series with the same purpose. It really helps those who are afraid of having "poor vocabulary" to feel confident about reading directly in the language. To all of them and to all of you, welcome to the amazing experience of living a foreign language!

Additional tools

Check out shop.hyplern.com or contact us at info@hyplern.com for free mp3s (if available) and free empty (untranslated) versions of the eBooks that we have on offer.

For some of the older eBooks and paperbacks we have Windows, iOS and Android apps available that, next to the interlinear format, allow for a pop-up format, where hovering over a word or clicking on it gives you its meaning. The apps also have any mp3s, if available, and integrated vocabulary practice.

Visit the site hyplern.com for the same functionality online. This is where we will be working non-stop to make all our material available in multiple formats, including audio where available, and vocabulary practice.

Table of Contents

Die Post bringt eine schlimme Nachricht

The mail brings a bad tiding

Die	Brieftägerin	Eva	Kluge	steigt	langsam	die	Stufen	im	Treppenhaus
The	letter-carrier-female postwoman	Eva	Kluge	rises mounts	slowly	the	steps	in the	stairwell

Jablonskistraße	55	hoch.	Sie	ist	nicht	nur	deshalb	so	langsam,	weil
(of the) Jablonskistreet	55	high up	She	is	not	only	therefore	so	slow	because

ihr	Bestellgang	sie	ermüdet	hat,	auch	weil	einer	jener	Briefe	in	ihrer
her	order walk mail delivery	her	tired	has	also	because	one	of those	Letters	in	her

Tasche	steckt,	die	abzugeben	sie	haßt,	und	jetzt	gleich,	zwei	Treppen
bag	tucked	that	to deliver	she	hates	and	now	directly	two	stairs

höher,	muß	sie	ihn	bei	Quangels	abgeben.
higher	must	she	it	at to	(the) Quangels	deliver

Vorher	hat	sie	den	Persickes	in	der	Etage	darunter	den	Schulungsbrief
Before	had	she	(to) the	Persickes	in	the	floor	below	the	training letter

auszuhändigen.	Persicke	ist	Amtswalter	oder	Politischer	Leiter	oder	sonst
handed over	Persicke	is	Official	or	Political	Leader	or	something

was	in	der	Partei	–	Eva	Kluge
else	in	the	(political) Party		Eva	Kluge

bringt	alle	diese	Ämter	noch	immer	durcheinander.	Jedenfalls	muß	man	bei
brings	all	these	offices	still	always still mixes up all these offices	confused	In any case	must	one	at to

Persickes	»Heil	Hitler!«	grüßen	und	sich	gut	vorsehen	mit	dem,	was
Persickes	"Hail	Hitler"	greet	and	oneself	well be careful	provide	with	the that	what

man	sagt.	Das	muß	man	freilich	überall,	selten	mal	ein	Mensch,	dem
one	says	This	must	one	freely truly	(do) everywhere	rarely	time once	a	person	that

Eva	Kluge	sagen	kann,	was	sie	wirklich	denkt.	Sie	ist	politisch	gar	nicht
Eva	Kluge	tell	can	what	she	really	thought	She	is	politically	really	not

interessiert, sie ist einfach eine Frau, und als Frau findet sie,
Interested she is simply a woman and as (a) woman finds she thinks

daß man Kinder nicht darum in die Welt gesetzt hat,
would that one children not therefore in the world set has
not bring children into the world

daß sie totgeschossen werden. Auch ein Haushalt ohne Mann ist
that they shot dead will Also a household without husband is
to be shot dead

nichts wert, vorläufig hat sie gar nichts mehr, weder die beiden Jungen
not (of) worth for now has she really nothing more neither the both boys
worthless left

noch den Mann, noch den Haushalt. Statt dessen hat sie
nor the husband nor the household Instead of this has she

den Mund zu halten, sehr vorsichtig zu sein und ekelhafte Feldpostbriefe
the mouth to hold very careful to be and disgusting field mail letters
to keep quiet

auszutragen, die nicht mit der Hand, sondern mit der Maschine
to deliver which not with the hand but with the machine

geschrieben sind und als Absender den Regimentsadjutanten nennen.
written are and as the sender the Regimental Aides name
are written

Sie klingelt bei Persickes, sagt »Heil Hitler!« und gibt dem alten
She rings at the Persickes says Hail Hitler and gives the old

Saufkopp seinen Schulungsbrief. Er hat auf dem Rockaufschlag das
drink-head his trainings letter He has on the jacket lapel the
drunk

Partei- und das Hoheitszeichen sitzen und fragt: »Wat jibt's denn
(political) party and the highness sign sit and asks What gives it then
is there

Neues?«
news

Sie antwortet: »Haben Sie denn die Sondermeldung nicht gehört?
She answers Have you then the special notice not heard

Frankreich hat kapituliert.«
France has capitulated
surrendered

Persicke ist durchaus nicht mit ihr zufrieden. »Mensch, Frollein, det
Persicke is throughout not with her satisfied Human Madam that
(Woman: derogative)

3

weeß ick natürlich; aber Se saren det so, als ob Sie Schrippen vakoofen
know I of course but you say it so as if you donuts sell

täten! Det müssen Se zackig rausbringen! Det müssen Se jedem saren,
do That must you brisk out-bring That must you everyone say
utter

der keenen Radio hat, det überzeugt noch die letzten Meckerköppe! Der
who no radio has that convinces still the last whine-heads The

zweite Blitzkrieg, hätten wa ooch geschafft, und nu ab Trumeau nach
second blitzkrieg have we also managed and now off Trumeau to

England! In 'nem Vierteljahr sind die Tommys erledigt, und denn sollste
England In a quarter year are the Tommy's done and then shall

mal sehen, wie unser Führer uns leben läßt! Denn können die andern
(a) time see how our leader us live lets Then can the others
indeed

bluten, und wir sind die Herren der Welt! Komm rin, Mächen, trink 'nen
bleed and we are the lords of the world Come in girl drink a

Schnaps mit! Amalie, Erna, August, Adolf, Baldur – alle ran! Heute
Schnapps along Amalie Erna August Adolf Baldur all there-on Today
drink come

wird blaujemacht, heute wird keene Arbeet anjefaßt! Heute begießen wir
becomes blue-made today will no work started Today pour we
drunk become

uns mal die Neese, und am Nachmittag gehen wa bei de olle
ourselves once the nose and at the afternoon go we at the old

Jüdische in de vierte Etage, und det Aas muß uns Kaffee und Kuchen
jew in the fourth floor and that carrion must us coffee and cakes

jeben! Ick sare euch, die Olle muß, jetzt kenne ick keen Abarmen
give I say you the old must now know I no mercy

mehr!«
(any)more

Während Herr Persicke, von seiner Familie umstanden, sich in immer
During that Mr. Persicke by his family surrounded himself in always

aufgeregteren Ausführungen ergeht und die ersten Schnäpse schon hinter
more excited presentations goes up and the first drink already behind

die Binde zu gießen beginnt, ist die Briefträgerin in die Etage darüber
the bandage to pour begins is the letter carrier in the floor there over
mustache

hinaufgestiegen und hat bei den Quangels geklingelt. Sie hält den Brief
up risen and had at the Quangels rung She holds the letter
mounted

schon in der Hand, ist bereit, sofort weiterzulaufen. Aber sie hat
already in the hand is ready immediately farther to walk But she has

Glück, nicht die Frau, die meist ein paar freundliche Worte mit ihr
luck not the woman who most a few friendly words with her
often

wechselt, sondern der Mann mit dem scharfen, vogelähnlichen Gesicht,
exchanges but the man with the sharp bird-like face

dem dünnlippigen Mund und den kalten Augen öffnet ihr. Er nimmt
the thin-lipped mouth and the cold eyes opens her He takes

wortlos den Brief aus ihrer Hand und zieht ihr die Tür vor der Nase
word-less the letter from her hand and pulls her the door before the nose
silently

zu, als sei sie eine Diebin, vor der man sich vorzusehen hat.
close as be she a thief for who one himself to guard has

Eva Kluge zuckt nur die Achseln und geht wieder die Treppen hinunter.
Eva Kluge shrugs only the shoulders and goes again the stairs down

Manche Menschen sind eben so; solange sie die Post in der
Many people are even so as long they the mail in the
like that

Jablonskistraße austrägt, hat der Mann noch nie ein einziges Wort zu ihr
Jablonskistreet carries out has the man still not a single word to her

gesagt. Nun, laß ihn, sie kann ihn nicht ändern, hat sie doch nicht
said Now let him she can him not change has she indeed not

einmal den eigenen Mann ändern können, der mit Kneipensitzen und mit
even the own man change been able who with bar-sitting and with

Rennwetten sein Geld vertut, und der zu Haus nur dann auftaucht,
gambling his money wastes and who at the house only then ducks up
turns up

wenn er ganz abgebrannt ist.
when he totally burned up is

Bei den Persickes haben sie die Flurtür offengelassen, aus der Wohnung
At the Persickes have they the floor door open let from the house
apartment

klingt Gläsergeklirr und das Lärmen der Siegesfeier. Die Briefträgerin zieht
sounds glass-ringing and the noises of the victory feast The mail carrier pulls

die Flurtür sachte ins Schloß und steigt weiter hinab. Dabei denkt sie,
the floor-door close in (the) lock and rises further down There-by thinks she
climbs

daß dies eigentlich eine gute Nachricht ist, denn durch den raschen
that this actually a good notice is, then through the quick

Sieg über Frankreich wird der Friede nähergerückt. Dann kommen die
victory over France becomes the peace closer-moved Then come the
approached

beiden Jungen wieder.
both boys again

Bei diesen Hoffnungen aber stört sie das ungemütliche Gefühl, daß
At these hopes however bothers her the uncomfortable feeling that

dann solche Leute wie die Persickes ganz obenauf sein werden. Solche
then such people as the Persickes all over-up be will Such (ones)
on top

zu Herren haben und immer den Mund halten müssen und nie sagen
to lords have and always the mouth keep (shut) to must and not say
as

dürfen, wie einem ums Herz ist, das scheint ihr auch nicht das
may how one (it) around the heart is, that seems her also not the
feels

Richtige.
right (thing)

Flüchtig denkt sie auch an den Mann mit dem Vogelgesicht, dem sie
Fleeting thinks she also on the man with the bird-face who she
of

eben den Feldpostbrief ausgehändigt hat, und sie denkt an die alte Jüdin
just the field-post-mail out-handed had and she thinks on the old Jew
handed over of

Rosenthal, oben im vierten Stock, der die von der Gestapo vor
Rosenthal over in the fourth floor of whom those of the Gestapo before
up ago

zwei Wochen den Mann weggeholt haben. Die kann einem leid tun,
two weeks the man taken away have That one can one suffer do
make

die Frau. Rosenthals haben früher ein Wäschegeschäft an der Prenzlauer
that woman Rosenthal's have before a laundry business at the Prenzlauer

6

Allee gehabt. Das ist dann arisiert worden, und nun ist der Mann
avenue had That is then arianised become and now is the man
stolen by nazi's

weg, der nicht weit von Siebzig ab sein kann. Was Böses getan haben
gone who not far from seventy off be can Some evil done have

die beiden alten Leute sicher nie jemandem, immer angeschrieben, auch
the both old people surely not anyone always written-on also

für die Eva Kluge, wenn mal kein Geld für Kinderwäsche da war, und
for the Eva Kluge when once no money for child-wash there was and

schlechter oder teurer als in andern Geschäften war die Ware bei
worse or more expensive as in other businesses was the goods at the

Rosenthals auch nicht. Nein, es will nicht in den Kopf von Frau Eva
Rosenthals also not No it will not in the head of Mrs. Eva
goes

Kluge, daß so ein Mann wie der Rosenthal schlechter sein soll als die
Kluge that such a man as the Rosenthal worse be should as the

Persickes, bloß weil er ein Jude ist. Und nun sitzt die alte Frau da
Persickes just because he a Jew is And now sit the old woman there

oben in der Wohnung mutterseelenallein und traut sich nicht mehr auf
up in the house mother-soul-alone and trusts herself not (any)more on
apartment totally alone

die Straße. Erst wenn es dunkel geworden ist, macht sie mit dem
the street Only when it dark become is makes she with the

Judenstern ihre Einkäufe, wahrscheinlich hungert sie. Nein, denkt Eva Kluge,
Jew-star her in-buys probably hungers she No thinks Eva Kluge
star of David groceries

und wenn wir zehnmal über Frankreich gesiegt haben, gerecht
and when we ten times over France triumphed have just

geht es nicht bei uns zu ...
goes it not with us to
happen things not

Damit ist sie in das nächste Haus gekommen und setzt dort ihren
There with is she in the next house come and sets there her
continues

Bestellgang fort.
order walk away
mail delivery

7

Der Werkmeister Otto Quangel ist unterdes mit dem Feldpostbrief in die
The work-master Otto Quangel is under-that with the field-mail-letter in the
meanwhile

Stube gekommen und hat ihn auf die Nähmaschine gelegt. »Da!« sagt
(living)room come and has it on the sewing machine laid There says

er nur. Er läßt seiner Frau stets das Vorrecht, diese Briefe zu öffnen,
he only He lets his wife always the privilege these letters to open

weiß er doch, wie sehr sie an ihrem einzigen Sohne Otto hängt. Nun
knows he indeed how much she on her only son Otto hangs Now

steht er ihr gegenüber; er hat die dünne Unterlippe zwischen die Zähne
stands he her opposite he has the thin underlips between the teeth

gezogen und wartet auf das freudige Erglänzen ihres Gesichtes. Er liebt in
sucked and waits on the peaceful gleaming of her face He loves in

seiner wortkargen, stillen, ganz unzärtlichen Art diese Frau sehr.
his word-scarce quiet all un-tender way this woman much

Sie hat den Brief aufgerissen, einen Augenblick leuchtete ihr Gesicht
She had the letter up-ripped one moment lit her face
ripped open

wirklich; dann erlosch das, als sie die Schreibmaschinenschrift sah. Ihre
really then extinguished it as she the typewriter-writing saw Her

Miene wurde ängstlich, sie las langsamer und langsamer, als scheute
expression became fearful she read slower and slower as shied
feared

sie sich vor jedem kommenden Wort. Der Mann hat sich vorgebeugt
she herself for each coming word The man had himself leaned forwards

und die Hände aus den Taschen genommen. Die Zähne sitzen jetzt fest
and the hands from the pockets taken The teeth sit now fast

auf der Unterlippe, er ahnt Unheil. Es ist ganz still in der Stube. Nun
on the underlip he suspects woe It is totally quiet in the room Now

fängt der Atem der Frau an, keuchend zu werden.
starts the breath (of) the woman -on- coughing to become

Plötzlich stößt sie einen leisen Schrei aus, einen Laut, wie ihn ihr
Suddenly pushes she a soft cry out a sound as it her
utters

Mann noch nie gehört hat. Ihr Kopf fällt vornüber, schlägt erst gegen
husband yet not heard has Her head falls forward strikes first against

die Garnrollen auf der Maschine und sinkt zwischen die Falten der
the thread-rolls on the machine and sinks between the folds of the

Näharbeit, den verhängnisvollen Brief verdeckend.
sewing work the fatal letter covering

Quangel ist mit zwei Schritten hinter ihr. Mit einer bei ihm ganz
Quangel is with two steps behind her With a with him all
for

ungewohnten Hast legt er seine große, verarbeitete Hand auf ihren
unusual haste lays he his large worked hand on her

Rücken. Er fühlt, daß seine Frau am ganzen Leibe zittert. »Anna!« sagt
back He feels that his wife on the whole body trembles Anna says

er. »Anna, bitte!« Er wartet einen Augenblick, dann wagt er es: »Ist
he Anna please He waits a moment then dares he it Is

was mit Otto? Verwundet, wie? Schwer?«
something with Otto Wounded how Heavy
Badly

Das Zittern geht fort durch den Leib der Frau, aber kein Laut
The trembling goes on through the body of the woman but no sound

kommt von ihren Lippen. Sie macht keine Anstalten, den Kopf zu heben
comes from her lips She makes no moves the head to lift

und ihn anzusehen.
and him to look at

Er blickt auf ihren Scheitel hinunter, er ist so dünn geworden in den
He looks on her skull down it is so thin become in the

Jahren, seit sie verheiratet sind. Nun sind sie alte Leute; wenn Otto
years since they married are Now are they old people when Otto

wirklich was zugestoßen ist, wird sie niemanden haben und
really something to-struck is will she no one have and
happened

bekommen, den sie liebhaben kann, nur ihn, und er fühlt immer, an ihm
get who she love can only him and he feels always on him

ist nicht viel zum Liebhaben. Er kann ihr nie und mit keinem Wort
is not much to the loving He can her not and with no word

sagen, wie sehr er an ihr hängt. Selbst jetzt kann er sie nicht streicheln,
say how much he on her hangs Even now can he her not stroke

9

ein bißchen zärtlich zu ihr sein, sie trösten. Er legt nur seine schwere
a bit tender to her be her console He puts only his heavy

Hand auf ihren dünnen Scheitel, er zwingt sanft ihren Kopf hoch, seinem
hand on her thin skull he swings softly her head high his

Gesicht entgegen, er sagt halblaut: »Was die uns schreiben, wirst du mir
face towards he says half-loud What they us write will you me

doch sagen, Anna?«
indeed say Anna

Aber obwohl jetzt ihre Augen ganz nahe den seinen sind, sieht sie ihn
But although now her eyes all close of the his are sees she him
looks

nicht an, sondern hält sie fest geschlossen. Ihr Gesicht ist gelblichblaß,
not on but holds them fast closed Her face is yellow pale
at keeps tightly

ihre sonst frischen Farben sind geschwunden. Auch das Fleisch über den
her otherwise fresh colors are faded Also the flesh over her

Knochen scheint fast aufgezehrt, es ist, als sähe er einen Totenkopf an.
bones seems almost up-eaten it is as see he a dead-head on
shrunk looked skull at

Nur die Wangen und der Mund zittern, wie der ganze Körper zittert,
Only the cheeks and the month tremble as the whole body trembles

von einem geheimnisvollen inneren Beben erfaßt.
from a secret inner trembling grasped
taken

Wie Quangel in dies vertraute, jetzt so fremde Gesicht schaut, wie er
As Quangel in this trusted now so strange face stares as he

sein Herz stark und stärker schlagen fühlt, wie er seine völlige
his heart strong and stronger beat feels as he his full

Unfähigkeit spürt, ihr ein bißchen Trost zu spenden, packt ihn eine
inability feels her a bit (of) consolation to administer grabs him a

tiefe Angst. Eigentlich eine lächerliche Angst diesem tiefen Schmerz seiner
deep fear Actually a ridiculous fear of this deep hurt of his

Frau gegenüber, nämlich die Angst, sie könne zu schreien anfangen, noch
wife opposite namely the fear she can to cry start still
towards

viel lauter und wilder, als sie eben schrie. Er ist immer für Stille gewesen, niemand sollte etwas von Quangels im Haus merken. Und gar Gefühle laut werden lassen: nein! Aber auch in dieser Angst kann der Mann nicht mehr sagen, als er vorhin schon gesagt hat: »Was haben sie denn geschrieben? Sag doch, Anna!«

Wohl liegt der Brief jetzt offen da, aber er wagt nicht, nach ihm zu fassen. Er müßte dabei den Kopf der Frau loslassen, und er weiß, dieser Kopf, dessen Stirne schon jetzt zwei blutige Flecke aufweist, fiele dann wieder gegen die Maschine.

Er überwindet sich, noch einmal fragt er: »Was ist denn mit Ottochen?«

Es ist, als habe dieser vom Manne fast nie benutzte Kosename die Frau aus der Welt ihres Schmerzes in dieses Leben zurückgerufen. Sie schluckt ein paarmal, sie öffnet sogar die Augen, die sonst sehr blau sind und jetzt wie ausgeblaßt aussehen. »Mit Ottochen?« flüstert sie fast. »Was soll denn mit ihm sein? Nichts ist mit ihm, es gibt kein

Ottochen mehr, das ist es!«
little Otto (any)more that is it

Der Mann sagt nur ein »Oh!«, ein tiefes »Oh!« aus dem Innersten seines
The man says only an Oh a deep Oh from the inner of his

Herzens heraus. Ohne es zu wissen, hat er den Kopf seiner Frau
heart out Without it to know has he the head of his wife

losgelassen und greift nach dem Brief. Seine Augen starren auf die Zeilen,
let go of and grabs after the letter His eyes stare on the lines

ohne sie noch lesen zu können.
without them still read to be able

Da reißt ihm die Frau den Brief aus der Hand. Ihre Stimmung ist
There rips him the wife the letter from the hand Her mood has

umgeschlagen, zornig reißt sie das Briefblatt in Fetzen, in Fetzchen, in
turned around angry rips she the letter-leaf in shraps in little shraps in

Schnitzelchen, und dabei spricht sie ihm überstürzt ins Gesicht: »Was
little snips and there-by speaks she him over-rushed in the face What
                                        hastily

willst du den Dreck auch noch lesen, diese gemeinen Lügen, die sie
want you the filth also still read these mean lies that they

allen schreiben? Daß er den Heldentod gestorben ist für seinen Führer
all write That he the hero death died is for his leader

und für sein Volk? Daß er ein Muster von 'nem Soldaten und Kameraden
and for his people That he a model of a soldier and comrade

abgab? Das willst du dir von denen erzählen lassen, wo wir doch
gave off That want you yourself from those tell let who we indeed
was

beide wissen, daß Ottochen am liebsten an seinen Radios rumgebastelt
both know that little Otto at the dearest on his radio fiddled

hat, und weinen tat er, als er zu den Soldaten mußte! Wie oft hat er
had and cry did he as he to the soldiers must How often had he

mir in seiner Rekrutenzeit gesagt, daß er lieber seine ganze rechte Hand
me in his recrute time said that he rather his whole right hand

hergäbe, bloß um von denen loszukommen! Und jetzt ein Muster von
gave away just for from them loose to come And now a model of (a)

Soldat und Heldentod! Lügen, alles Lügen! Aber das habt ihr angerichtet
soldier and hero death Lies all lies But that have you brought about

mit eurem elenden Krieg, du und dein Führer!«
with your miserable war you and your leader

Jetzt steht sie vor ihm, die Frau, kleiner als er, aber ihre Augen
Now stands she in front of him the woman smaller than he but her eyes
        him

sprühen Blitze vor Zorn.
spray lightnings of anger

»Ich und mein Führer?« murmelt er, ganz überwältigt von diesem Angriff.
I and my leader mumbles he all overcome by this attack

»Wieso ist er denn plötzlich mein Führer? Ich bin doch gar nicht in
How so is he then suddenly my leader I am indeed at all not in

der Partei, bloß in der Arbeitsfront, und da müssen alle rein. Und
the (political) party only in the work front and there must all in And

gewählt haben wir ihn ein einziges Mal, alle beide.«
chosen have we him one single time all both

Er sagt das in seiner umständlichen, langsamen Art, nicht so sehr, um
He says that in his verbose slow way not so much for

sich zu verteidigen, als um die Tatsachen klarzustellen. Er versteht
himself to defend as for the things clear to make He understands

noch nicht, wie die Frau plötzlich zu diesem Angriff gegen ihn kommt.
still not how the woman suddenly to this attack against him comes

Sie waren doch immer eines Sinnes gewesen ...
They were indeed always one sense been
    had   opinion

Aber sie sagt hitzig: »Wozu bist du denn der Mann im Haus und
But she says heated Where-to are you then the man in the house nad

bestimmst alles, und alles muß nach deinem Kopf gehen, und
decides everything and everything must after your head go and

wenn ich nur einen Verschlag für die Winterkartoffeln im Keller haben
when I only a hutch for the winter potatoes in the basement have

will: er muß sein, wie du willst, nicht wie ich will. Und in einer so
want he must be as you want not how I want And in a such

wichtigen Sache hast du falsch bestimmt! Aber du bist ein Leisetreter,
important case have you false decided But you are a soft-stepper

nur deine Ruhe willst du haben und bloß nicht auffallen. Du hast
only your rest (peace and quiet) want you have and at all not fall up (be visible) You have

getan, was sie alle taten, und wenn sie geschrien haben: ›Führer befiehl,
done what they all did and when they cried have Leader order

wir folgen!‹, so bist du wie ein Hammel hinterhergerannt. Und wir haben
we follow so are (have) you as a mutton run after And we have

wieder hinter dir herlaufen müssen! Aber nun ist mein Ottochen tot, und
again after you walk away must But now is my little Otto dead and

kein Führer der Welt und auch du nicht bringen ihn mir wieder!«
no leader of the world and also you not bring him me again

Er hörte sich das alles ohne ein Widerwort an. Er war nie der
He heard himself that all without an against-word -on- (denying answer) He was not the

Mann gewesen, sich zu streiten, und er fühlte es zucken, daß nur der
man been himself to battle (argue) and he felt it flinch that only the

Schmerz aus ihr sprach. Er war beinahe froh darüber, daß sie ihm
hurt from her spoke He was almost happy there-about that she him

zürnte, daß sie ihrer Trauer noch keinen freien Lauf ließ. Er sagte
angry with was that she her grief still no free course let He said

nur zur Antwort auf diese Anklagen: »Einer wird's der Trudel sagen
only to the answer on these accusations One (of us) will it the Trudel say

müssen.«
must

Die Trudel war Ottochens Mädchen gewesen, fast schon seine Verlobte;
The Trudel was the little Otto's girl been almost already his fiancee

zu seinen Eltern hatte die Trudel Muttchen und Vater gesagt. Sie kam
to his parents had the Trudel little mother and father said She came

abends oft zu ihnen, auch jetzt, da Ottochen fort war, und
in the evening often to them also now there (when) little Otto away was and

schwatzte mit ihnen. Am Tage arbeitete sie in einer Uniformfabrik.
chatted with them At the day worked she in a uniform factory

Die Erwähnung der Trudel brachte Anna Quangel sofort auf andere
The mentioning of the Trudel brought Anna Quangel immediately on other

Gedanken. Sie warf einen Blick auf den blitzenden Regulator an der
thoughts She threw a glance on the blinking regulator on the

Wand und fragte: »Wirst du's noch bis zu deiner Schicht schaffen?«
wall and asked Will you it still until to your shift manage

»Ich habe heute die Schicht von eins bis elf«, antwortete er. »Ich werd's
I have today the shift from one to eleven answered he I will it

schaffen.«
manage

»Gut«, sagte sie. »Dann geh, aber bestell sie nur hierher und sag ihr
Good said she Then go but order her only here and say her

noch nichts von Ottochen. Ich will's ihr selber sagen. Dein Essen ist um
still nothing from little Otto I will it her myself say Your food is at

zwölfe fertig.«
twelve ready

»Dann geh ich und sag ihr, sie soll heute abend vorbeikommen«, sagte
Then go I and say her she should today evening along come said

er, ging aber noch nicht, sondern sah ihr ins gelblichweiße, kranke
he went however still not but saw her in the yellow white sick

Gesicht. Sie sah ihn wieder an, und eine Weile betrachteten sie sich
face She saw him again on and a while watched they each other

so schweigend, die beiden Menschen, die an die dreißig Jahre
like that in silence the both humans who on the thirty years

miteinander verbracht hatten, immer einträchtig, er schweigsam und still
with each other spent had always in unison he in silence and quiet

sie ein bißchen Leben in die Wohnung bringend.
she a little life in the house bringing

Aber so sehr sie sich jetzt auch anschauten, sie hatten einander
But so much (as) they each other now also looked at they had each other

kein Wort zu sagen. So nickte er und ging.
not (a) word to say Thus nodded he and went

Sie hörte die Flurtür klappen. Und kaum wußte sie ihn wirklich fort,
She heard the floor door bang And hardly knew she him really away

drehte sie sich wieder nach der Nähmaschine und strich die
turned she herself again to the sewing machine and stroke the
gathered

Schnitzelchen des verhängnisvollen Feldpostbriefes zusammen. Sie versuchte,
little pieces of the fateful field-mail-letter together She tried

sie aneinanderzupassen, aber sie sah schnell, daß das jetzt zu lange
them together to fit but she saw quickly that that now too long

dauern würde, sie mußte vor allen Dingen sein Essen fertigmachen. So
take would she must before all things his food ready make So

tat sie denn das Zerrissene sorgfältig in den Briefumschlag, den sie in
did she then the torn up (pieces) carefully in the letter envelope which she in
put

ihr Gesangbuch legte. Am Nachmittag, wenn Otto wirklich fort war,
her song book laid At the afternoon when Otto really away was

würde sie die Zeit haben, die Schnitzel zu ordnen und aufzukleben. Wenn
would she the time have the pieces to order and on to glue When

es auch alles dumme Lügen, gemeine Lügen waren, es war doch das
it also all dumb lies mean lies were it were still the

Letzte von Ottochen! Sie würde es trotzdem aufbewahren und der Trudel
last from little Otto She would it nevertheless up-keep and the Trudel
guard

zeigen. Vielleicht würde sie dann weinen können, jetzt stand es noch wie
show Maybe would she then cry be able now stood it still as

Flammen in ihrem Herzen. Es würde gut sein, weinen zu können!
flames in her heart It would good be cry to be able

Sie schüttelte zornig den Kopf und ging an die Kochmaschine.
She shook angrily the head and went to the cook machine

Was Baldur Persicke zu sagen hatte

What Baldur Persicke to say had

Als Otto Quangel an Persickes Wohnung vorüberging, scholl grade
As Otto Quangel on by Persickes house passed sounded right then

beifälliges Geheul daraus, untermischt mit »Siegheil«-Geschrei. Eiliger
approving howling there from mixed with Siegheil cries More hurried

ging Quangel weiter, bloß um keinen von der Gesellschaft treffen zu
went Quangel further just for none from the company to meet to

müssen. Sie wohnten schon zehn Jahre im gleichen Haus, aber Quangel
must have to They lived already ten years in the (the) same house but Quangel

hatte von jeher alles Zusammentreffen mit den Persickes zu vermeiden
had from always every meeting with the Persickes to avoid

gesucht, schon damals, als der noch ein kleiner, ziemlich verkrachter
sought already at that time as he still a little rather crazy

Budiker gewesen war. Jetzt waren die Persickes große Leute
little shop owner been was Now were the Persickes great people

geworden, der Alte hatte alle möglichen Ämter bei der Partei, und
become the old (one) had all possible offices at the (political) party and

die beiden ältesten Söhne waren bei der SS; Geld schien bei denen
the both oldest sons were at the ss money seemed by those for

keine Rolle zu spielen.
no role to play
unimportant as they had much

Um so mehr Grund, sich bei ihnen vorzusehen, denn alle, die so
For so more reason himself at them to guard then all who so

standen, mußten sich bei der Partei in Beliebtheit halten, und
stood must themselves at the (political) party in popularity hold and

das konnten sie nur, wenn sie etwas für die Partei taten.
that could they only when they something for the (political) party did

Etwas tun, das hieß aber, andere angeben, zum Beispiel melden:
something do that was called but others report for -the- example report

Der und der hat einen ausländischen Sender abgehört. Quangel
That (one) and that (one) has a foreign (radio) channel listened to Quangel

hätte darum am liebsten schon lange die Radios aus Ottos Kammer
had therefore at the dearest already long the radio from Otto's room

verpackt in den Keller gestellt. Man konnte nicht vorsichtig genug sein
packed up in the basement set One could not carefully enough be

in diesen Zeiten, wo jeder der Spion des andern war, die Gestapo ihre
in these times where each the spy of the other was the gestapo her

Hand über alle hielt, das KZ in Sachsenhausen immer größer
hand over all held the concentration camp in Sachsenhausen always bigger
(Konzetrationslager)

wurde. Er, Quangel, brauchte kein Radio, aber Anna war gegen das
became He Quangel needed no radio but Anna was against the

Fortschaffen gewesen. Sie meinte, das alte Sprichwort gelte noch: Ein
removal been she thought the old proverb apply still A

reines Gewissen ist ein gutes Ruhekissen. Wo so was alles doch
pure conscience is a good rest pillow Where so what everything indeed
such things

schon längst nicht galt, wenn es je gestimmt hatte.
already long not was valid when it already correct been had
were valid

Mit solchen Gedanken ging also Quangel eiliger die Treppen hinab
With such thoughts went thus Quangel more hurried the stairs down

und über den Hof auf die Straße.
and over the court on the street

Bei den Persickes aber haben sie darum so geschrien, weil das
At the Persickes however have they therefore so shouted because the

Licht der Familie, der Bruno, der jetzt Schirachs wegen Baldur heißt
light of the family the Bruno who now Schirachs because of Baldur is called
bright one

und, wenn's Vater mit seinen Beziehungen schafft, sogar auf eine Napola
and if it father with his relations manages even on a napola
nazi school

soll – weil also der Baldur im »Völkischen Beobachter« ein Bild
should – because thus the Baldur in the Ethnic Observer a picture
(a nazi newspaper)

gefunden hat. Auf dem Bild sind der Führer und der Reichsmarschall
found has On the picture are the leader and the reich marshal

Göring zu sehen, und unter dem Bilde steht: »Beim Empfang der
Goering to see and under the picture stands At the reception the

Nachricht von der Kapitulation Frankreichs«. So sehen die beiden auf dem
message from the surrender of France So look the both at the

Bilde auch aus: der Göring lacht über sein ganzes feistes Gesicht, und
picture also out the Goering laughs over his whole fat face and

der Führer klatscht sich auf die Schenkel vor Vergnügen.
the leader claps himself on the leg for of pleasure

Die Persickes haben sich auch wie die auf dem Bilde gefreut und
The Persickes have themselves also as those on the picture enjoyed and

gelacht, der Baldur aber hat gefragt: »Na, seht ihr denn nichts
laughed the Baldur however has asked Now see you then nothing

Besonderes auf dem Bilde?«
special on the image

Sie starren ihn abwartend an, so völlig sind sie von der geistigen
They stare him awaiting on so totally are they from the intellectual

Überlegenheit dieses Sechzehnjährigen überzeugt, daß keiner auch nur
superiority of this sixteen year old convinced that none also only

eine Vermutung laut werden läßt.
a suspicion loud become lets
(dares to take a guess)

»Na!« sagt der Baldur. »Überlegt doch mal! Das Bild ist doch von
Now says the Baldur Consider indeed once The picture is indeed from

'nem Pressefotografen gemacht worden. Hat der wohl dabeigestanden,
a press photographer made become Has that (one) well stood by

wie die Nachricht von der Kapitulation gekommen ist? Sie muß doch
as the message from the surrender come is She must indeed

auch durchs Telefon oder durch 'nen Kurier oder vielleicht gar durch
also through the phone or through a courier or perhaps at all through

einen französischen General gekommen sein, und von alledem sieht man
a — French — general — come — be — and — from — all that — sees — one

auf dem Bilde gar nichts. Die beiden stehen hier ganz allein im
on — the — picture — at all — nothing — The — both — stand — here — completely — alone — in the

Garten und freuen sich ...«
garden — and — enjoy themselves / rejoice — «

Baldurs Eltern und Geschwister sitzen noch immer stumm da und
Baldur's — parents — and — siblings — sit — still — always — mutely — there — and

starren ihn an. Ihre Gesichter sind vom gespannten Aufmerken fast
stare — him — at — Their — faces — are — from the — tense — paying attention — almost

dumm. Der alte Persicke würde sich am liebsten schon wieder einen
stupid — The — old — Persicke — would — himself — at the dearest / much rather — already — again — a

neuen Schnaps genehmigen, aber das wagt er nicht, solange der Baldur
new — Schnapps — authorize — but — that — dares — he — not — as long (as) — the — Baldur

spricht. Er weiß aus Erfahrung, der Baldur kann sehr unangenehm
speaks — He — knows — from — experience — the — Baldur — can — very — unpleasant

werden, wenn man seinen politischen Vorträgen nicht genügend
become — when — one — his — political — lectures — not — enough

Aufmerksamkeit schenkt.
attention — gives

Der Sohn fährt unterdes fort: »Also, das Bild ist gestellt, es ist gar
The — son — drives / goes — under-that / meanwhile — away on — So — the — picture — is — set — it — is — at all

nicht beim Eintreffen der Nachricht von der Kapitulation gemacht worden,
not — at the — arrival — of the — message — from — the — surrender — made — become

sondern vorher. Und nun seht auch an, wie sich der Führer freut!
but — before — And — now — see — also — on — how — himself — the — leader — enjoys

Der denkt jetzt schon längst an England, und wie wir die Tommys
That (one) — thinks — now — already — long — on — England — and — how — we — the — Tommy's

drankriegen. Nee, das ganze Bild ist eine Schauspielerei, von der
there-on-get / get down — No — the — whole — picture — is — an — act — from — the

Aufnahme angefangen bis zum Händeklatschen. Das heißt, den
uptake / taking — started — until — to the — clapping hands — That — is called — the

Sand in die Augen gestreut!«
sand in the eyes scattered

Jetzt starren den Baldur die Seinen so an, als seien sie die Dummen,
Now stare the Baldur the his (ones) so at as are they the dumb (persons)

denen Sand in die Augen gestreut wird. Wenn's nicht der Baldur
which sand in the eyes scattered becomes If it not the Baldur

gewesen wäre, jeden Fremden hätten sie für so 'ne Bemerkung bei der
been would be every stranger had they for so a remark at the

Gestapo angezeigt.
gestapo indicated reported

Der Baldur aber fährt fort: »Seht ihr, und das ist das Große an
The Baldur however drives away / goes on Look you and that is the great on / great thing of

unserem Führer: er läßt keinen in seine Pläne reingucken. Die denken
our leader he lets no one in his plans look into Those think

jetzt alle, er freut sich über seinen Sieg in Frankreich, und dabei
now all he is happy himself over his victory in France and there-by

sammelt er vielleicht schon die Schiffe für eine Invasion auf der Insel.
collects he perhaps already the ships for an invasion on the island

Seht ihr, das müssen wir von unserm Führer lernen: wir sollen nicht
See you that must we from our leader learn we should not

jedem auf die Semmel schmieren, wer wir sind und was wir vorhaben!«
each on the (bread) roll / reveal smear who we are and what we have in front / aim for

Die andern nicken eifrig; endlich glauben sie erfaßt zu haben, worauf
The others nodded zealously finally believe they grasped to have where-upon

der Baldur hinauswill. »Ja, ihr nickt«, sagt der Baldur ärgerlich, »aber
the Baldur wants to go out / wants to go to Yes you nod says the Baldur annoyed but

ihr macht's ganz anders! Keine halbe Stunde ist es her, da habe
you do it completely different Not half (an)hour is it away ago there have

ich Vatern vor der Briefträgerin sagen hören, die olle Rosenthal oben
I father before the Postman / Postwoman say hear the old Rosenthal above

soll uns Kaffee und Kuchen spendieren ...«
should us coffee and cake spend
give

»Och, die olle Judensau!« sagt Vater Persicke, aber doch mit einem
Oh the old jewish pig says father Persicke but indeed with a

entschuldigenden Ton in der Stimme.
apologizing tone in the voice

»Na ja«, gibt der Sohn zu, »viel Aufhebens wird von der nicht
Nah yes gives the son to much upheaval will from that (one) not
Now admits the son

gemacht, wenn ihr mal was passiert. Aber wozu den Leuten so
made when her once what happens But to which the people so
some time something

was erst erzählen? Sicher ist sicher. Guck dir mal 'nen Menschen an wie
what first tell Sure is sure Look you once a people on as

den über uns, den Quangel. Kein Wort kriegst du aus dem Manne
those above us the Quangel No word get you from the man

heraus, und doch bin ich ganz sicher, der sieht und hört
out and indeed am I completely sure that (one) sees and hears

alles und wird auch seine Stelle haben, wo er's hinmeldet. Wenn
everything and will also his spot have where he it reports When

der mal meldet, die Persickes können die Schnauze nicht halten, die
that (one) once reports the Persickes can the snout not hold those
indeed

sind nicht zuverlässig, denen kann man nichts anvertrauen, dann sind wir
are not reliable those can one nothing entrust then are we

geliefert. Du wenigstens bestimmt, Vater, und ich werde keinen Finger
delivered You at least decides father and I will no finger
lost

rühren, um dich wieder rauszuholen, aus dem KZ oder aus
move for you again to get out from the concentration camp or from

Moabit oder aus der Plötze, oder wo du grade sitzt.«
moabit or from the roach or where you right then sit
Berlin prison

Alle schweigen, und selbst ein so eingebildeter Mensch wie der Baldur
All are silent and even a so conceited human as the Baldur

spürt, daß dieses Schweigen nicht bei allen Zustimmung bedeutet. So sagt
feels that this silence not at all approval means So says

er noch rasch, um wenigstens die Geschwister auf seine Seite zu bringen:
he still quickly for at least the siblings on his side to bring

»Wir wollen alle ein bißchen mehr werden als Vater, und wodurch
We want all a bit more become as father and through which

kommen wir zu was? Doch nur durch die Partei! Und darum
come we to what Indeed only through the (political) party And therefore

müssen wir's so machen wie der Führer: den Leuten Sand in die Augen
must we it so make as the leader the people sand in the eyes
do

streuen, so tun, als wären wir freundlich, und dann hintenrum, wenn
scatter so do as were we friendly and then around the back when

keiner was ahnt: erledigt und weg. Es soll auf der Partei
none what suspects finished and away It should on the (political) party

heißen: Mit den Persickes kann man alles machen, einfach alles!«
be called With the Persickes can one everything make simply everything
do

Noch einmal sieht er das Bild mit den lachenden Hitler und Göring an,
Still once looks he the picture with the laughing hitler and goering at

nickt kurz und gießt dann Schnaps ein, zum Zeichen, daß sein politischer
nods short and pours then Schnapps in at the sign that his Political

Vortrag beendet ist. Er sagt: »Zieh bloß keinen Flunsch, Vater, weil ich
lecture finished is He says Pull just no blooper father because I

dir mal die Meinung gegeigt habe!«
you once the opinion inclined have

»Du bist erst sechzehn und mein Sohn«, fängt der Alte, noch immer
You are only sixteen and my son catches the old (one) still always
starts

gekränkt, an.
hurt on

»Un du bist mein Oller, den ich zu ville besoffen gesehen habe, als
And you are my old (one) who I too much drunk seen have as
(Alter) (viel)

daß du mir noch groß imponierst«, sagt Baldur Persicke rasch und bringt
that you me still large impress says Baldur Persicke quickly and brings

damit die Lacher, sogar die ständig verängstigte Mutter, auf seine
there-with the laughing even the constantly scared mother on his

Seite. »Nee, laß man, Vater, eines Tages werden wir noch im eigenen
side No let one father of a day become we still in the own

Auto fahren, und du sollst alle Tage Sekt zu saufen kriegen,
automobile drive and you will all days sparkling wine to drink get

bis du voll bist!«
until you full are

Der Vater will wieder etwas sagen, aber dieses Mal nur gegen den
The father wants again something say but this time only against the

Sekt, den er nicht so schätzt wie seinen Kornschnaps. Aber Baldur
sparkling wine which he not so estimates as his grain schnapps But Baldur

fährt rasch und leiser fort: »Ideen hast du gar nicht so schlechte,
goes quickly and quieter on Ideas have you at all not so bad

Vater, bloß, du solltest mit keinem darüber reden als mit uns. Mit der
father just you should with no one about it talk as with us With the

Rosenthal ist vielleicht wirklich was zu machen und mehr als Kaffee und
Rosenthal is perhaps really what to do and more as coffee and

Kuchen. Laßt mich nur darüber nachdenken, das muß vorsichtig angefaßt
cake Let me only about it ponder that must carefully touched

werden. Vielleicht riechen andere den Braten auch, und vielleicht sind
become Perhaps smell others the roast meat also and perhaps are

andere besser angeschrieben als wir!«
others better written-on as we
better positioned

Seine Stimme hat sich gesenkt und ist gegen den Schluß hin fast
His voice has itself lowered and is against the end away almost

unhörbar geworden. Baldur Persicke hat es wieder fertiggebracht, er hat
inaudibly become Baldur Persicke has it again accomplished he has

alle auf seine Seite gezogen, selbst den Vater, der erst eingeschnappt war.
all on his side pulled himself the father who first in-snapped was

So sagt er denn: »Prost auf die Kapitulation von Frankreich!«, und weil
So says he then Cheers on the surrender of France and because

er sich dabei lachend auf die Schenkel klatscht, merken sie, daß er
he himself there-by laughing on the leg claps notice they that he

damit etwas ganz anderes meint, nämlich die alte Rosenthal.
there-with something completely different means namely the old Rosenthal

Sie lärmen durcheinander und stoßen an und trinken so manchen
They make noise through-one-another and bump on and drink so many

Schnaps, immer einen hinter dem andern. Aber sie vertragen auch
Schnapps always one after the other But they bear also

was, dieser ehemalige Gastwirt und seine Kinder.
something this former innkeeper and his children

Ein Mann namens Borkhausen
A man by the name of Borkhausen

Der Werkmeister Quangel ist auf die Jablonskistraße hinausgetreten und hat
The work-master Quangel is on the Jablonskistreet stepped out and has
foreman

vor der Haustür herumstehend den Emil Borkhausen getroffen. Es schien
before the house door standing around the Emil Borkhausen hit It seemed
met

der einzige Beruf Emil Borkhausens zu sein, immer irgendwo
the only occupation Emil Borkhausen to be always somewhere

rumzustehen, wo es was zu gaffen oder zu hören gab. Daran
to stand around where it something to snatch or to hear gave There-on
On that

hatte auch der Krieg nichts geändert, der doch überall mit
had also the war nothing changed which indeed everywhere with

Dienstverpflichtungen und Arbeitszwang vorgegangen war: Emil Borkhausen
service obligations and forced work proceeded was Emil Borkhausen
happened

stand weiter rum.
stood further around
still

Er stand da, eine lange, dürre Gestalt in einem abgetragenen Anzug,
He stood there a tall dried out shape in a worn out suit

und sah verdrossen mit seinem farblosen Gesicht in die um diese Stunde
and saw annoyed with his colorless face in the for this hour

fast menschenleere Jablonskistraße. Als er Quangels ansichtig wurde, kam
almost deserted Jablonskistreet As he Quangel's in sight became came

Bewegung in ihn, er trat auf ihn zu und bot ihm die Hand.
movement in him he stepped on him towards and offered him the hand

»Wo gehen Sie denn jetzt hin, Quangel?« fragte er. »Das ist doch noch
Where go you then now away Quangel asked he That is indeed still

nicht Ihre Zeit für die Fabrik?«
not your time for the factory

Quangel übersah die Hand des andern und murmelte fast
Quangel overlooked the hand of the other and murmured almost
ignored

unverständlich: »Eiliger Weg!«
incomprehensible Hurried path
I am in a hurry

Dabei ging er schon weiter, nach der Prenzlauer Allee zu. Dieser
There-by went he already further to the Prenzlauer avenue towards This

lästige Schwätzer hatte ihm gerade noch gefehlt!
annoying gossip had him just still missed

So leicht ließ sich der aber nicht abschütteln. Er lachte meckernd
So easy let himself that one however not shake off He laughed bleating

und rief: »Da haben wir ja denselben Weg, Quangel!« Und als der
and called There have we yes the same road Quangel And as the
then

andere, stur geradeaus starrend, weiterschritt, setzte er hinzu: »Der
other stubborn straight out staring proceeded set he there-to The
added

Doktor hat mir nämlich gegen meine Hartleibigkeit viel Bewegung
doctor has me namely against my obesity much movement

verordnet, und allein rumlaufen, das langweilt mich!«
prescribed and alone walking around that bores me

Er fing nun an, genau zu schildern, was er alles schon gegen seine
He caught now on exactly to paint what he everything already against his
started

Hartleibigkeit getan hatte. Quangel hörte gar nicht hin. Ihn beschäftigten
obesity done had Quangel listened at all not to him employed

zwei Gedanken, und der eine verdrängte immer wieder den andern: daß
two thoughts and the one pushed away always again the other that

er keinen Sohn mehr hatte und daß Anna gesagt hatte: Du und dein
he no son (any)more had and that Anna said had You and your

Führer. Quangel gab es sich zu: er hatte den Jungen nie geliebt, wie
leader Quangel gave it himself to he had the boy never loved as
admitted it to himself

ein Vater seinen Sohn zu lieben hat. Von der Geburt an hatte er das
a father his son to love has From the birth on had he the

Kind nur als Störer seiner Ruhe und seiner Beziehungen zu Anna
child only as troublemaker of his rest and his relations to Anna

empfunden. Wenn er jetzt doch Schmerz fühlte, so darum, weil er mit
perceived When he now indeed pain felt so therefore because he with

Unruhe an Anna dachte, wie sie diesen Tod aufnehmen, was dadurch
unrest at Anna thought how she this death take up (would) what there-through
                                                                    through that

alles geändert werden würde. Hatte doch Anna schon zu ihm gesagt:
everything changed become would Had indeed Anna already to him said

Du und dein Führer!
You and your leader

Es stimmte nicht. Hitler war nicht sein Führer, oder doch nicht mehr
It was right not Hitler was not his leader or indeed not (any)more

sein Führer, als er Annas Führer war. Sie waren sich immer einig
his leader as he Anna's leader was They were each other always agreed
                                           had

gewesen, als er mit seiner kleinen Tischlerwerkstatt verkracht war, daß
been as he with his small carpenter workshop cracked was that
                                                      gone bankrupt

der Führer den Karren aus dem Dreck gerissen hatte. Nach vier Jahren
the leader the cart from the filth ripped had After four years
                              saved

Arbeitslosigkeit war er 1934 Werkmeister in der großen Möbelfabrik
unemployment was he (in) 1934 work-master in the large furniture factory
                              foreman

geworden und brachte jetzt alle Wochen seine vierzig Mark nach Hause.
become and brought now all weeks his fourty Mark to house
                                                 (money)

Damit kamen sie gut aus.
There-with came they good out
            managed they well

Aber in die Partei waren sie darum doch nicht getreten. Einmal
But in the (political) party were they therefore indeed not stepped Once
                                                           become For one

reute sie der Parteibeitrag, man mußte schon so an allen Ecken und
regretted she the party contribution one must already so on all corners and
didn't like

Enden bluten, für das WHW, für alle möglichen Sammlungen, für
ends bleed for the Winter Help Work for all possible collections for
                   (Winterhilfswerk)

die Arbeitsfront. Ja, in der Arbeitsfront hatten sie ihm in der Fabrik
the work front Yes in the work front had they him in the factory

auch ein Ämtchen aufgehuckt, und gerade das war der andere Grund,
also a little job picked up / given and just that was the other reason

warum sie beide nicht in die Partei eingetreten waren. Denn er
why they both not in the (political) party stepped in were Then / Because he

sah es bei jeder Gelegenheit, wie sie ständig einen Unterschied zwischen
saw it at each opportunity how they constantly a difference between

Volksgenossen und Parteigenossen machten. Auch der schlechteste
people and party comrades made Also the worst

Parteigenosse war denen noch mehr wert als der beste Volksgenosse.
party mate was those ones still more worth as the best people's

War man einmal in der Partei, so konnte man sich alles
was one once in the (political) party so could one himself everything

erlauben: so leicht passierte einem nichts. Das nannten sie Treue um
permit so easy happened one nothing That called she faithfulness for

Treue.
faithfulness

Er aber, der Werkmeister Otto Quangel, war für Gerechtigkeit. Jeder
He however the work-master / foreman Otto Quangel was for justice Each

Mensch war ihm ein Mensch, und ob er in der Partei drin
human was him a human and whether he in the (political) party there in

war, das hatte damit gar nichts zu tun. Wenn er in der Werkstatt
was that had there-with at all nothing to do When he in the workshop

immer wieder erleben mußte, daß dem einen ein kleiner Fehler am
always again live to see / experience must that the one a little error at the

Werkstück schwer angekreidet wurde und daß der andere Pfusch über
workpiece heavy chalked on became and that the other botch over

Pfusch abliefern durfte, so empörte ihn das stets von neuem.
botch deliver was allowed so made indignant him that continuously from new again

Er setzte die Zähne auf die Unterlippe und nagte wütend an ihr –
He set the teeth on the underlips and gnawed furious on them –

wenn er's gekonnt hätte, er wäre auch diese Pöstchen in der
when he it been able had he would be also this little post in the

DAF längst los gewesen!
Deutsche Arbeitsfront long loose been
rid

Die Anna wußte das gut, darum hätte sie das nie sagen dürfen, dies
The Anna knew that well therefore had she that never say may this

Wort: Du und dein Führer! Die Anna hatte nicht gemußt wie er. Gott ja,
word You and your leader The Anna had not had to as he God yes

er verstand ihre Einfachheit, ihre Demut und wie sie nun so plötzlich
he understood her simplicity her humility and as she now so suddenly

anders geworden war. Zeit ihres Lebens war sie Dienstmädchen gewesen,
different become was Time of her life was she servant girl been
A long time

erst auf dem Lande, dann hier in der Stadt, zeit ihres Lebens
first on the land/countryside then here in the city time of her life

hatte sie Trab laufen müssen und war kommandiert worden. In ihrer
had she trot run must and was commanded become In their

Ehe hatte sie auch nicht viel zu sagen gehabt, nicht etwa, weil er
marriage had they also not much to say had not about because he

sie viel kommandiert hätte, sondern weil sich um ihn, den
her much commanded had but because itself around him the

Geldverdiener, nun einmal alles drehen mußte.
money earner now once everything turn must

Aber nun ist der Tod von Ottochen gekommen, und mit Beunruhigung
But now is the death of little Otto come and with unrest

spürt Otto Quangel, wie tief sie davon aufgewühlt ist.
feels Otto Quangel how deep she there-from agitated is

Er sieht ihr krankes, gelblichweißes Gesicht vor sich, wieder hört er
He sees her sick yellowish white face before himself again hears he

ihre Anklage, er ist jetzt zu einer ganz ungewohnten Stunde
her accusation he is now to a completely unusual hour

unterwegs, diesen Borkhausen an der Seite, heute abend ist die Trudel
on the way this Borkhausen on the side today evening is the Trudel

bei ihnen, es wird Tränen geben, endloses Gerede – und er, Otto
at them it will tears give endless talk – and he Otto

Quangel, liebt doch so sehr das Gleichmaß des Lebens, den immer
Quangel loves indeed so very the equally regularity of the life the always

gleichen Arbeitstag, der möglichst gar kein besonderes Ereignis bringt.
(the) same working day the as possible at all not special event brings

Schon der Sonntag ist ihm fast eine Störung. Und nun soll alles
Already the Sunday is him almost a disturbance And now should everything

eine Weile durcheinandergehen, und wahrscheinlich wird die Anna nie
a while through-another-go mess up and probably will the Anna never

wieder die, die sie einst war.
again that one that she once was

Er muß sich das alles noch einmal ganz genau überlegen, nur
He must himself that everything still once completely exactly consider only

der Borkhausen hindert ihn daran. Jetzt sagt dieser Mann doch: »Sie
the Borkhausen prevents him to it Now says this man indeed You

sollen ja auch einen Feldpostbrief bekommen haben, und er soll nicht
should yes also a field-post-mail become have and he it should not

von Ihrem Otto geschrieben sein?«
from your Otto written be

Quangel richtet den Blick seiner scharfen, dunklen Augen auf den andern
Quangel aimed the glance of his sharp dark eyes on the other

und murmelt: »Schwätzer!« Weil er aber mit niemandem Streit
and mumbles Babbler Because he however with no one conflict

bekommen will, selbst nicht mit solch einem Garnichts wie dem
become wants himself not with such a nothing at all as the

Rumsteher Borkhausen, setzt er halb widerwillig hinzu: »Die Leute
around-stander loafer Borkhausen set he half reluctantly there-to The people

schwatzen alle viel zuviel!«
babble all much too much

Der Emil Borkhausen ist nicht beleidigt, den Borkhausen kann man so
The Emil Borkhausen is not offended the Borkhausen can one so

leicht nicht beleidigen, er stimmt eifrig zu: »Sie sagen's, wie's ist,
easily not offend he agrees zealously -to- You say it how it is

Quangel! Warum kann die Kluge, die Briefschleiche, nicht das Maulwerk
Quangel Why can the Kluge the letter sneak not the jaw-work mouth

halten? Aber nein, gleich muß sie allen erzählen: Die Quangels haben
hold But no immediately must she all tell The Quangels have

einen Brief aus dem Felde mit Schreibmaschinenschrift bekommen!« Er
a letter from the field with typewriter-writing gotten He

macht eine kleine Pause, und dann fragt er mit einer ganz
makes a little Pause and then asks he with a completely

ungewohnten, halblauten, teilnehmenden Stimme: »Verwundet oder vermißt
unusual half-loud participating voice Wounded or missing

oder ...?«
or

Er schweigt. Quangel aber – nach einer längeren Pause – antwortet nur
He is silent Quangel however – after a longer Pause – answers only

indirekt: »Also Frankreich hat kapituliert? Na, das hätten die gut auch
indirectly So France has surrendered Now that had those well also

einen Tag früher machen können, dann lebte mein Otto noch ...«
one day earlier make do be able then lived my Otto still

Borkhausen erwidert auffallend lebhaft: »Aber weil soundsoviel Tausende
Borkhausen replies strikingly lively But because so and so many thousands

den Heldentod gestorben sind, darum hat Frankreich sich doch so rasch
the hero death died are therefore has France itself indeed so quickly

ergeben. Darum bleiben so viele Millionen nun am Leben. Auf so 'n
surrendered Therefore remain so many millions now at the life alive On so a

Opfer muß man stolz sein als Vater!«
victim must one be proud be as father

Quangel fragt: »Ihre sind alle noch zu klein, um ins Feld zu gehen,
Quangel asks Yours are all still too small for in the field to go

Nachbar?«
neighbor

Fast gekränkt meint Borkhausen: »Das wissen Sie doch, Quangel! Aber
Almost hurt means Borkhausen That know you indeed Quangel But
       says

wenn sie alle auf einmal stürben, durch 'ne Bombe oder so was, da
when they all on once die through a bomb or so what there

wäre ich nur stolz drauf. Glauben Sie mir das nicht, Quangel?«
would be I only proud on it Believe you me that not Quangel

Aber der Werkmeister beantwortet diese Frage nicht, sondern denkt:
But the work-master answers this question not but thinks
       foreman

Wenn ich schon kein rechter Vater bin und den Otto nicht so liebgehabt
When I already no real father am and the Otto not so loved

habe, wie ich mußte – dir sind deine Gören einfach eine Last. Das
have as I must – you are your brats simply a load That

glaube ich, daß du froh wärst, die durch eine Bombe alle auf einmal
believe I that you happy Would be those through a bomb all at once

loszuwerden, unbesehen glaube ich dir das!
get rid of unseen believe I you that

Aber er spricht nichts derart, und der Borkhausen, der schon des
But he speaks nothing in such a way and the Borkhausen who already of the

Wartens auf eine Antwort überdrüssig geworden ist, sagt:
wait on an answer weary become is says

»Denken Sie doch mal nach. Quangel, erst das Sudetenland und die
Think you indeed once after Quangel first the Sudetenland and the
       Just consider it

Tschechoslowakei und Österreich und nu Polen und Frankreich – wir
Czechoslovakia and Austria and now Poland and France – we

werden doch das reichste Volk von der Welt! Was zählen da ein paar
become indeed the richest people from the world What count there a few

hunderttausend Tote? Reich werden wir alle!«
hundred thousand dead Rich become we all

Ungewohnt rasch entgegnet Quangel: »Und was werden wir mit dem
Unusually quickly replies Quangel And what will we with the

Reichtum anfangen? Kann ich ihn essen? Schlaf ich besser, wenn ich reich
wealth start Can I him eat Sleep I better when I rich
it

bin? Werd ich als reicher Mann nicht mehr in die Fabrik gehen, und
am Will I as rich man not (any)more in the factory go and

was tu ich dann den ganzen Tag? Nee, Borkhausen, ich will nie reich
what do I then the whole day No Borkhausen I want never rich

werden und so schon bestimmt nicht. So ein Reichtum ist nicht einen
become and so already decisively not Such a wealth is not a
not at all in this way

Toten wert!«
dead one worth

Da packt ihn Borkhausen am Arm, seine Augen flackern, er schüttelt
There grabs him Borkhausen at the arm his eyes flicker he shakes

den Quangel, während er eilig flüstert: »Wie kannst du so reden,
the Quangel while he hurriedly whispers How can you so talk

Quangel? Du weißt doch, daß ich dich für so 'ne Meckerei ins
Quangel You know indeed that I you for so a bleating in the

KZ bringen kann? Du hast ja unserm Führer direkt gegen's
concentration camp bring can You have yes our leader directly against the
(Konzetrationslager)

Gesicht gesprochen! Wenn ich nun so einer wäre und meldete das ...?«
face spoken When I now so one would be and reported that

Quangel ist erschrocken über seine eigenen Worte. Diese Sache mit Otto
Quangel is frightened over his own words This thing with Otto

und Anna muß ihn viel mehr aus dem Gleis geworfen haben, als er
and Anna must him much more from the track thrown have as he

bisher gedacht hat, sonst hätte ihn seine angeborene, stets
until-here thought has otherwise had him his inborn continually
until now

wachsame Vorsicht nicht so verlassen. Aber der andere bekommt von
watchful attention not so left But the other one gets from

seinem Erschrecken nichts zu merken. Quangel befreit seinen Arm mit
his scare nothing to notice Quangel frees his arm with

den starken Arbeitshänden von dem laschen Griff des andern und sagt
the strong working hands from the weak grip of the other and says

dabei langsam und gleichgültig: »Was regen Sie sich denn so auf,
there-by slowly and indifferent What wind you yourself then so up

Borkhausen? Was habe ich denn gesagt, das Sie melden können? Ich bin
Borkhausen what have I then said that you report can I am

traurig, weil mein Sohn Otto gefallen, ist und weil meine Frau nun
sad because my son Otto fallen, is and because my wife now
died

vielen Kummer hat. Das können Sie melden, wenn Sie wollen, und wenn
much sorrow has That can you report when you want and when

Sie wollen, dann tun Sie's! Ich geh gleich mit und unterschreibe, daß
you want then do you it I go immediately along and undersign that

ich das gesagt hab!«
I that said have

Während Quangel aber so ungewohnt wortreich daherredet, denkt er
While Quangel however so unusually verbose away talks thinks he

innerlich: Ich will 'nen Besen fressen, wenn dieser Borkhausen nicht ein
Internally I will a broom eat when this Borkhausen not a

Spitzel ist! Wieder einer, vor dem man sich in acht nehmen muß!
snitch is Again one before whom one himself in guard take must

Vor wem muß man sich nicht in acht nehmen? Wie's mit der Anna
Before whom must one himself not in guard take How it with the Anna

werden wird, weiß ich auch nicht ...
become will know I also not ...

Unterdes sind sie am Fabriktor angekommen. Wieder streckt Quangel
Under-that are they at the factory arrived Again stretches Quangel
Meanwhile reaches

dem Borkhausen nicht die Hand hin. Er sagt: »Na denn!« und will
the Borkhausen not the hand towards He says Now then and wants

hineingehen.
to go in

Aber Borkhausen hält ihn an der Joppe fest und flüstert: »Nachbar, was
But borkhausen holds him on the jacket fast and whispers Neighbor what

gewesen ist, darüber wollen wir nicht mehr sprechen. Ich bin kein
been is there-about will we not (any)more speak I am no
about that

35

Spitzel und will keinen ins Unglück bringen. Aber nun tu mir auch
snitch and want none in the misfortune bring But now do me also

einen Gefallen: ich muß meiner Frau ein bißchen Geld für Lebensmittel
a pleasure I must my woman a bit money for food

geben und habe keinen Pfennig in der Tasche. Die Kinder haben heut
give and have no penny in the pocket The children have today

noch nischt gegessen. Leih mir zehn Mark – am nächsten Freitag
still nuthin' eaten Lend me ten Mark – at the next Friday
   nichts   {money}

bekommst du sie bestimmt wieder – heilig wahr!«
get you them decisively again – holy true
                                             truth

Der Quangel macht sich wieder wie vorhin von dem Griff des
The Quangel makes himself again as a while ago from the grip of the

andern frei. Er denkt: Also so einer bist du, so verdienst du dein Geld!
other free He thinks Thus so one are you so earn you your money

Und: Ich werde ihm nicht eine Mark geben, sonst denkt er, ich habe
And I will him not a Mark give otherwise thinks he I have
                             {money}

Angst vor ihm, und läßt mich nie wieder aus der Zange. Laut sagt
fear before him and lets me never again from the pliers Loud says
     of

er: »Ich bringe nur dreißig Mark die Woche nach Haus und brauche jede
he I bring only thirty Mark the week to house and need each
                            {money}

Mark davon alleine. Ich kann dir kein Geld geben.«
Mark there-from alone I can you no money give
{money} from that for myself

Damit geht er ohne ein weiteres Wort oder einen Blick in den
There-with goes he without an additional word or a glance in the

Torhof der Fabrik hinein. Der Pförtner dort kennt ihn und läßt ihn ohne
Torhof the factory inside The usher there knows him and lets him without

weitere Fragen durch.
further ask through

Der Borkhausen aber steht auf der Straße, starrt ihm nach und
The Borkhausen however stands on the street stares him after and

überlegt, was er nun tun soll. Am liebsten ginge er zur Gestapo und
considers what he now do should At the dearest went he to the gestapo and

machte Meldung gegen den Quangel, ein paar Zigaretten fielen dabei
made notice against the Quangel a few cigarettes fell there-by
report

schon ab. Aber besser, er tut's nicht. Er ist heute früh zu vorschnell
already off But better he do it not He is today early too hastily

gewesen, er hätte den Quangel sich frei ausquatschen lassen sollen; nach
been he had the Quangel himself free chat out let should after

dem Tode des Sohnes war der Mann in der Verfassung dazu.
the death of the son was the man in the state there-to
to do that

Aber er hat den Quangel falsch eingeschätzt, der läßt sich nicht
But he has the Quangel false estimated that one lets himself not

bluffen. Die meisten Menschen haben heute Angst, eigentlich alle, weil
bluff The most people have today fear actually all because

sie alle irgendwo irgendwas Verbotenes tun und immer fürchten, jemand
they all somewhere anything forbidden do and always fear someone

weiß davon. Man muß sie nur im richtigen Augenblick überrumpeln,
knows there-from One must them only in the right moment surprise

dann hat man sie, und sie zahlen. Aber der Quangel ist nicht so,
then has one them and they pay But the Quangel is not like that

ein Mann mit so 'nem scharfen Raubvogelgesicht. Der hat
a man with so a sharp raptor face That one has

wahrscheinlich vor nichts Angst, und überrumpeln läßt der sich
probably before nothing fear and surprise lets that one himself

schon gar nicht. Nein, er wird den Mann aufgeben, vielleicht läßt sich
already at all not No he will the man give up perhaps lets himself

in den nächsten Tagen mit der Frau was machen, 'ne Frau
in the next days with the woman something make a woman
do

schmeißt der Tod vom einzigen Jungen noch ganz anders um!
throws the death of the only boy still completely different around

Dann fangen so 'ne Weiber an zu plappern.
Then catch so a woman -on- to babble
starts

Also die Frau in den nächsten Tagen, und was macht er jetzt? Er muß
Thus the woman in the next days and what does he now He must

wirklich der Otti Geld geben, er hat heute früh heimlich das letzte Brot
really the Otti money give he has today early secretly the last bread

aus dem Küchenspind weggegessen. Aber er hat kein Geld, und woher
from the kitchen locker eaten away But he has no money and from where

kriegt er auf die schnelle was? Seine Frau ist 'ne Xanthippe und
gets he on the quick some His woman is a Xanthippe and

imstande, ihm das Leben zur Hölle zu machen. Früher strichte sie auf
able him the life to the hell to make Before stroked she on
prostituted

der Schönhauser Allee und konnte manchmal richtig nett und lieb sein.
the Schönhauser avenue and could sometimes right nice and dear be

Jetzt hat er fünf Blagen von ihr, das heißt, die meisten sind wohl kaum
Now has he five brats from her that is called the most are well hardly

von ihm, und sie kann schimpfen wie 'n Fischweib in der Markthalle.
from him and she can scold as a fish woman in the market hall

Schlagen tut das Aas auch, zwischen die Kinder, und wenn's ihn trifft,
Strike does the carrion also between the children and if it him meets
Punch deserve

so gibt es eben 'ne kleine Klopperei, bei der sie immer das meiste
so gives it just a little knocking at which she always the most
fight

bezieht, aber das macht sie nicht klug.
relates but that makes her not smart
wins

Nein, er kann nicht ohne Geld zur Otti kommen. Plötzlich fällt ihm
No he can not without money to the Otti come Suddenly falls him

die alte Rosenthal ein, die da jetzt ganz allein, ohne allen
the old Rosenthal in that one there now completely alone without all

Schutz im vierten Stock Jablonskistraße 55 wohnt. Daß ihm die olle
protection in the fourth floor (of the) Jablonskistreet 55 lives That him the old

Jüdin nicht eher eingefallen ist, die ist doch ein lohnenderes
Jew not before occurred is that one is indeed a more rewarding

Geschäft als der alte Geier, der Quangel! Sie ist 'ne gutmütige Frau, er
business as the old vulture the Quangel She is a good-natured woman he

weiß es noch von früher, als sie noch ihr Wäschegeschäft hatten, und
knows it still from before as she still her laundry business had and

zuerst wird er es auch auf die sanfte Tour versuchen. Will sie aber
first will he it also on the soft trip try Wants she however

nicht, so gibt er ihr einfach einen vor den Deez! Irgendwas wird er
not so gives he her simply one before the face Anything will he

schon finden, ein Schmuckstück oder Geld oder was zu essen,
already find a trinket or money or something to eat

irgendeine Sache, durch die Otti besänftigt wird.
some thing through which Otti calmed becomes

Während Borkhausen so überlegt und sich immer wieder ausmalt,
While Borkhausen like that considers and himself always again out-paints
imagines

was er wohl finden wird – denn die Juden haben noch alles, sie
what he well find will – then the Jews have still everything they

versteckens bloß vor den Deutschen, denen sie's gestohlen haben –,
hide it just before the Germans from whom they it stolen have

während solcher Gedanken geht Borkhausen immer schneller in die
during such thoughts goes Borkhausen always faster in the

Jablonskistraße zurück. Als er unten im Treppenhaus angekommen ist,
Jablonskistreet back As he under in the stairwell arrived is

lauscht er lange hinauf. Er möchte doch nicht gerne, daß ihn jemand
listens he long up He may indeed not gladly that him someone

hier im Vorderhaus sähe, er selbst wohnt im Hinterhaus, was sich
here in the front building would see he himself lives in the back house what itself

Gartenhaus schimpft, im Souterrain, hat also zu gut Deutsch eine
garden shed scolds in the basement has thus to good German a
is derided as

Kellerwohnung. Ihn stört das nicht, nur wegen der Leute ist es ihm
basement apartment Him bothers that not only because of the people is it him

manchmal peinlich.
sometimes painful

Es rührt sich nichts im Treppenhaus, und Borkhausen fängt an,
It moves itself nothing in the stairwell and Borkhausen catches on
There starts

eilig, aber leise die Stufen hochzusteigen. Aus der Wohnung der
hurriedly but softly the steps to climb up From the house of the

Persickes schallt wüster Lärm, Gejohle und Gelächter, die feiern schon
Persickes resounds desolate noise hoots and laughter those celebrate already

mal wieder. An so 'ne wie die Persickes müßte er mal Anschluß
once again On such one as the Persickes must he once connection

bekommen, die haben die richtigen Verbindungen, dann ginge es auch
become those have the true connections then went it also

mit ihm voran. Aber solche sehen einen Gelegenheitsspitzel, wie er ist,
with him forwards But such ones look an opportunity snitch as he is

natürlich gar nicht an; besonders die Jungen in der SS und der Baldur
of course at all not at particularly the boy in the SS and the Baldur

sind unglaublich hochnäsig. Der Alte ist schon besser, schenkt ihm
are incredible snooty The old one is already better gives him

manchmal fünf Mark, wenn er angesoffen ist ...
sometimes five Mark when he drunk is
{money}

In der Wohnung der Quangel ist alles still, und, eine Treppe höher,
In the house of the Quangel is everything quiet and a stairs higher

bei der Rosenthal hört er auch keinen Laut, so lange er auch das Ohr
at the Rosenthal hears he also no sound as long (as) he also the ear

gegen die Tür legt. So klingelt er rasch und geschäftsmäßig, wie es etwa
against the door lays So rings he quickly and businesslike how it about

der Briefbote täte, der es eilig hat, weiterzukommen.
the postman did who it hurriedly has to get ahead
haste

Aber nichts rührt sich, und nach ein, zwei Minuten Warten entschließt
But nothing moves itself and after one two minutes wait decides

sich Borkhausen zu einem zweiten und später zu einem dritten Klingeln.
himself borkhausen to a second and later to a third ring

Dazwischen lauscht er, hört nichts, flüstert aber doch durch das
In between listens he hears nothing whispers but indeed through the

Schlüsselloch: »Frau Rosenthal, machen Sie doch auf! Ich bring Ihnen
key-hole Mrs. Rosenthal make you indeed up I bring you
open

Nachricht von Ihrem Mann! Schnell, ehe mich einer sieht! Frau
message from your husband Fast before me someone sees Mrs.

Rosenthal, ich hör Sie doch, machen Sie schon auf!«
Rosenthal I hear you indeed make you already up open

Dazwischen klingelt er immer wieder, aber alles ganz erfolglos.
In between rings he always again but everything (is) completely unsuccessful

Schließlich packt ihn die Wut. Er kann doch nicht auch hier wieder
Finally grabs him the anger He can indeed not also here again

ganz erfolglos abziehen, mit der Otti gibt es einen Heidenstunk. Die
completely unsuccessful pull off / go away with the Otti gives it a heathen-stink / big quarrel The

olle Jüdsche soll rausgeben, was sie ihm gestohlen hat! Er klingelt
old Jewish woman should give out what she him stolen (had) has He rings

rasend, und dazwischen schreit er am Schlüsselloch: »Mach uff, du olle
furiously and in between cries he at the key-hole Make open you old

Judensau, oder ick lackier dir die Fresse, daß du nich mehr aus
Jewish-female pig or I lacquer you the mug that you not (any)more from

den Augen kieken kannst! Ich bringe dich heute noch ins
the eyes look can I bring you today still in the

KZ, wenn du nicht aufmachst, verdammte Jüdsche!«
concentration camp (Konzetrationslager) when you not open up damned Jewish woman

Wenn er jetzt bloß Benzin bei sich hätte, er steckte dem Aas auf
When he now just gasoline at himself had he stuck / lit the carrion on

die Stelle die Tür an!
the spot the door on up

Aber plötzlich wird Borkhausen ganz still. Er hat tiefer unten eine
But suddenly becomes Borkhausen completely quiet He has deeper under an

Wohnungstür gehen gehört, er drückt sich eng an die Wand. Keiner
apartment door go heard he presses himself close to the wall None

darf ihn hier sehen. Natürlich wollen die auf die Straße, er muß jetzt
may him here see Of course want they on the street he must now

41

bloß stille sein.
just quiet be

Doch der Schritt geht treppauf, unaufhaltsam, wenn auch langsam und
Indeed the step goes up the stairs unstoppable when also slowly and

stolpernd. Es ist einer von den Persickes, und ein besoffener Persicke, das
stumbling It is one from the Persickes and a drunk Persicke the

ist grade, was dem Borkhausen jetzt gefehlt hat. Natürlich will der
is right what the Borkhausen now missed has Of course wants that one
really

auf den Boden, aber der Boden ist durch eine verschlossene Eisentür
on the ground but the ground is through a locked iron door
to

gesichert, da gibt's kein Versteck. Nun ist nur noch die einzige
secured there gives it no hiding place Now is only still the only

Hoffnung, daß der Betrunkene, ohne ihn zu merken, an ihm vorübergeht;
hope that the drunk one without him to notice on him passes

wenn's der alte Persicke ist, kann's passieren.
if it the old Persicke is can it pass

Aber es ist nicht der alte Persicke, es ist der ekelhafte Bengel, der Bruno
But it is not the old Persicke it is the disgusting kid the Bruno

oder Baldur, der schlimmste von der ganzen Bande! Ewig läuft er in
or Baldur the worst from the whole band Eternally runs he in

seiner HJ-Führer-Uniform herum und erwartet, daß man ihn zuerst
his Hitler-Jugend leader uniform around and expects that one him first

grüßt, obwohl er doch ein reiner Garnichts ist. Langsam kommt der
greets although he indeed a pure nothing at all is Slowly comes the

Baldur die letzten Treppenstufen hoch, er hält sich am Treppengeländer
Baldur the last stairs-steps high he holds himself at the stair platforms

fest, so angetrunken wie er ist. Er hat trotz seiner glasigen Augen den
fast so drunk as he is He has despite his glassy eyes the

Borkhausen da an der Wand längst gesehen, er spricht ihn aber erst
Borkhausen there on the wall long seen he speaks him however first
only

an, als er direkt vor ihm steht: »Was schnüffelst du denn hier
at as he directly before him stands What sniff you then here

vorne im Hause herum? Ich will das nicht haben, mach, daß du in
front in the house around I want that not have make that you in
in the front of

den Keller zu deiner Nutte kommst! Marsch, hau ab!«
the basement to your hooker come March chop off

Und er hebt den Fuß mit dem genagelten Schuh, setzt ihn aber
And he lifts the foot with the nailed shoe set him however
it

gleich wieder hin: zum Fußtrittgeben steht er zu wacklig auf den
immediately again away to the foot-step-giving stands he too shaky on the
down

Füßen.
feet

Einem Ton wie dem eben ist der Borkhausen einfach nicht
A tone as the one just (now) is the Borkhausen simply not

gewachsen. Wenn er so angeschnauzt wird, kriecht er ganz in
grown When he so snapped at becomes creeps he completely in
strong enough for

sich zusammen, hat bloß Angst. Er flüstert demütig: »Entschuldigen Sie
himself together has just fear He whispers humbly Excuse (me) you

bloß, Herr Persicke! Wollte mir nur mal 'nen kleinen Spaß mit der
just Mr Persicke wanted myself only once a little fun with the

ollen Jüdschen machen!«
old Jewish woman make

Der Baldur legt vor angestrengtem Nachdenken die Stirn in Falten.
The Baldur lay before strained pondering the forehead in folds

Nach einer Weile sagt er: »Klauen wollt'ste, du Aas, das ist dein Spaß
After a while says he Steal wanted you carrion that is your fun

mit der ollen Jüdschen. Na, geh voran!«
with the old Jewish woman Now go in front

So grob die Worte auch waren, so klangen sie doch zweifelsfrei
So rough the words also were so sounded they indeed beyond any doubt

wohlwollender; für so was hatte Borkhausen ein feines Ohr. So sagt er
more benevolent for so what had Borkhausen a delicate ear So says he

denn mit einem für den Witz um Entschuldigung bittenden Lächeln: »Ich
then with a for the joke for (an) apology pleading smile I

klau doch nicht, Herr Persicke, ick organisier bloß manchmal ein
steal indeed not Mr Persicke I organize just sometimes a

bißchen!«
little

Baldur Persicke erwidert das Lächeln nicht. Mit solchen Leuten macht er
Baldur Persicke replies the smiling not With such people makes he

sich nicht gemein, wenn sie auch manchmal nützlich sein können. Er
himself not common when they also sometimes useful be can He

klettert vorsichtig hinter Borkhausen die Treppe hinunter.
climbs carefully behind Borkhausen the stairs down

Beide Männer sind so mit ihren Gedanken beschäftigt, daß sie
Both men are so with their (own) thoughts occupied that they

darauf nicht achthaben, daß die Flurtür bei den Quangels jetzt nur
thereupon not careful are that the floor door at the Quangels now only

angelehnt ist. Und sie wird sofort wieder geöffnet, als die beiden
ajar is And they will immediately again opened as the both

Männer vorüber sind. Anna Quangel huscht ans Treppengeländer und
men past are Anna Quangel scurries to the stair platforms and

lauscht hinunter.
listens away-under
down

Vor der Flurtür der Persickes hebt Borkhausen stramm die Hand zum
Before the floor door of the Persickes raises Borkhausen rigidly the hand to the

Deutschen Gruß: »Heil Hitler, Herr Persicke! Und ich danke Ihnen auch
German greeting Hail HItler Mr Persicke And I thank you also

schön!«
beautiful

Wofür er dankt, weiß er selbst nicht so genau. Vielleicht, weil der
Where-for he thanks knows he himself not so exactly Perhaps because the

HJ-Führer ihn nicht mit dem Fuß in den Hintern getreten und
Hitler-Jugend-leader him not with the foot in the back(side) stepped (has) and

die Treppe hinuntergeworfen hat. Er hätte sich das ja auch gefallen
the stairs thrown down has He had himself that yes also pleased
indeed

lassen müssen, solch ein kleiner Pinscher wie er ist.
let must such a little pincher as he is

Baldur Persicke erwidert den Gruß nicht. Er starrt den andern mit
Baldur Persicke replies the greeting not He stares the other with

seinen glasigen Augen an und erreicht, daß er nach kurzem zu
his glassy eyes at and reached that he after (a) short (while) to

blinzeln anfängt und den Blick zur Erde senkt. Baldur fragt: »Du wolltest
blink starts and the glance to the earth lowers Baldur asks You wanted
ground

dir also einen Spaß mit der alten Rosenthal machen?«
yourself thus a fun with the old Rosenthal make

»Ja«, antwortet Borkhausen leise mit gesenktem Blick.
Yes answers borkhausen softly with lowered glance

»Was denn für 'nen Spaß?« wird er weiter gefragt. »Bloß so Firma
What then for a fun becomes he further asked Just so company

Klau und Lange?«
Steal and Long

Borkhausen riskiert einen raschen Blick in das Gesicht seines Gegenübers.
Borkhausen risks a quick glance in the face of his opposite

»Och!« sagt er. »Ich hätte ihr auch schon die Fresse lackiert!«
Oh says he I had her also already the mug lacquered

»So!« antwortet der Baldur nur. »So!«
So answers the Baldur only So

Eine Weile stehen sie schweigend. Der Borkhausen überlegt, ob er
A while stand they in silence The Borkhausen considers whether he

jetzt gehen darf, aber er hat noch nicht den Befehl zum Abtreten
now go may but he has still not the order to the off-step
dismissal

bekommen. So wartet er stumm, mit wieder gesenktem Blick, weiter.
become So waits he mutely with again lowered glance further

»Geh da mal rein!« sagt Persicke plötzlich mit sehr mühsamer Zunge.
Go there once in says Persicke suddenly with very troublesome tongue

Er zeigt mit ausgestrecktem Finger auf die offene Flurtür der Persickes.
He shows with outstretched finger on the open floor door of the Persickes

»Vielleicht habe ich dir noch was zu sagen. Mal sehen!«
Perhaps have I you still what to say Once see

Borkhausen marschiert, wie vom weisenden Zeigefinger befohlen,
Borkhausen marches as from the pointing index finger ordered

schweigend in die Wohnung der Persickes. Baldur Persicke folgt, ein
in silence in the house of the Persickes Baldur Persicke follows a

wenig schwankend, aber in soldatischer Haltung. Die Tür schlägt hinter
little fluctuating but in more soldierly stature The door slams behind

beiden zu.
both shut

Oben löst sich Frau Anna Quangel vom Treppengeländer und
Above dissolves herself woman Anna Quangel from the stair platforms and

schleicht in die eigene Wohnung zurück, deren Tür sie sachte ins
creeps in the own house back of which (the) door she softly in the

Schloß gleiten läßt. Warum sie die beiden bei ihrem Gespräch, erst oben
lock slide lets Why she the both at their conversation first above

vor der Wohnung der Frau Rosenthal, dann unten vor Persickes Tür,
before the house of the woman Rosenthal then under before Persickes door

belauscht hat, sie weiß es nicht. Sie folgt sonst ganz der
overheard has she knows it not She follows otherwise completely the

Gewohnheit ihres Mannes: die Mitbewohner können tun und lassen, was
habits of her husband the fellow inhabitants can do and let what

sie wollen. Frau Annas Gesicht ist noch immer krankhaft weiß, und in
they want Mrs. Anna's face is still always pathologically white and in

ihren Augenlidern ist ein irritiertes Zucken. Ein paarmal schon hätte sie
her eyelids is an irritated flinching A few times already had she

sich gerne hingesetzt und geweint, aber sie kann es nicht. Ihr gehen
herself gladly sat down and cried but she can it not Her go

Redensarten durch den Kopf wie: »Es drückt mir das Herz ab«, oder:
sayings through the head as It presses me the heart off or

»Es hat mich vor den Kopf geschlagen«, oder: »Es steht mir vor dem
It has me before the head beaten or It stands me before the

Magen«. Von all dem empfindet sie etwas, aber auch noch dies: »Die
stomach From all of them feels she something but also still this They

sollen mir nicht ungestraft meinen Jungen umgebracht haben. Ich kann
should me not unpunished my boy killed have I can

auch anders sein ...«
also different be

Wieder weiß sie nicht, was sie mit dem Anderssein meint, aber dies
Again knows she not what she with the be different means but this

Lauschen eben war vielleicht schon ein Anfang davon. Otto wird
listening just now was perhaps already a beginning there-from Otto will
of that

nicht mehr alles allein bestimmen können, denkt sie auch noch. Ich
not (any)more everything alone determine be able thinks she also still I

will auch mal tun können, was ich will, auch wenn es ihm nicht paßt.
want also once do be able what I want also when it him not suits

Sie macht sich eifrig an die Fertigstellung des Essens. Die meisten
She makes herself zealously on the completion of the dinner The most

Lebensmittel, die sie beide auf Karten zugeteilt erhalten, bekommt er. Er
foods which they both on cards allocated become gets he He

ist nicht mehr jung und muß ständig über seine Kraft arbeiten; sie
is not (any)more young and must constantly over his strength work she

kann viel sitzen und Näharbeit tun, also
can much sit and sewing work do thus

versteht sich solche Teilung von selbst.
understands himself such division from itself
is such a division logical

Während sie noch mit ihren Kochtöpfen hantiert, verläßt Borkhausen
While she still with her cooking pots fiddles leaves Borkhausen

wieder die Wohnung der Persickes. Sobald er die Treppe hinuntersteigt,
again the house of the Persickes As soon as he the stairs descends

verliert seine Haltung das Kriecherische, das sie vor denen hatte. Er
loses his stature the creepingness that she before of them had He
submissiveness

geht aufrecht über den Hof, sein Magen ist angenehm von zwei
goes upright over the court his stomach is pleasant from two

Schnäpsen erwärmt, und in der Tasche hat er zwei Zehnmarkscheine, einer
(drink) shots warmed up and in the pocket has he two ten mark notes one

von ihnen wird Ottis üble Laune besänftigen.
from them will Otti's bad mood soothe

Aber als er die Stube im Souterrain betritt, ist Otti keiner üblen Laune.
But as he the room in the basement enters is Otti (in) no foul mood

Auf dem Tisch liegt eine weiße Decke, und Otti sitzt mit einem
On the table lies a white cover and Otti sits with a

Borkhausen nicht bekannten Manne auf dem Sofa. Der Fremde, der gar
Borkhausen not familiar man on the sofa The stranger who at all

nicht schlecht angezogen ist, zieht hastig seinen Arm, der um Ottis
not bad dressed is pulls hastily his arm which around Otti's

Schulter lag, zurück. Aber das hätte er gar nicht zu tun brauchen, in so
shoulder lay back But that had he at all not to do need in so

was war Borkhausen nie heikel.
what was Borkhausen never tricky

Er denkt: Kiek mal, das alte Aas, solche fängt sie sich auch ein!
He thinks Look once the old carrion such (ones) catches she herself also in

Der ist mindestens Bankangestellter oder Lehrer ...
That one is at least bank employee or teacher ...

In der Küche heulen und jaulen die Kinder. Borkhausen bringt jedem eine
In the kitchen howl and whine the children Borkhausen brings each a

dicke Scheibe von dem Brot, das auf dem Tisch steht. Dann fängt er
fat disc/slice from the bread that on the table stands Then catches/starts he

selber zu frühstücken an, es ist sowohl Brot wie Wurst, wie Schnaps
self to breakfast on it is both bread as-and sausage as-and Schnapps

da. Er streift den Mann auf dem Sofa mit einem zufriedenen Blick. Der
there He grazes the man on the sofa with a satisfied glance The

Mann scheint sich nicht so wohl wie Borkhausen zu fühlen.
man seems himself not so well as Borkhausen to feel

Darum geht Borkhausen auch schnell, sobald er ein bißchen
Therefore goes Borkhausen also quickly (away) as soon as he a bit

gegessen hat. Er will den Freier um Gottes willen nicht vergraulen! Das
eaten has He wants the suitor for God's will not scare away The

Gute ist, daß er nun die ganzen zwanzig Mark für sich behalten
good (thing) is that he now the whole twenty Mark for himself keep {money}

kann. Borkhausen richtet seine Schritte nach der Rollerstraße; er hat von
can Borkhausen aims his steps to the Rollerroad he has from

einer Kneipe dort gehört, wo die Leute besonders leichtsinnig reden
a pub there heard where the people particularly reckless talk

sollen. Vielleicht läßt sich da was machen. Man kann jetzt in Berlin
should Perhaps lets himself there what do One can now in Berlin

überall Fische fangen. Und wenn nicht bei Tage, dann bei Nacht.
everywhere fish catch And when not at (the) day then at night

Wenn Borkhausen an die Nacht denkt, zuckt es immer wie Lachen hinter
When Borkhausen on the night thinks shrugs it always as laughing behind
of

seinem lose herabhängenden Schnurrbart. Dieser Baldur Persicke, alle diese
his loose drooping moustache This Baldur Persicke all these

Persickes, was für 'ne Bande! Aber ihn sollen sie nicht für dumm
Persickes what for a band But him should they not for stupid

verkaufen, ihn nicht! Sie sollen bloß nicht glauben, bei ihm ist es mit
sell him not They should just not believe with him is it with hold

zwanzig Mark und zwei Schnäpsen getan. Vielleicht kommt noch mal die
twenty Mark and two (drink) shots done Perhaps comes still once the {money}

Zeit, wo er alle diese Persickes in die Tasche steckt. Er muß jetzt nur
time where he all these Persickes in the pocket sticks He must now only

schlau sein.
smart be

Dabei fällt Borkhausen ein, daß er noch vor der Nacht einen gewissen
There-by falls borkhausen in that he still before the night a certain

Enno finden muß. Enno ist vielleicht der richtige Mann für so was.
Enno find must Enno is perhaps the right man for so something

Aber keine Angst, den Enno findet er schon. Der macht täglich seine
But no fear the Enno finds he already That one makes daily his

Runde durch nur drei oder vier Lokale, wo die kleinen Rennwetter
round through only three or four pubs where the small run-better / gambler on horses

verkehren. Wie dieser Enno wirklich heißt, das weiß Borkhausen nicht. Er
associate How this Enno really is called that knows Borkhausen not He

kennt ihn nur aus den paar Lokalen, wo ihn alle Enno rufen. Er wird
know him only from the few pubs where him all Enno call He wants

ihn schon finden, und er wird vielleicht sogar der richtige Mann sein.
him already find and he will perhaps even the right man be

Trudel Baumann verrät ein Geheimnis

Trudel Baumann betrays a secret

So	leicht	Otto	Quangel	auch	in	die	Fabrik	gekommen	war,	so	schwer	war
So	easily	Otto	Quangel	also	in	the	factory	come	was	so	heavy difficult	was

es	zu	erreichen,	daß	die	Trudel	Baumann	zu	ihm	herausgerufen	wurde.
it	to	attain	that	the	Trudel	Baumann	to	him	called out	became

Sie	arbeiteten	hier	nämlich	–	übrigens	genau	wie	in	Quangels	Fabrik	–
They	worked	here	namely	–	by the way	exactly	as	in	Quangel's	factory	–

nicht	nur	im	Akkord,	sondern	jede	Arbeitsstube	mußte	auch	ein
not	only	in the	chord	but	each	workroom	must	also	a

bestimmtes	Pensum	schaffen,	da	kam	es	oft	auf	jede	Minute	an.
certain	workload	create work	there	came	it	often	on	each	minute	on depended

Aber	schließlich	kommt	Quangel	doch	zum	Ziel,	schließlich	ist	der
But	finally	comes	Quangel	indeed	to the	target	finally	is	the

andere	genauso	ein	Werkmeister	wie	er	selbst.	Man	kann	einem	Kollegen
other	just as	a	work-master foreman	as	he	himself	One	can	a	colleague

so	was	schlecht	abschlagen,	besonders	wenn	grade	der	Sohn
so	what something like that	bad hardly	knock off refuse	especially	when	just now	the	son

gefallen	ist.	Das	hat	Quangel	nun	doch	sagen	müssen,	bloß	um	die
fallen	is	That	has	Quangel	now	indeed	say	must	just	for	the

Trudel	zu	sehen	zu	kriegen.	Daraus	folgt,	daß	er's	ihr	auch	selber
Trudel	to	see	to	get	There from	follows	that	he it	her	also	self

sagen	muß,	gegen	die	Bitte	der	Frau,	sonst	würde	es	ihr	der
say	must	against	the	demand	of the	woman	otherwise	would	it	her	the

Werkmeister	erzählen.	Hoffentlich	gibt's	kein	Geschrei	und	vor	allem
work-master foreman	tell	Hopefully	gives it will there be	no	crying	and	before	all

51

keine Umfallerei. Eigentlich ein Wunder, wie die Anna sich gehalten hat
no falling over stuff / fainting. Actually a miracle how the Anna herself held has

– nun, die Trudel steht auch auf festen Beinen.
– now the Trudel stands also on firm legs

Da kommt sie endlich, und Quangel, der nie ein anderes Verhältnis als
There comes she finally and Quangel who never an other relationship as

das zu seiner Frau gehabt hat, muß sich gestehen, daß sie reizend
that to his wife had has must himself confess that she arousing

aussieht mit ihrem Wuschelkopf dunkler, plustriger Haare, dem runden
looks with her curly head dark fluffy hair the round

Gesicht, dem keine Fabrikarbeit die frischen Farben hat nehmen
face from which no factory work the fresh colors had taken

können, mit den lachenden Augen und der hohen Brust. Selbst jetzt, wo
been able with the laughing eyes and the high breast Even now where

sie wegen der Arbeit lange blaue Hosen trägt und einen alten,
she because of the work long blue pants carries and an old

vielfach gestopften Jumper, der voll von Garnresten hängt, selbst jetzt
many times darned jumper which full of leftovers hangs even now

sieht sie reizend aus. Das Schönste an ihr ist aber vielleicht ihre
looks she lovely -out- The most beautiful on her is however perhaps her

Art, sich zu bewegen, alles sprüht von Leben, jeden Schritt scheint
manner herself to move everything sprays / glows of life every step seems

sie gerne zu tun: sie quillt über vor Lebensfreude.
she gladly to do she flows over of enjoyment of life / joie de vivre

Ein Wunder eigentlich, denkt Otto Quangel flüchtig, daß solch eine
A miracle actually thinks Otto Quangel fleeting that such a

Trantute wie der Otto, so ein von der Mutter verpimpeltes Söhnchen,
tear-bag / crybaby as the Otto such a from the mother spoiled son

sich solch ein Prachtmädel einhandeln konnte. Aber, verbessert er
himself such a splendid girl in-deal / acquire could However corrected he

sich gleich, was weiß ich denn vom Otto? Ich habe ihn ja nie
himself immediately what knows I then from the Otto I have him yes never

richtig gesehen. Er muß ganz anders gewesen sein, wie ich gedacht
right seen He must completely different been be as I thought
have

habe. Und mit den Radios hat er wirklich was losgehabt, die Meister
have And with the radios has he really what off-had the masters
something managed

haben sich doch alle um ihn gerissen.
have themselves indeed all for him ripped
enthused

»Tag, Trudel«, sagt er und gibt ihr seine Hand, in die rasch und
Day Trudel says he and gives her his hand in which quick and
Goodday

kräftig ihre warme, mollige schlüpft.
powerful her warm chubby one slips

»Tag, Vater«, antwortet sie. »Nun, was ist los bei euch zu Haus?
Day father answers she Now what is loose at you at (the) house
Goodday going on

Hat Muttchen mal wieder Sehnsucht nach mir, oder hat Otto
Has little mother once again desire to me or has Otto

geschrieben? Ich will sehen, daß ich möglichst bald mal bei euch
written I want see that I as possible soon once at you

reinschaue.«
look in
visit

»Es muß schon heute abend sein, Trudel«, sagt Otto Quangel. »Die Sache
It must already today evening be Trudel says Otto Quangel The thing

ist nämlich die ...«
is namely this one

Aber er spricht seinen Satz nicht zu Ende. Trudel ist in ihrer
But he speaks his sentence not to (the) end Trudel is in her

raschen Art schon in die Tasche der blauen Hose gefahren und hat
quick way already in the pocket of the blue trousers driven and has
gone

einen Taschenkalender hervorgeholt, in dem sie jetzt blättert. Sie hört nur
a pocket calendar brought out in which she now leafs she hears only

53

mit halbem Ohr zu, nicht der richtige Augenblick, um ihr so was
with (a) half ear -to- not the right moment for her so what
something like that

zu sagen. So wartet denn Quangel geduldig, bis sie gefunden hat, was
to say so waits then Quangel patiently until she found has what

sie sucht.
she searches

Diese Zusammenkunft der beiden findet in einem langen, zugigen Gange
This meeting of the both finds in a long drafty hallway

statt, dessen getünchte Wände ganz vollgepflastert mit Plakaten sind.
place whose whitewashed walls completely fully plastered with posters are

Unwillkürlich fällt Quangels Blick auf ein Plakat, das schräg hinter Trudel
Involuntarily falls Quangels glance on a poster which aslant behind Trudel

hängt. Er liest ein paar Worte, die fettgedruckte Überschrift: »Im Namen
hangs He reads a few words the bold heading In the name

des deutschen Volkes«, dann drei Namen und: »wurden wegen Landes-
of the German people then three names and were because of land

und Hochverrates zum Tode durch den Strang verurteilt. Die Hinrichtung
and high treason to the death through the string sentenced The execution
hanging

wurde heute morgen in der Strafanstalt Plötzensee vollzogen.«
became today morning in the prison Plotzen-lake accomplished

Ganz unwillkürlich hat er mit beiden Händen die Trudel gefaßt und
Completely involuntarily has he with both hands the Trudel taken and

sie so weit zur Seite geführt, daß sie nicht mehr vor dem Plakat
her so far to the side led that she not (any)more before the poster

steht. »Wieso?« hat sie erst überrascht gefragt, dann sind ihre Augen dem
stands How so has she first surprised asked then are her eyes the

Blick der seinen gefolgt, und sie liest auch das Plakat. Sie gibt einen
glance of the his followed and she reads also the poster She gives a

Laut von sich, der alles bedeuten kann: Protest gegen das
sound from himself which everything mean can Protest against the

Gelesene, Ablehnung von Quangels Tun, Gleichgültigkeit, aber jedenfalls
read (poster) rejection from Quangels doing indifference but anyhow
actions

kehrt sie nicht an den alten Platz zurück. Sie sagt und steckt den
turns she not on the old place back She says and tucks the

Kalender wieder in die Tasche: »Heute abend geht's unmöglich, Vater, aber
calendar again in the pocket Today evening goes it impossible father but
is it

morgen werde ich gegen acht bei euch sein.«
tomorrow will I against eight at you be
towards

»Es muß aber heute abend gehen, Trudel!« widerspricht Otto Quangel.
It must however today evening go Trudel contradicts Otto Quangel
be

»Es ist Nachricht gekommen über Otto.« Sein Blick ist noch schärfer
It is (a) message come about Otto His glance is still sharper
There

geworden, er sieht, wie das Lachen aus ihrem Blick schwindet. »Der Otto
become he sees how the laughing from her look disappears The Otto
face

ist nämlich gefallen, Trudel!«
is namely fallen Trudel

Es ist seltsam, derselbe Laut, den Otto Quangel bei dieser Nachricht von
It is rare the same sound which Otto Quangel at this message from

sich gegeben hat, kommt jetzt aus Trudels Brust, ein tiefes »Oh ...!«
himself given has comes now from Trudel's breast a deep Oh

Einen Augenblick sieht sie den Mann mit schwimmenden Augen an, ihre
One moment looks she the man with swimming eyes at her

Lippen zittern; dann wendet sie das Gesicht zur Wand, sie lehnt ihre
lips tremble then turns she the face to the wall she declines her

Stirn gegen sie. Sie weint, aber sie weint lautlos. Quangel sieht wohl
forehead against her She cries but she cries soundless Quangel sees well
it quiet

ihre Schultern beben, aber er hört keinen Laut.
her shoulders tremble but he hears no sound

Tapferes Mädel! denkt er. Wie sie doch am Otto gehangen hat! In
Brave girl thinks he How she indeed at the Otto hung has In

seiner Art ist er auch tapfer gewesen, hat nie mit diesen Scheißkerlen
his way is he also brave been has never with these shit-blokes
has bastards

mitgemacht, hat sich nicht von der HJ gegen seine Eltern
participated has himself not from the hitler-jugend against his parents

aufhetzen lassen, war immer gegen das Soldatenspielen und gegen den
incite let was always against the soldier games and against the

Krieg. Dieser verdammte Krieg!
war This damned war

Er hält inne, erschrocken über das, was er da eben gedacht hat.
He holds in frightened over that what he there just thought has

Verändert er sich nun auch schon? Das war ja eben beinahe so
Changed he himself now also already That was yes just almost so

etwas wie Annas »Du und dein Hitler!«
something as Anna's You and your Hitler"

Dann sieht er, daß Trudel mit der Stirn nun grade gegen jenes Plakat
Then sees he that Trudel with the forehead now right against that poster

lehnt, von dem er sie eben erst fortgezogen hat. Über ihrem Kopf
declines from which he her just first moved away has Over her head

steht in Fettschrift zu lesen: »Im Namen des deutschen Volkes«, ihre
stands in bold to read In the name of the German people « her

Stirn verdeckt die Namen der drei Gehängten ...
forehead covers the names of the three hanged (ones) ...

Und wie eine Vision steigt es vor ihm auf, daß eines Tages solch ein
And as a vision rises it before him up that one day such a

Plakat mit den Namen von ihm und Anna und Trudel an den Wänden
poster with the name from him and Anna and Trudel on the walls

kleben könnte. Er schüttelt unmutig den Kopf. Er ist ein einfacher
stick could He shakes angrily the head He is a simple

Handarbeiter, der nur seine Ruhe haben und nichts von Politik wissen
hand-worker who only his rest have and nothing from politic(s) know

will, Anna kümmert sich nur um ihren Haushalt, und solch ein
wants Anna cares herself only for her household and such a

bildhübsches Mädel wie die Trudel dort wird bald einen neuen Freund
beautiful girl as the Trudel there will soon a new (boy)friend

gefunden haben ...
found have ...

Aber die Vision ist hartnäckig, sie bleibt. Unsere Namen an der Wand,
But the vision is persistent she/it remains Our names on the wall

denkt er, nun völlig verwirrt. Und warum nicht? Am Galgen hängen ist
thinks he now totally confused And why not At the gallows hang is

auch nicht schlimmer, als von einer Granate zerrissen zu werden oder
also not worse as from a grenade torn up to become or

am Bauchschuß krepieren! Das alles ist nicht wichtig. Was allein
at the belly shot to perish That everything is not important what alone

wichtig ist, das ist das: Ich muß rauskriegen, was das mit dem Hitler
important is that is that I must get out what that with the Hitler

ist. Plötzlich sehe ich nur Unterdrückung und Haß und Zwang und
is Suddenly see I only oppression and hate and compulsion and

Leid, so viel Leid ... Ein paar Tausend, hat dieser feige Spitzel,
suffering so much suffering ... A few thousand has this cowardly snitch

der Borkhausen, gesagt. Als wenn es auf die Zahl ankäme! Wenn nur
the Borkhausen said As if it on the number would arrive depend When only

ein einziger Mensch ungerecht leidet, und ich kann es ändern, und ich
a single human unfair suffers and I can it change and I

tue es nicht, bloß weil ich feige bin und meine Ruhe zu sehr liebe,
do it not just because I cowardly am and my rest too much love

dann ...
then ...

Hier wagt er nicht, weiterzudenken. Er hat Angst, richtig Angst davor,
Here dares he not to think ahead He has fear true real fear therefore

wohin ihn ein solcher zu Ende gedachter Gedanke führen kann. Sein
where-to him a such to end thought thought lead can His

Leben müßte er dann ändern!
life must he then change

Statt dessen starrt er wieder auf das Mädchen, über dessen Kopf »Im
Instead of that stares he again at the girl over whose head in the

Namen des deutschen Volkes« zu lesen ist. Nicht grade gegen dieses
name of the German people to read is Not right against this

Plakat gelehnt sollte sie weinen. Er kann der Versuchung nicht
poster leaned should she cry He can the temptation not

widerstehen, er dreht ihre Schultern von der Wand fort und sagt, so
resist he turns her shoulders from the wall away and says so

sanft er kann: »Komm, Trudel, nicht gegen dieses Plakat ...«
softly (as) he can Come Trudel not against this poster

Einen Augenblick starrt sie die gedruckten Worte verständnislos an. Ihr
One moment stares she the printed words incomprehensible at Her

Auge ist schon wieder trocken, ihre Schultern beben nicht mehr. Dann
eye is already again dry her shoulders trembling not (any)more Then

kommt Leben in ihren Blick, nicht das alte, frohe Leuchten, mit dem sie
comes life in her look not the old merry shining with which she
face

diesen Gang betreten, sondern etwas dunkel Glühendes. Sie legt ihre
this hallway entered (had) but something dark glowing She lays her

Hand fest und doch zärtlich an die Stelle, wo das Wort »gehängt«
hand fast and indeed tender on the spot where the word hanged

steht. »Ich werd nie vergessen, Vater«, sagt sie, »daß ich grade vor
stands I will never forget father says she that I right in front

so einem Plakat wegen Otto geheult habe. Vielleicht – ich möcht's
(of) such a poster because of Otto cried have Perhaps – I want it

nicht –, aber vielleicht wird auch mal mein Name auf so einem Wisch
not –, but perhaps will also once my name on such a wipe

stehen.«
stand

Sie starrt ihn an. Er hat das Gefühl, sie weiß nicht genau, was sie
She stares him at He has the feeling she knows not exactly what she

spricht. »Mädel«, ruft er. »Besinn dich! Wie sollst du und solch ein
speaks Girl calls he Reflect yourself How will you and such a
says

Plakat ... Du bist jung, das ganze Leben liegt vor dir. Du wirst wieder
poster You are young the whole life lies before you You will again

lachen, du wirst Kinder haben ...«
laugh you will children have

Sie schüttelt trotzig den Kopf. »Ich krieg keine Kinder, solange ich nicht
She shakes defiantly the head I get no children as long (as) I not

bestimmt weiß, sie werden mir nicht totgeschossen. Solange irgend so
decisively know they become me not shot dead As long (as) any such

ein General sagen kann: Marschier und krepier. Vater«, fährt sie fort und
a general say can March and perish Father drives she away and
goes on

faßt jetzt seine Hand fest in die ihre, »Vater, kannst du denn wirklich
grabs now his hand fast in the hers Father can you then really

wie bisher weiterleben, jetzt, wo sie dir deinen Otto totgeschossen
as until-here live on now where they you your Otto shot dead
until now

haben?«
have

Sie sieht ihn eindringlich an, und wieder wehrt er sich gegen das
She looks him insistently at and again defends he himself against the

Fremde, das in ihn eindringt. »Die Franzosen«, murmelt er.
foreign that in him penetrates The French people mumbles he

»Die Franzosen!« ruft sie empört. »Redest du dich auf so was
The French people calls she outraged Talk you yourself on so what
with something like that

raus? Wer hat denn die Franzosen überfallen? Na, wer, Vater? Sag doch!«
out Who has then the Frenchmen ambushed Now who father Say then

»Aber was können wir denn tun?« wehrt sich Otto Quangel
But what can we then do defends itself himself Otto Quangel

verzweifelt gegen dieses Drängen. »Wir sind nur ein paar, und all die
desperate against this pushing We are only a few and all the

Millionen sind für ihn, und jetzt nach diesem Siege gegen Frankreich erst
millions are for him and now after this victory against France first
only

recht. Gar nichts können wir tun!«
right At all nothing can we do
for real

»Viel können wir tun!« flüstert sie. »Wir können die Maschinen in
Much can we do whispers she We can the machinery in

Unordnung bringen, wir können schlecht und langsam arbeiten, wir können
disarray bring we can bad and slowly work we can

deren Plakate abreißen und andere ankleben, in denen wir den Leuten
their posters tear off and others stick on in which we the people

sagen, wie sie belogen und betrogen werden.« Sie flüstert noch leiser:
say how they lied to and betrayed become She whispers even quieter

»Aber die Hauptsache ist, daß wir anders sind als die, daß wir uns
But the main thing is that we different are than those that we ourselves

nie dazu kriegen lassen, so zu sein, so zu denken wie die. Wir
never there-to get let so to be so to think as those We

werden eben keine Nazis, und wenn die die ganze Welt besiegen!«
become just no Nazis and when even they the whole world defeat

»Und was erreichen wir damit, Trudel?« fragt Otto Quangel leise. »Ich
And what attain we there-with Trudel asks Otto Quangel softly I

sehe nicht, was wir damit erreichen.«
see not what we there-with attain

»Vater«, antwortet sie. »Ich hab's im Anfang auch nicht verstanden,
Father answers she I have it in the beginning also not understood

und ganz richtig versteh ich's noch immer nicht. Aber, weißt du,
and completely right understand I it still always not But know you

wir haben hier so im geheimen eine Widerstandszelle im Betrieb
we have here so in the secret a resistance cell in the operation

gebildet, ganz klein erst, drei Männer und ich. Da ist einer bei
built completely small first three men and I There is one at with

uns, der hat's mir zu erklären versucht. Wir sind, hat er gesagt, wie
us that one had it me to explain tried We are has he said like

der gute Same in einem Acker voll Unkraut. Wenn der gute Same nicht
the good seed in a field full (of) Weeds When the good seed not

wäre, stünde der ganze Acker voller Unkraut. Und der gute Same kann
would be stood the whole field full weeds And the good seed can

sich ausbreiten ...«
itself spread

Sie hält inne, als sei sie über etwas zutiefst erschrocken.
She holds in as be she over something deeply frightened

»Was ist, Trudel?« fragt er sie. »Das mit dem guten Samen, das ist kein
What is (it) Trudel asks he her That with the good seed that is no

schlechter Gedanke. Ich werde darüber nachdenken, ich habe so viel
bad thought I will about it ponder I have so much

nachzudenken in nächster Zeit.«
to think in next time

Aber sie sagt voll Scham und Reue: »Nun habe ich das mit der Zelle
But she says full (of) shame and repent Now have I that with the cell

doch ausgeplappert, und ich habe heilig geschworen, es keinem einzigen
indeed blabbed out and I have holy sworn it no single

Menschen zu verraten!«
person to betray

»Darüber mach dir keine Gedanken, Trudel«, sagt Otto Quangel, und
About that make yourself no thoughts Trudel says Otto Quangel and

seine Ruhe überträgt sich unwillkürlich auf das gequälte Ding. »Bei dem
his rest transmits itself involuntarily on the tormented thing By the

Otto Quangel geht so was zum einem Ohr rein und zum
Otto Quangel goes so what to the one ear there-in and at the
something like that in

andern raus. Ich weiß von nichts mehr.« Mit einer grimmigen
other one out I know from nothing (any)more With a grim

Entschlossenheit starrt er jetzt auf das Plakat. »Da könnte die ganze
determination stares he now at the poster There could the whole

Gestapo kommen, ich weiß eben von nichts mehr. Und«, setzt er
gestapo come I know just from nothing (any)more And set he
added

hinzu, »und wenn du willst, und es macht dich ruhiger, so kennst du
there-to and when you want and it makes you calmer so know you

uns eben von dieser Stunde an nicht mehr. Du brauchst auch heute
us just from this hour on not (any)more You need also today

abend nicht mehr zu Anna zu kommen, ich mach's ihr schon irgendwie
evening not (any)more to Anna to come I make it her already somehow

mundgerecht, ohne ihr etwas zu sagen.«
bite-sized without her something to say

»Nein«, antwortet sie darauf, sicher geworden. »Nein, zur Mutter gehe
No answers she thereupon sure become No to the mother go

ich heute abend noch. Aber ich werde es den andern sagen müssen, daß
I today evening still But I will it the others say must that

ich mich verplappert habe, und vielleicht wird dich einer vornehmen, um
I myself blabbered have and perhaps will you one take in front for
                                                                take apart

zu sehen, ob du auch zuverlässig bist.«
to see whether you also reliable are

»Die sollen mir nur kommen!« sagt Otto Quangel drohend. »Ich weiß von
Those should me only come says Otto Quangel menacing I know from

nichts. Auf Wiedersehen, Trudel. Ich werde dich wohl heute nicht mehr
nothing On seeing again Trudel I will you well today not (any)more
        Until

sehen, vor zwölf komme ich fast nie von der Arbeit zurück.«
see before twelve come I almost never from the work back

Sie gibt ihm die Hand und geht dann den Gang zurück, in das Innere
She gives him the hand and goes then the hallway back in the inner

der Fabrik hinein. Sie steckt nicht mehr so voll von sprühendem
of the factory inside she sticks not (any)more so full from spraying
                                                                sparkling

Leben, aber sie ist immer noch voller Kraft. Gutes Mädel! denkt Quangel.
life but she is always still full of strength Good girl thinks Quangel

Tapferer Kerl!
Braver chap

Dann steht Quangel allein auf dem Gang mit seinen Plakaten, die in
Then stands Quangel alone on the hallway with his posters which in
                                                       its

dem ewigen Zug leise rascheln. Er schickt sich an zu gehen. Aber
the eternal draft softly rustle He fits himself on to go But
                                        gets ready

vorher tut er noch etwas, das ihn selbst überrascht: Er nickt dem
before does he still something that him himself surprises He nods the

Plakat, an dem Trudel weinte, zu – mit einer grimmigen Entschlossenheit.
poster on which Trudel cried at – with a grim determination

Im nächsten Augenblick schämt er sich seines Tuns. Das ist ja
In the next moment is ashamed he himself of his do That is yes indeed

blöde Fatzkerei! Dann macht er, daß er nach Hause kommt. Es ist die
stupid nonsense Then makes he that he to (the) house comes It is the

allerhöchste Zeit, er muß sogar eine Elektrische nehmen, was seinem
all highest time he must even an electrical (tram) take what (by) his

Sparsinn, der manchmal fast an Geiz grenzt, verhaßt ist.
sense of saving thrift which sometimes almost on greed borders hated is

Enno Kluges Heimkehr
Enno Kluge's Return Home

Um zwei Uhr nachmittags war die Brieftägerin Eva Kluge mit ihrem
At two hour (in the) afternoon was the letter-carrier-female Eva Kluge with her
o'clock postwoman

Bestellgang fertig geworden. Bis gegen vier Uhr hatte sie noch mit der
order walk ready become Until against four hour had she still with the
mail delivery o'clock

Abrechnung von Zeitungsgeldern und Strafporti zu tun gehabt: War sie
accounting from newspaper money and punitive-charge to do had Was she
postal surcharge

sehr müde, verwirrten sich ihr die Zahlen, und sie verrechnete sich
very tired confused herself to her the numbers and she miscalculated herself

immer wieder. Mit brennenden Füßen und einer schmerzenden Öde
always again With burning feet and an aching emptiness

im Kopf machte sie sich auf den Heimweg; sie mochte gar nicht
in the head made she herself on the way home she might at all not

daran denken, was sie noch alles zu tun hatte, bis sie endlich
there-to think what she still everything to do had until she finally
to it

ins Bett gehen konnte. Auf dem Heimweg erledigte sie noch ihre
in the bed go could On the way home finished she still her

Besorgungen auf Karten; beim Fleischer mußte sie ziemlich lange anstehen,
errands on cards at the butcher must she rather long queue

und so war es fast sechs Uhr geworden, als sie langsam die Stufen
and so was it almost six hour become as she slowly the steps
o'clock

ihrer Wohnung am Friedrichshain emporstieg.
of her house at the Friedrichshain ascended

Auf der Treppenstufe vor ihrer Tür stand ein kleiner Mann in hellem
On the stair step before her door stood a little man in bright

Mantel und mit Sportmütze. Er hatte ein farbloses Gesicht ohne allen
coat and with sports hat He had a colorless face without all
any

Ausdruck, die Lider waren ein wenig entzündet, die Augen blaß, solch ein Gesicht, das man sofort wieder vergißt.

»Du, Enno?« rief sie und nahm die Wohnungsschlüssel unwillkürlich fester in die Hand. »Was willst du denn bei mir? Ich habe kein Geld und auch kein Essen, und in die Wohnung lasse ich dich auch nicht!«

Der kleine Mann machte eine beruhigende Bewegung. »Warum denn gleich so aufgeregt, Eva? Wieso denn gleich so bösartig? Ich will dir doch bloß mal guten Tag sagen, Eva. Guten Tag, Eva!«

»Guten Tag, Enno!« sagte sie, aber nur widerwillig, denn sie kannte ihren Mann seit vielen Jahren. Sie wartete eine Weile, dann lachte sie kurz und böse auf. »Jetzt haben wir uns guten Tag gesagt, wie du wolltest, Enno, und du kannst gehen. Aber wie ich seh, gehst du nicht, was willst du also wirklich?«

»Siehste, Evchen«, sagte er. »Du bist 'ne vernünftige Frau, und mit dir kann man 'n Wort reden ...« Er fing an, ihr umständlich

auseinanderzusetzen, daß die Krankenkasse nicht länger zahlte, weil er
to set apart / to explain — that — the — health insurance — not — longer — paid — because — he

seine sechsundzwanzig Wochen Kranksein rum hatte. Er mußte wieder
his — twenty six — weeks — be sick — around — had — He — must — again

arbeiten gehen, sonst schickten sie ihn zurück zur Wehrmacht, die
work — go — otherwise — sent — they — him — back — to the — army — who

ihn seiner Fabrik zur Verfügung gestellt hatte, weil er Feinmechaniker
him — his — factory — to the — disposal — set — had — because — he — precision mechanic

war, und die waren knapp. »Die Sache ist nun die und der Umstand
was — and — who — were — just — The — thing — is — now — that — and — that — fact

der«, schloß er seine Erklärungen, »daß ich die nächsten Tage einen
there — closed / finished — he — his — explanations — that — I — the — next — days — a

festen Wohnsitz haben muß. Und da habe ich gedacht ...«
firm — residence — have — must — And — there — have — I — thought

Sie schüttelte energisch den Kopf. Sie war zum Umsinken müde und
She — shook — energetically — the — head — She — was — to the — around-sink / fall over — tired — and

sehnte sich danach, in die Wohnung zu kommen, wo so viel Arbeit
longed — herself — there-to — in — the — house — to — come — where — so — much — work

auf sie wartete. Aber sie ließ ihn nicht ein, ihn nicht, und wenn sie die
on — her — waited — But — she — let — him — not — in — him — not — and — when — she — the

halbe Nacht stehen mußte.
half — night — stand — must

Er sagte eilig, aber es klang immer gleich farblos: »Sag noch nicht
He — said — hurriedly — but — it — sounded — always — immediately — colorless — Say — still — not

nein, Evchen, ich bin noch nicht zu Ende mit meinen Worten. Ich
no — little Eva — I — am — still — not — to — end — with — my — words — I

schwöre dir, ich will gar nichts von dir, kein Geld, kein Essen. Laß
swear — you — I — want — at all — nothing — from — you — no — money — no — food — Let

mich bloß auf dem Kanapee schlafen. Ich brauch auch keine Bettwäsche.
me — just — on — the — sofa — sleep — I — need — also — no — bedding

Du sollst nicht Arbeit von mir haben.«
You — will — not — work — from — me — have

Wieder schüttelte sie den Kopf. Wenn er bloß aufhören wollte mit Reden,
Again shook she the head When he just stop would with to talk

er sollte doch wissen, daß sie ihm nicht ein Wort glaubte. Er hatte
he should indeed know that she him not a word believed He had

noch nie gehalten, was er versprochen hatte.
still never kept what he promised had

Sie fragte: »Warum machst du das nicht bei einer von deinen
She asked Why make you that not at one of your
do

Freundinnen ab? Die sind dir doch sonst gut genug für
girlfriends -off- Those are you indeed otherwise good enough for

so was!«
so what
something like that

Er schüttelte den Kopf: »Mit den Weibern bin ich durch, Evchen, mit
He shook the head With the women am I through little Eva with

denen befaß ich mich nicht mehr, mit denen hat's mir gereicht.
those concern I myself not (any)more with those has it me been enough

Wenn ich alles bedenke, du warst doch immer die Beste von allen,
When I everything consider you were indeed always the best from all

Evchen. Gute Jahre haben wir gehabt, damals, als die Jungen noch
little Eva Good years have we had at that time as the young ones still

klein waren.«
small were

Unwillkürlich hatte sich ihr Gesicht bei der Erinnerung an ihre ersten
Involuntarily had herself her face at the memory on her first

Ehejahre aufgehellt. Die waren wirklich gut gewesen, damals, als er
marriage years brightened Those were really good been at that time as he
had

noch als Feinmechaniker arbeitete und jede Woche seine sechzig Mark
still as precision mechanic worked and each week his sixty mark(money)

nach Haus brachte und von Arbeitsscheu nichts wußte.
to (the) house brought and from work-shyness nothing knew

Enno Kluge sah sofort seinen Vorteil. »Siehste, Evchen, ein bißchen
Enno Kluge saw immediately his advantage See little Eva a bit

hast du mich doch noch gerne, und darum läßt du mich auch auf dem Kanapee schlafen. Ich versprech dir, ich mach's ganz schnell ab mit dem Arbeiten, mir liegt doch auch nichts an dem Kohl. Bloß so lange, daß ich wieder Krankengeld kriege und nicht zu den Preußen muß. In zehn Tagen schaff ich's, daß sie mich wieder krank schreiben!«

Er machte eine Pause und sah sie abwartend an. Jetzt schüttelte sie nicht den Kopf, aber ihr Gesicht sah undurchdringlich aus. So fuhr er fort: »Ich will's diesmal nicht mit Magenblutungen machen, da geben sie einem nichts zu fressen in den Krankenhäusern. Ich reise diesmal auf Gallenkoliken. Da können sie einem auch nichts nachweisen, bloß mal röntgen, und man muß keine Steine haben für die Koliken. Man kann bloß. Ich habe mir alles genau erklären lassen. Das klappt schon. Bloß daß ich erst diese zehn Tage arbeiten muß.«

Sie antwortete wieder mit keinem Wort, und er fuhr fort, denn er glaubte daran, daß man den Leuten ein Loch in den Bauch reden kann,

daß sie schließlich doch nachgeben, wenn man nur beharrlich genug ist.
that they finally indeed give in when one only persistent enough is

»Ich habe auch die Adresse von 'nem Arzt in der Frankfurter Allee, der
I have also the address from a doctor in the Frankfurter avenue who

schreibt jeden krank, wenn man will, bloß daß er keine Schwierigkeiten
writes everyone sick when one wants just that he no difficulties

hat mit den Leuten. Mit dem schaff ich's: in zehn Tagen bin ich
has with the people With that one create I it in ten days am I
manage

wieder im Krankenhaus, und du bist mich los, Evchen!«
again in the hospital and you are me loose little Eva
rid of

Sie sagte, müde all dieses Geschwätzes: »Und wenn du bis Mitternacht
She said tired of all this chatter And when you until midnight

hier stehst und redest, ich nehm dich doch nicht wieder auf, Enno. Ich
here stand and talk I take you indeed not again up Enno I

tu's nie wieder, du kannst sagen, was du willst, und du kannst tun,
do it never again you can say what you want and you can do

was du willst. Ich laß mir nicht wieder alles kaputtmachen von dir
what you want I let me not again everything broken make from you
break

und deiner Arbeitsscheu und deiner Rennwetterei und deinen gemeinen
and your work-shyness and your racing betting and your mean

Weibern. Ich hab's dreimal erlebt und das vierte Mal und noch mal
women I have it three times experienced and the fourth time and still once

und noch mal, und nun hat's geschnappt bei mir, nun ist es alle! Ich
and still once and now has it snapped at me now is it all I

setze mich hier auf die Treppe, ich bin nämlich müde, seit sechs bin
set me here on the stairs I am namely tired since six am

ich auf den Beinen. Wenn du willst, setz dich dazu. Wenn du magst,
i on the legs When you want set yourself there-to If you like

rede, wenn du nicht magst, halt den Mund, mir ist alles egal. Aber
speak if you not like hold the mouth me is everything equal But
don't

in die Wohnung kommst du mir nicht!«
in the house come you me not

Sie hatte sich wirklich auf die Treppenstufe gesetzt, auf die gleiche
She had herself really on the stair step set on the same

Stufe, die vorher sein Warteplatz gewesen war. Und ihre Worte hatten so
step that before his waiting place been was And her words had so

entschlossen geklungen, daß er fühlte, diesmal half auch alles Reden
decided sounded that he felt this time helped also all talk

nichts. So rückte er denn seine Jockeimütze ein wenig schief und sagte:
nothing So moved he then his jockey hat a little crooked and said

»Na denn, Evchen, wenn du durchaus nicht willst, wenn du mir nicht
*now then evchen when you throughout not want when you me not
at all*

mal so 'nen kleinen Gefallen tun willst, wo du weißt, dein Mann ist
once such a small favor do want where you know your man is

in Not, mit dem du fünf Kinder gehabt hast, und drei liegen auf dem
in need with whom you five children had have and three lie on the

Kirchhof, und zwei Jungen kämpfen für Führer und Volk ...« Er brach
churchyard and two young fight for leader and people He broke

ab, er hatte ganz maschinenmäßig so vor sich hin geredet, weil
off he had completely machine-like so before himself away talked because

er das Immerweiterreden aus den Kneipen gewohnt war, obwohl er doch
he the always-further-talking from the bar used was although he indeed

begriffen hatte, hier war jedes Reden zwecklos. »Also, ich geh denn jetzt,
*understood had here was each talk aimless So I go then now
useless*

Evchen. Und daß du's weißt, ich nehm dir nichts übel, das weißt du,
*little Eva and that you it know I take you nothing -bad- that know you
blame*

ich mag sein, wie ich will, übelnehmen tu ich nichts.«
I may be how I want resent do I nothing

»Weil dir alles gleichgültig ist bis auf deine Rennwetterei«,
Because to you everything indifferent is until on your racing betting

antwortete sie nun doch. »Weil dich sonst nichts auf der Welt
answered she now indeed Because you otherwise nothing on the world

interessiert, weil du nichts und keinen gern haben kannst, nicht einmal
*interests because you nothing and no one glad have can not once
dear*

dich selbst, Enno.« Aber sie brach sofort wieder ab, es war so nutzlos, mit diesem Mann zu sprechen. Sie wartete eine Weile, dann sagte sie: »Aber ich denke, du wolltest gehen, Enno?«

»Jetzt geh ich, Evchen«, sagte er ganz überraschend. »Mach's gut. Ich nehm dir nichts übel. Heil Hitler, Evchen!«

Sie war immer noch fest davon überzeugt, daß dieses Abschiednehmen nur eine Finte von ihm war, bloß die Einleitung zu neuem, endlosem Gerede. Aber zu ihrer grenzenlosen Überraschung sagte er wirklich nichts mehr, sondern fing an, die Treppe hinabzusteigen. Eine, zwei Minuten saß sie noch wie betäubt auf der Stufe, sie konnte noch nicht an ihren Sieg glauben. Dann sprang sie auf und lauschte ins Treppenhaus. Sie hörte deutlich seinen Schritt auf der untersten Treppe, er hatte sich nicht versteckt, er ging wirklich! Nun klappte die Haustür. Mit zitternder Hand schloß sie die Tür auf; sie war so erregt, daß sie zuerst das Schlüsselloch nicht finden konnte. Als sie drinnen war,

legte sie die Kette vor und sank auf einen Küchenstuhl. Die Glieder
put she the chain in front and sank on a kitchen chair The members
arms

hingen ihr runter, dieser Kampf eben hatte die letzte Kraft aus ihr
hung her down this fight just had the last strength from her

gepumpt. Sie hatte keinen Mumm mehr in den Knochen, jetzt hätte sie
pumped She had no power (any)more in the bones now had her

einer nur mit einem Finger anstoßen müssen, sie wäre glatt vom
one only with a finger nudge must she would be smooth from the
just like that

Küchenstuhl gerutscht.
kitchen chair slipped

Aber allmählich, wie sie dort hockte, kehrten Kraft und Leben in sie
But gradually as she there crouched turned strength and life in her
slouched

zurück. So hatte sie es denn auch einmal geschafft, ihr Wille hatte seine
back So had she it then also once managed her will had his

sture Hartnäckigkeit bezwungen. Sie hatte ihr Heim für sich behalten,
stubborn tenacity conquered She had her home for herself keep

für sich ganz allein. Er würde da nicht wieder rumsitzen, endlos
for herself completely alone He would there not again sit around endless

von seinen Pferden reden und ihr jede Mark und jeden Kanten Brot
of his horses talk and her each mark and every edge bread
{money} slice of

stehlen, den er nur erwischen konnte.
steal which he only get could

Sie sprang auf, von neuem Lebensmut erfüllt. Dieses Stückchen Leben
She jumped up from new courage to live filled This bit (of) life

war ihr verblieben. Nach dem endlosen Dienst auf der Post brauchte sie
was her remained After the endless service on the mail needed she

diese paar Stunden hier für sich allein. Der Bestellgang fiel ihr schwer,
these few hours here for herself alone The order walk fell her heavy
mail delivery

sehr schwer, immer schwerer. Sie hatte schon früher mit dem Unterleib
very heavy always heavier She had already before with the abdomen

zu tun gehabt, nicht umsonst lagen die drei Jüngsten auf dem Friedhof:
to do had not for nothing lay the three youngest on the graveyard

alles Frühgeburten. Die Beine wollten auch nicht mehr so. Sie war eben
all premature births The legs wanted also not (any)more so She was just

keine Frau für das Erwerbsleben, sie war eine richtige Hausfrau. Aber sie
no woman for the working life she was a right housewife But she

hatte verdienen müssen, als der Mann plötzlich aufgehört hatte zu
had earn must as the man suddenly stopped had to

arbeiten. Damals waren die beiden Jungen noch klein gewesen. Sie hatte
work At that time were the both boys still small been She had

sie hochgebracht, sie hatte sich dieses Heim geschaffen: Wohnküche und
them brought up she had herself this home created eat-in kitchen and

Kammer. Und dabei hatte sie noch den Mann mit durchgeschleppt,
room And there-by had she still the man along towed through

wenn er nicht gerade bei einer seiner Geliebten untergekrochen war.
when he not just at one of his loved ones crawled under was

Selbstverständlich hätte sie sich längst von ihm scheiden lassen
Self-understandably/Self-evidently had she herself long from him separate let

können, er machte ja gar kein Hehl aus seinen Ehebrüchen. Aber eine
been able he made yes/indeed at all no heal from his adulteries But a

Scheidung hätte nichts geändert, ob geschieden oder nicht, Enno hätte
divorce had nothing changed whether divorced or not Enno had

sich weiter an sie geklammert. Dem war alles egal, der hatte
himself further on her clamped That one was everything equal that one had

keinen Funken Ehre im Leibe.
no spark honor in the body

Daß sie ihn ganz aus der Wohnung gesetzt hatte, das war erst
That she him completely from the house thrown set had that was first

geschehen, als die beiden Jungen in den Krieg gezogen waren. Bis dahin
happened as the both boys in the war pulled were Until there to

hatte sie immer noch geglaubt, wenigstens den Schein eines
had she always still believed at least the shine/appearance of a

73

Familienlebens aufrechterhalten zu müssen, trotzdem die großen Bengels
family life maintain to must although the bug rascals

genau Bescheid wußten. Sie hatte überhaupt eine Scheu, von diesem
exactly information knew She had at all a hesitation from this

Zerwürfnis andere etwas merken zu lassen. Wurde sie nach ihrem
rift others something notice to let Became she after her

Manne gefragt, so antwortete sie immer, er sei auf Montage. Sie ging
man asked so answered she always he be on assembly She went

sogar jetzt noch manchmal zu Ennos Eltern, brachte ihnen was zu
even now still sometimes to Enno's parents brought them something to

essen oder ein paar Mark, gewissermaßen als Entschädigung für das Geld,
eat or a few mark (In) certain measure as compensation for the money
{money} so to speak

das der Sohn sich dann und wann von der kümmerlichen Rente der
that the son himself then and when from the miserable pension of the

Eltern erschlich.
parents filched

Aber innerlich war sie ganz fertig mit dem Mann. Er hätte sich
But internally was she completely ready with the man He had himself

sogar ändern und wieder arbeiten und sein können wie in den ersten
even change and again work and be can as in the first

Jahren ihrer Ehe, sie hätte ihn nicht wieder aufgenommen. Sie haßte
years of their marriage she had him not again taken up She hated

ihn nicht etwa, er war so ein reiner Garnichts, daß man nicht einmal
him not about he was so a pure nothing at all that one not once
do-nothing

Haß gegen ihn aufbringen konnte, er war ihr einfach widerlich, wie ihr
hate against him apply could he was her simply disgusting as her

Spinnen und Schlangen widerlich waren. Er sollte sie bloß in Ruhe lassen,
spiders and snakes disgusting were He should her just in rest leave
peace

nur nicht sehen wollte sie ihn, dann war sie schon zufrieden!
only not see wanted she him then was she already satisfied

Während Eva Kluge so vor sich hin dachte, hatte sie ihr Essen auf
While Eva Kluge so before herself away thought had she her food on

die Gasflamme gesetzt und die Wohnküche aufgeräumt – die Kammer mit
the gas flame set and the live (in) kitchen tidied – the room with
cleared out

ihrem Bett machte sie schon immer am frühen Morgen zurecht.
her bed made she already always at the early morning in its right place

Während sie nun die Brühe schön brodeln hörte und ihr Duft sich
While she now the broth beautiful simmer heard and her fragrance itself
its

durch die ganze Küche zu verbreiten anfing, machte sie sich an den
through the whole kitchen to spread began made she herself on the
set

Stopfkorb – mit den Strümpfen war es ein ewiges Elend, sie zerriß
darning basket – with the socks was it an eternal misery she ripped

am Tage oft mehr, als sie stopfen konnte. Aber sie war der Arbeit
at the days often more as she plug could But to her was the work

darum nicht böse, sie liebte diese stille halbe Stunde vor dem Essen,
therefore not bad she loved this quiet half hour before the dinner

wenn sie behaglich in weichen Filzschuhen auf dem Korbstuhl sitzen
when she comfortably in soft felt shoes on the wicker chair sit

konnte, die schmerzenden Füße weit von sich gestreckt und ein wenig
could the aching feet far from herself stretched and a little

einwärts gedreht – so ruhten sie am besten aus.
inward turned – so rested she at the best -out-

Nach dem Essen wollte sie an ihren Liebling, den Ältesten, an Karlemann
After the dinner wanted she on her darling the oldest on Karlemann

wollte sie schreiben, der in Polen war. Sie war ganz und gar nicht
wanted she write who in Poland was She was completely and at all not

mit ihm einverstanden, besonders nicht, seit er in die SS eingetreten war.
with him agreeing particularly not since he in the SS stepped in was

Man hörte in der letzten Zeit sehr viel Schlechtes von der SS,
One heard in the last time very much bad from the SS
many bad things

besonders gegen die Juden sollte sie so gemein sein. Aber das traute sie
particularly against the Jews should they so mean be But that trusted she

ihm doch nicht zu, daß ihr Junge, den sie einmal unter dem Herzen
him indeed not to that her boy who she once under the heart

75

getragen hatte, Judenmädchen erst schändete und dann gleich hinterher
carried had Jew girls first disgraced and then immediately after

erschoß. So was tat Karlemann nicht! Woher sollte er es auch
shot So what did Karlemann not From where should he it also
Something like that

haben? Sie hatte nie hart oder gar roh sein können, und der Vater
have She had never hard or at all raw be can and the father

war einfach ein Waschlappen. Aber sie würde doch versuchen, im Brief
was simply a washcloth But she would indeed try in the letter

eine Andeutung zu machen, daß er anständig bleiben müsse. Natürlich
a hint to make that he decent stay must Of course

mußte diese Andeutung ganz vorsichtig gemacht werden, daß nur
must this hint completely carefully made become that only

Karlemann sie verstand. Sonst bekam er Schwierigkeiten, wenn der Brief
Karlemann her understood Otherwise got he difficulties when the letter

dem Zensor in die Finger geriet. Nun, sie würde schon auf irgendwas
the censor in the fingers became Now she would already on anything

kommen, vielleicht würde sie ihn an ein Kindheitserlebnis erinnern, wie er
come perhaps would she him on a childhood experience remind how he

ihr damals zwei Mark gestohlen und Bonbons dafür gekauft hatte
her at that time two mark stolen (had) and sweets therefore bought had
{money}

oder, besser noch, als er sich schon mit dreizehn an die Walli
or better still as he himself already with thirteen on the Walli

rangemacht hatte, die nichts war wie eine gemeine Nutte. Was das
made up had who nothing was as a common hooker What that

damals für Schwierigkeiten gemacht hatte, ihn von dem Weibe wieder
at that time for difficulties made had him from the woman again

loszukriegen – er war solch ein Wutkopf manchmal, der Karlemann!
to get rid of – he was such an anger head sometimes the Karlemann

Aber sie lächelt, als sie an diese Schwierigkeiten denkt. Alles kommt
But she smiles as she on these difficulties thinks Everything comes

ihr heute schön vor, was mit der Kindheit der Jungens zusammenhängt.
her today beautiful before what with the childhood the boys related
that

Damals hatte sie noch Kraft in sich, sie hätte ihre Bengels gegen
At that time had she still strength in herself she had her kids against

die ganze Welt verteidigt und gearbeitet bei Tag und gearbeitet bei Nacht,
the whole world defended and worked at day and worked at night

bloß um ihnen nichts abgehen zu lassen, was andere Kinder mit einem
just for them nothing downgo to let what other children with a

anständigen Vater bekamen. Aber in den letzten Jahren ist sie immer
decent father got But in the last years is she always

kraftloser geworden, ganz besonders, seit die beiden in den Krieg
weaker become completely particularly since they both in the war

ziehen mußten.
draw must
enlisted

Nein, dieser Krieg hätte nicht kommen dürfen; war der Führer wirklich
No this war had not come may was the leader really

ein so großer Mann, hätte er ihn vermeiden müssen. Das bißchen
a so great man had he him avoid must That little bit
it

Danzig und der schmale Korridor – und darum Millionen Menschen in
of Gdansk and the small corridor – and therefore millions of people in

tägliche Lebensgefahr gebracht – so was tat kein wirklich großer Mann!
daily risk of death brought – so what did no really great man

Aber freilich, die Leute erzählten ja, daß er so was wie unehelich sei.
But indeed the people told yes that he so what as illegitimate be
indeed

Da hatte er wohl nie eine Mutter gehabt, die sich richtig um ihn
There had he well never a mother had who himself right for him

kümmerte. Und so wußte er auch nichts davon, wie Müttern zumute
cared And so knew he also nothing there-from as mothers at mood

sein kann in dieser ewigen, nie abreißenden Angst. Nach einem
be can in this eternal never breaking down fear After a

Feldpostbrief war es ein, zwei Tage besser, dann rechnete man, wie lange
field-post-mail was it one two days better then calculated one how long

es her war, seit er abgeschickt worden war, und die Angst begann
it away was since he sent off become was and the fear began

von neuem.
from new
again

Sie hatte längst den Stopfstrumpf sinken lassen und nur so vor sich
She had long the darning stocking sink let and only so before himself

hin geträumt. Nun steht sie ganz mechanisch auf, rückt die Brühe
away dreamed Now stands she completely mechanically up moves the broth

von der besser brennenden Flamme auf die schwächere und setzt den
from the better burning flame on the weaker and sets the
lit

Kartoffeltopf auf die bessere auf. Sie ist noch dabei, als bei ihr die
potato pot on the better (one) up She is still there-by as at her the

Klingel geht. Sofort steht sie wie erstarrt. Enno! denkt es in ihr,
bell goes Immediately stands she as rigid Enno thinks it in her

Enno!
Enno

Sie setzt den Topf leise hin und schleicht auf ihren Filzsohlen
She sets the pot softly away and creeps on her felt soles

lautlos zur Tür. Ihr Herz geht wieder leichter: vor der Tür, ein
soundlessquietly to the door Her heart goes again easier before the door a
in front of

bißchen ab, so daß sie gut gesehen werden kann, steht ihre Nachbarin,
bit off so that she good seen become can stands her neighbor

Frau Gesch. Sicher will sie wieder was borgen, Mehl oder ein bißchen
Mrs. Gesch. Surely wants she again what borrow flour or a bit
something

Fett, das sie stets wiederzubringen vergißt. Aber Eva Kluge bleibt
(of) fat the she all the time to bring back forgets But Eva Kluge remains

trotzdem mißtrauisch. Sie sucht, soweit es das Guckloch in der Tür
nevertheless suspicious She searches so far it the peephole in the door

erlaubt, den ganzen Treppenflur ab und lauscht auf jedes Geräusch. Aber
allows the whole stairway off and listens on each sound But

alles ist in Ordnung, nur die Gesch scharrt manchmal ungeduldig mit
everything is in order only the Gesch scratches sometimes impatient with

den Füßen oder sieht nach dem Guckloch hin.
the feet or sees to the peephole away

Eva Kluge entschließt sich. Sie macht die Tür auf, aber nur so weit es
Eva Kluge decides herself She makes the door on but only so far it
open

die Kette zuläßt, und fragt: »Na, was soll's denn sein, Frau Gesch?«
the chain allows and asks Now what will it then be Mrs Gesch

Sofort überstürzt Frau Gesch, eine abgemergelte, halb zu Tode
Immediately overwhelms Mrs Gesch an emaciated half to death

gearbeitete Frau, deren Töchter auf Kosten der Mutter einen guten Tag
worked woman whose daughters on costs of the mother a good day

leben, sie mit einer Flut von Klagen über die endlose Wascherei, immer
live her with a flood of complaints over the endless laundry always

anderer Leute dreckige Wäsche waschen und nie satt zu essen, und
of other people dirty wash to wash and never fed to eat and
clothing to satisfaction

die Emmi und die Lilli tun rein gar nichts. Nach dem Abendessen
the Emmi and the Lilly do purely at all nothing After the evening dinner

gehen sie einfach weg und lassen der Mutter den ganzen Abwasch.
go they simply away and let the mother the whole doing the dishes

»Ja, und Frau Kluge, was ich Sie bitten wollte, ich habe da im
Yes and Mrs Kluge what I you ask wanted I have there in the

Rücken was, ich glaube, 'nen Furunkel. Wir haben bloß einen Spiegel, und
back what I believe a boil We have just a mirror and

meine Augen sind so schlecht. Wenn Sie sich das mal ansehen wollten
my eyes are so bad When you yourself that once look wanted

- ich kann doch wegen so was nicht zum Doktor, wann habe ich
- I can indeed because of so what not to the doctor when have I

denn Zeit für 'nen Doktor? Aber vielleicht können Sie es sogar
then time for a doctor But perhaps can you it even

ausdrücken, wenn's Ihnen nicht eklig ist, manche sind in so was eklig ...«
press out if it you not nasty is many are in so what nasty

Während Frau Gesch klagend immer so weiterredet, hat Eva Kluge
While Mrs Gesch complaining always so talks on has Eva Kluge

ganz mechanisch die Kette losgemacht, und die Frau ist in die
completely mechanically the chain released and the woman is in the

79

Wohnküche hineingekommen. Eva Kluge hat die Tür wieder zuziehen
live (in) kitchen come in Eva Kluge has the door again close pull

wollen, da hat sich ein Fuß dazwischengedrängt, und schon ist auch
want there has itself a foot pushed in between and already is also

Enno Kluge in ihrer Wohnung. Sein Gesicht ist ausdruckslos wie immer;
Enno Kluge in her house His face is expressionless as always

daß er doch etwas erregt ist, merkt sie nur daran, daß seine fast
that he indeed somewhat excited is notices she only there-on that his almost

haarlosen Lider stark zittern.
hairless eyelids strong tremble

Eva Kluge steht mit hängenden Armen da, ihre Knie beben so sehr,
Eva Kluge stands with hanging arms there her knees shake so much

daß sie sich, am liebsten zu Boden sinken ließe. Der Redestrom
that she herself at the dearest to (the) ground sink lets The speech current

von Frau Gesch ist ganz plötzlich versiegt, schweigend sieht sie in die
from Mrs Gesch is completely suddenly dried up in silence sees she in the

beiden Gesichter. Es ist ganz still in der Küche, nur der Brühtopf
both faces It is completely quiet in the kitchen only the stock pot

brodelt leise.
is bubbling softly

Schließlich sagt Frau Gesch: »Na, nun habe ich Ihnen den Gefallen getan,
Finally says Mrs Gesch Now now have I them the pleasure done

Herr Kluge. Aber ich sage Ihnen: Einmal und nicht wieder. Und wenn Sie
Mr Kluge But I say you Once and not again And when you

Ihr Versprechen nicht halten und fangen das wieder an mit der
your promise not keep and catch that again on with the
start

Nichtstuerei und dem Kneipenlaufen und dem Pferdewetten ...« Sie
idleness and the pub crawling and the horse betting She

unterbricht sich, sie hat in das Gesicht von Frau Kluge gesehen, sie
interrupts herself she has in the face of Mrs Kluge seen she

sagt: »Und wenn ich Mist gemacht habe, ich helfe Ihnen auf der Stelle,
says And when I dung made have I help you on the spot
bad done

das Männeken rauszuschmeißen, Frau Kluge. Wir beide schaffen das doch
the little man to throw out Mrs Kluge We both create/manage that indeed

wie nischt!«
as nothing
(nichts)

Eva Kluge macht eine abwehrende Bewegung. »Ach, lassen Sie schon, Frau
Eva Kluge makes a defensive/deprecating movement Oh let you already Mrs
leave it

Gesch, es ist ja doch alles egal!«
Gesch it is yes indeed everything equal
no matter

Sie geht langsam und vorsichtig zum Korbstuhl und läßt sich in ihn
She goes slowly and carefully to the wicker chair and lets herself in him
it

sinken. Sie nimmt auch wieder den Stopfstrumpf zur Hand, aber sie
sink She takes also again the darning stocking to the hand but she

starrt ihn an, als wüßte sie nicht, was das ist.
stares him on as would know she not what that is
it

Frau Gesch sagt ein wenig gekränkt: »Na, denn guten Abend oder Heil
Mrs Gesch says a little hurt Now then good evening or hail

Hitler – ganz wie den Herrschaften das lieber ist!«
Hitler – completely as the gentlemen that rather is

Hastig sagt Enno Kluge: »Heil Hitler!«
Hastily says Enno Kluge Hail Hitler

Und langsam, als erwache sie aus einem Schlaf, antwortet Eva Kluge:
And slowly as wake up she from a sleep answers Eva Kluge

»Gute Nacht, Frau Gesch.« Sie besinnt sich. »Und wenn wirklich
Good night Mrs Gesch She contemplates herself And when really

was mit Ihrem Rücken ist«, setzt sie hinzu.
what with your back is sets she there-to
something adds

»Nee, nee«, antwortet Frau Gesch, schon vor der Tür, hastig. »Mit dem
No no answers Mrs Gesch already before the door hastily With the

Rücken ist nichts, das habe ich nur so gesagt. Aber ich misch mich
back is nothing that have I only so said But I mix me

gewiß nicht wieder in die Sachen von andern Leuten. Ich seh's ja
certainly not again in the things from other people I see it yes

doch: ich habe davon nie Dank.«
indeed I have there-from never thanks

Damit hat sie sich aus der Tür geredet; sie ist froh, von diesen
There-with has she herself from the door talked she is happy from these

beiden schweigenden Gestalten fortzukommen, ihr Gewissen zwickt sie ein
both silent shapes to get away her consciousness pinches her a

wenig.
little

Kaum ist die Tür hinter ihr zu, kommt Bewegung in den kleinen Mann.
Hardly is the door behind her closed comes movement in the small man

Ganz selbstverständlich öffnet er den Schrank, macht dadurch einen
Completely self-understandably opens he the closet makes there-through a
self-evidently through that

Bügel frei, daß er zwei Kleider seiner Frau übereinanderhängt, und
hanger free that he two dresses of his woman hangs on top of each other and

hängt dafür seinen Mantel auf den Bügel. Die Sportmütze legt er oben
hangs therefore his coat on the hanger The sports hat lays he above

auf den Schrank. Er geht stets sehr sorgfältig mit seinen Sachen
on the closet He goes all the time very carefully with his things
deals

um, er haßt es, schlecht gekleidet zu sein, und er weiß, er kann
-around- he hates it bad dressed to be and he knows he can

sich nichts Neues kaufen.
himself nothing new buy

Nun reibt er die Hände mit einem behaglichen »Soso!« aneinander, geht
Now rubs he the hands with a comfortable So so on to each other goes

zum Gasherd und schnuppert in den Töpfen. »Fein!« sagt er.
to the gas stove and sniffs in the pots Nice says he

»Brühkartoffeln mit Rindfleisch - feinfein!«
Baked potatoes with beef - nice-nice

Er macht eine Pause, die Frau sitzt bewegungslos, dreht ihm den
He makes a pause the woman sits without moving turns him the

Rücken. Er legt wieder leise den Deckel auf den Topf, stellt sich neben
back He lays again softly the cover on the pot puts himself beside

sie, so daß er auf sie hinunter redet: »Nun sitz bloß nicht so da, Eva,
her so that he on her down talks Now sit just not so there Eva

als wenn du so 'ne Marmorfigur wärst! Was ist denn schon los?
as when you so a marble figure would be What is then already loose
the problem

Du hast für ein paar Tage wieder 'nen Mann in der Wohnung, ich werd
You have for a few days again a man in the house I will

dir schon keine Scherereien machen. Und was ich dir versprochen habe,
you already no trouble make And what I you promised have

das halte ich. Ich will auch nichts von den Brühkartoffeln – höchstens,
that keep I I want also nothing from the baked potatoes – at most

wenn ein kleiner Rest bleibt. Und auch den nur, wenn du ihn mir
when a little rest remains And also that only when you him me
it

freiwillig gibst – ich bitte dich nicht darum.«
voluntarily give – I ask you not therefore

Die Frau antwortet ihm mit keinem Wort. Sie stellt den Stopfkorb in
The woman answers him with no word She puts the darning basket in

den Schrank zurück, setzt sich einen tiefen Teller auf den Tisch, füllt
the closet back sets herself a deep plate on the table fills

sich aus den Töpfen auf und fängt langsam zu essen an. Der Mann
herself from the pots up and catches slowly to eat on The man
starts

hat sich an das andere Ende des Tisches gesetzt, ein paar
has himself on the other end of the table set a few

Sportzeitungen aus der Tasche gezogen und macht sich Notizen in ein
sports newspapers from the pocket pulled and makes himself notes in a

dickes, schmieriges Notizbuch. Dabei wirft er von Zeit zu Zeit einen
thick greasy notebook There-by throws he from time to time a

raschen Blick auf die essende Frau. Sie ißt sehr langsam, aber sie hat
quick glance on the eating woman She eats very slowly but she has

sich schon zweimal nachgefüllt, viel wird bestimmt nicht überbleiben für
herself already twice refilled much will definitely not remain for

ihn, und er hat Hunger wie ein Wolf. Den ganzen Tag, nein, seit dem
him and he has hunger as a wolf The whole day no since the

Abend vorher hat er nichts gegessen. Der Mann von der Lotte, der auf
evening before has he nothing eaten The man from the Lotte who on

Urlaub aus dem Felde kam, hat ihn ohne jede Rücksicht auf sein
leave from the field came has him without each consideration on his
war

Frühstück mit Schlägen aus dem Bett gejagt.
breakfast with beatings from the bed hunted

Aber er wagt es nicht, Eva von seinem Hunger zu sprechen, er hat
But he dares it not Eva from his hunger to speak he has
tell

Angst vor der schweigenden Frau. Ehe er sich hier erst richtig wieder
fear for the silent woman Before he himself here first right again
of

zu Hause fühlen kann, muß noch allerlei geschehen. Daß dieser
to house feel can must still all kinds of (stuff) happened That this

Moment kommen wird, daran zweifelt er nicht einen Augenblick: man
moment come will there-on doubts he not one moment one

kriegt jede Frau rum, nur beharrlich muß man sein und sich viel
gets each woman around only persistent must one be and himself much

gefallen lassen. Schließlich, ganz plötzlich meist, geben sie nach,
befall let Finally completely suddenly mostly give they after
in

einfach weil ihnen das Wehren über ist.
simply because them the defending over is

Eva Kluge kratzt die Reste aus den Töpfen. Sie hat es geschafft, sie
Eva Kluge scratches the remains from the pots She has it managed she

hat das Essen für zwei Tage an einem Abend geschafft, aber nun kann
has the food for two days on one evening managed but now can

er sie doch nicht um die Reste anbetteln! Dann erledigt sie rasch das
he her indeed not for the remains beg Then finishes she quickly the

bißchen Abwasch und fängt eine große Umräumerei an. Direkt vor
bit of dirty dishes and catches a great rearrangement -on- Directly before
starts

seinen Augen bringt sie alles, was ihr ein bißchen wert ist, in die
his eyes brings she everything what her a bit worth is in the

Kammer. Die Kammer hat ein festes Schloß, in die Kammer ist er noch
(bed)room The (bed)room has a firm lock in that room is he still

nie reingekommen. Sie schleppt die Eßvorräte, ihre guten Kleider und
never come in She drags the food supplies her good dresses and

Mäntel, das Schuhwerk, die Kissen vom Kanapee, ja sogar das Bild
coats the footwear the pillow from the sofa yes even the picture

mit den beiden Jungen in die Kammer – alles vor seinen Augen. Es
with the both boys in the room – everything before his eyes It

ist ihr ganz egal, was er denkt oder sagt. In die Wohnung ist er
is her completely equal what he thinks or says in the house is he
no matter

mit List gekommen, aber viel soll er davon nicht haben.
with trick come but much should he there-from not have

Dann schließt sie die Kammertür ab und holt sich das Schreibzeug an
Then closes she the chamber door -off- and get herself the writing material on
locks bedroom door

den Tisch. Sie ist todmüde, sie läge am liebsten im Bett, aber sie
the table She is dead tired she would be at the dearest in the bed but she

hat sich nun einmal vorgenommen, heute abend an den Karlemann zu
has herself now once taken in front today evening on the Karlemann to
decided to

schreiben, so tut sie's. Sie kann nicht nur hart gegen ihren Mann, sie
write so does she it She can not only hard against her man she

kann auch hart gegen sich sein.
can also hard against herself be

Sie hat erst ein paar Sätze geschrieben, da beugt sich der Mann
She has first a few sentences written there leans himself the man

über den Tisch und fragt: »An wen schreibste denn, Evchen?«
over the table and asks To whom write-you then little Eva

Unwillkürlich antwortet sie ihm, trotzdem sie sich fest vorgenommen hat,
Involuntarily answers she him although she herself firmly taken in front has
decided

nicht mehr mit ihm zu sprechen. »An Karlemann ...«
not (any)more with him to speak To Karlemann

»So«, sagt er und legt die Zeitungen aus der Hand. »So, also an den
So says he and lays the newspapers from the hand So thus on that one

schreibste und schickst ihm womöglich auch noch Päckchen, aber für
write and send him possibly also still little packages but for

seinen Vater haste nicht mal 'ne Kartoffel und 'n Happen Fleisch übrig,
his father have you not once a potato and a bite of meat left

hungrig wie der ist!«
hungrily as that one is

Seine Stimme hat etwas von ihrem gleichgültigen Klang verloren, sie
His voice has something from its uninterested sound lost she

klingt, als sei der Mann jetzt ernstlich beleidigt und in seinem Recht
sounds as be the man now seriously offended and in his right

gekränkt, weil sie dem Sohne etwas gibt, das sie dem Vater
hurt because she the son something gives that she the father

vorenthält.
withholds

»Laß man, Enno«, sagt sie ruhig. »Das ist meine Sache, der Karlemann ist
Let one Enno says she calm That is my thing the Karlemann is

ein ganz guter Junge ...«
a completely good boy

»So!« sagt er. »So! Und das hast du natürlich ganz vergessen, wie er
So says he So And that have you of course completely forgotten how he

zu seinen Eltern war, als sie ihn erst zum Scharführer gemacht hatten?
to his parents was as they him first to the leader made had

Wie du ihm nichts mehr recht machen konntest und er uns als alte,
How you him nothing (any)more right make do could and he us as old

dumme Bürger ausgelacht hat – alles vergessen, was, Evchen? Ein
stupid civilians laughed at has – everything forgotten what little Eva A

guter Junge, wahrhaftig, der Karlemann!«
good boy truly the Karlemann! «

»Mich hat er nie ausgelacht!« verteidigt sie ihn mit schwacher Stimme.
Me has he never laughed at defended she him with weak voice

»Nee, natürlich nicht!« spottet er. »Und das hast du natürlich auch
No of course not mocks he And that have you of course also

vergessen, daß er seine eigene Mutter nicht gekannt hat, wenn sie mit
forgotten that he his own mother not known has when she with

der schweren Posttasche die Prenzlauer Allee lang kam? Wie er da mit
the heavy mail bags the Prenzlauer avenue along came How he there with

seinem Mädchen weggeguckt hat, der feine Knochen, der!«
his girl looked away has the delicate bones that one

»So was kann man 'nem jungen Menschen nicht übelnehmen«, sagt sie.
So what can one a young person not take offense of says she

»Die wollen alle möglichst fein vor ihren Damen dastehen, so sind sie
Those want all as possible fine before their ladies stand there so are they

alle. Das gibt sich später wieder, der kommt zurück zu seiner Mutter,
all That gives itself later again that one comes back to his mother

die ihn an der Brust gehabt hat.«
who him on the breast had has

Einen Augenblick sieht er sie zögernd an, ob er auch das noch sagen
A moment sees he her hesitating on whether he also that still say

soll. Er ist sonst wirklich nicht nachtragend, aber diesmal hat sie ihn
should He is otherwise really not resentful but this time has she him

zu sehr gekränkt, erst, weil sie ihm kein Essen gab, dann, als sie
too much hurt first because she him no food gave then as she

vor seinen Augen offensichtlich alle guten Sachen in die Kammer trug.
before his eyes obviously all good things in the room carried

So sagt er denn: »Ich, wenn ich 'ne Mutter wäre, ich möchte so 'nen
So says he then I when I a mother would be I may such a

Sohn nie wieder in meine Arme nehmen, solch Schwein, wie der
son never again in my arms take such (a) pig as that one

geworden ist!« Er sieht in ihre von der Angst vergrößerten Augen, er
become is He sees in her from the fear enlarged eyes he

sagt es ihr erbarmungslos in das wächserne Gesicht hinein. »Auf dem
says it her merciless in the waxy face inside On the

letzten Urlaub, da hat er mir ein Foto von sich gezeigt, das hat ein
last leave there has he me a photo from himself shown that has a

Kamerad von ihm aufgenommen. Noch geprahlt hat er mit dem Bild.
comrade from him taken up Still boasted has he with the picture
mate taken

Da ist dein Karlemann drauf zu sehen, wie er so 'n Judenkind von
There is your Karlemann on it to see how he so a Jew child of

vielleicht drei Jahren beim Bein hält, und mit dem Kopf haut er's gegen
perhaps three years at the leg holds and with the head hews he it against

die Stoßstange vom Auto ...«
the bumper from the automobile

»Nein! Nein!« schreit sie. »Das hast du gelogen! Das hast du dir aus
No No cries she That have you lied That have you you out (of)

Rache ausgedacht, weil ich dir kein Essen gegeben habe! So was
revenge made up because i you no dinner given have So what
Something like that

tut Karlemann nicht!«
does Karlemann not

»Wie kann ich mir das denn ausgedacht haben?« fragt der, schon
How can I myself that then made up have asks that one already

wieder ruhiger, nachdem er ihr diesen Stoß versetzt hat. »Mir
again calmer after he her this shock set has Me
given

so was auszudenken, habe ich gar nicht den Kopf! Und übrigens,
so what to think of have I at all not the head (for) And by the way
something like that

wenn du mir nicht glaubst, dann kannst du ja in die Destille von
when you me not believe then can you yes in the distillery from
indeed

Senftenberg gehen, da hat er das Foto allen gezeigt. Der dicke
Senftenberg go there has he the photo all shown The fat

Senftenberg und dem seine Olle, die haben es auch gesehen ...«
Senftenberg and the his old (man) those have it also seen

Er hört auf zu reden. Es ist sinnlos, jetzt mit dieser Frau
He hears on to talk It is senseless now with this woman
stops

weiterzureden. Sie sitzt da, den Kopf auf dem Tisch, und heult. Das hat
to keep talking   She   sits there the   head   on   the   table   and   cries.   That has

sie davon, und übrigens ist sie als Postangestellte doch auch in der
she there-from and by the way is she as postal clerk indeed also in the

Partei und hat einmal auf den Führer und alles, was er tat,
(political) party and has once on the leader and everything what he did

geschworen. Da kann sie sich doch nicht wundern, daß der Karlemann
sworn.   There can she herself indeed not wonder that the Karlemann

so geworden ist.
so become is

Einen Augenblick steht Enno Kluge und sieht zweifelnd nach dem Kanapee
One moment stands Enno Kluge and sees doubtingly to the sofa

hinüber – keine Decke und keine Kissen! Das kann 'ne schöne Nacht
over – no cover and no pillow That can a beautiful night

werden! Aber vielleicht ist das grade jetzt der richtige Augenblick, was
become But perhaps is that right now the right moment what / something

zu riskieren? Er steht zweifelnd, sieht nach der verschlossenen Kammertür
to risk He stands doubtingly sees after the closed / locked chamber door

hin, dann entschließt er sich. Er greift einfach in die Schürzentasche
away then decides he himself He grabs simply in the apron pocket

der hemmungslos weinenden Frau und holt den Schlüssel raus. Er
of the uninhibited crying woman and gets the key out He

schließt die Tür auf und fängt an, in der Kammer rumzusuchen, und
closes the door up and catches on / starts in the room to search around and

das nicht einmal leise ...
that not once / even softly

Eva Kluge, die abgehetzte, übermüdete Briefbestellerin, hört das alles auch;
Eva Kluge the off-chased / exhausted tired mail orderer hears that all also

sie weiß, daß er sie jetzt bestiehlt, aber es ist ihr gleich. Ihre Welt ist
she know that he her now steals of but it is her equal Her world is

doch kaputt, ihre Welt kann nie wieder heil werden. Wozu hat man
indeed broken her world can never again healthy become Where-to has one
For what

denn gelebt auf dieser Welt, wozu hat man Kindern das Leben
then lived on this world where-to has one children the life
for what

geschenkt, sich an ihrem Lächeln, ihren Spielen erfreut, wenn dann
given oneself on their smile their play pleased when then

Tiere aus ihnen werden? Ach, der Karlemann – er war solch ein süßer,
animals from them become Ah the Karlemann – he was such a sweet

blonder Junge! Wie sie damals mit ihm im Zirkus Busch war, und
blond boy How she at that time with him in the circus Busch was and

die Pferde mußten sich der Länge nach hinlegen im Sand, wie er
the horses must himself the length to lie down in the sand as he

da Mitleid mit den armen Hottos hatte – ob sie krank seien?
there compassion with the poor hottos had – whether they sick are

Sie mußte ihn beruhigen, die Hottos schliefen nur.
She must him calm down the hottos slept only
had to

Und nun ging er hin und tat den Kindern anderer Mütter dies an!
And now went he away and did the children of other mothers this -on-

Nicht einen Augenblick zweifelte Frau Eva Kluge daran, daß das mit dem
Not a moment doubted Mrs Eva Kluge there-on that that with the
to it

Bild stimmte, Enno war wirklich nicht fähig, sich so was
picture was true Enno was really not capable himself so what
something like that

auszudenken. Nein, sie hatte nun auch den Sohn verloren. Es war viel
to think of No she had now also the son lost It was much

schlimmer, als wenn er gestorben wäre, dann hätte sie wenigstens über
worse as when he died would be then had she at least over

ihn trauern können. Jetzt konnte sie ihn nie mehr in die Arme
him to mourn been able Now could she him never (any)more in the arms

nehmen, auch vor ihm mußte sie ihr Heim verschlossen halten.
take also before him must she her home locked keep

Der suchende Mann in der Kammer hat unterdes das gefunden, was er
The searching man in the room has under-that that found what he
meanwhile

längst im Besitz seiner Frau vermutete: ein Postsparkassenbuch. 632
long in the possession of his woman suspected a postal savings book 632

Mark drauf, 'ne tüchtige Frau, aber wozu so tüchtig? Sie kriegt doch
mark on it an efficient woman but to which so thoroughly She gets indeed
{money}

mal eines Tages ihre Rente, und was sie sonst gespart hat ... Er
indeed one day her pension and what she otherwise saved has He

wird morgen erst mal jedenfalls 20 Mark auf Adebar setzen und vielleicht
will tomorrow first once anyhow 20 mark on Adebar set and perhaps
{money}

10 auf Hamilkar ... Er blättert weiter in dem Buch: nicht nur 'ne tüchtige
10 on Hamilkar He leafs further in the book not only an efficient

Frau, auch 'ne ordentliche. Alles liegt beisammen: hinten im Buch
woman also a neat one Everything lies together in the back in the book

ist die Kontrollmarke, und die Auszahlungszettel fehlen auch nicht ...
is the control mark and the payment slips lack also not

Er will das Buch gerade in die Tasche stecken, da ist die Frau bei
He wants the book just in the pocket stick there is the woman at

ihm. Sie nimmt ihm das Buch einfach aus der Hand und legt es aufs
him she takes him the book simply from the hand and lays it on the

Bett. »Raus!« sagt sie nur. »Raus!«
bed Out says she only Out

Und er, der eben noch den Sieg fest in seinen Händen glaubte, geht
And he who just still the victory firmly in his hands believed goes

vor ihren bösen Augen aus der Kammer. Mit zitternden Händen, ohne
before her angry eyes from the room With trembling hands without

auch nur ein Wort zu wagen, holte er Mantel und Mütze aus dem
also only a word to dare bot he coat and hat from the

Schrank, ohne ein Wort ging er durch die geöffnete Tür an ihr vorbei
closet without a word went he through the opened door on her past

ins dunkle Treppenhaus. Die Tür wurde ins Schloß gezogen, er knipste
in the dark stairwell The door became in the lock pulled he snapped

die Treppenbeleuchtung an und stieg die Stufen hinab. Gottlob hatte
the — stair lighting — on — and — rose/descended — the — steps — down — Praise god — had

jemand die Haustür offengelassen. Er wird in seine Stammkneipe gehen;
someone — the — house door — open let — He — will — in — his — local pub — go

zur Not, wenn er niemanden findet, läßt ihn der Budiker auf dem
to the need / in emergency — when — he — no one — finds — lets — him — the — little shop owner / the pub owner — on — the

Sofa dort schlafen. Er marschiert los, in sein Schicksal ergeben,
sofa — there — sleep — He — marches — loose away — in — his — fate — surrendered weary

gewohnt, Schläge einzustecken. Die Frau oben hat er schon wieder halb
habituated — blows — to plug in — The — woman — above — has — he — already — again — half

vergessen.
forgotten

Sie aber steht am Fenster und starrt in das abendliche Dunkel hinaus.
She — owever — stands — at the — window — and — stares — in — the — evening — darkness — out

Schön. Schlimm. Auch Karlemann ist verloren. Sie wird es noch mit Max
Beautiful — Bad — Also — Karlemann — is — lost — She — will — it — still — with — Max

versuchen, dem jüngeren Sohn. Max war immer farbloser, mehr der
try — the — younger — son — Max — was — always — more colorless — more — the

Vater als sein glänzender Bruder. Vielleicht kann sie sich in Max einen
father — as — his — shiny — brother — Perhaps — can — she — herself — in — Max — a

Sohn gewinnen. Und wenn nicht, nun gut, dann wird sie für sich allein
son — win — And — when — not — now — good — then — will — she — for — herself — alone

leben. Aber sie wird anständig bleiben. Dann hat sie eben das im
live — But — she — will — decent — stay — Then — has — she — just — that — in the

Leben erreicht, daß sie anständig geblieben ist. Gleich morgen wird
life — attained — that — she — decent — remained — is — Immediately — tomorrow — will

sie horchen, wie man es anfängt, aus der Partei herauszukommen,
she — listen — how — one — it — starts — from — the — (political) party — to come out

ohne daß die sie ins KZ stecken. Es wird schwerhalten,
without — that — those — her — in the — concentration camp / Konzentrationslager — stick — It — will — heavy-hold / be hard

aber vielleicht schafft sie es. Und wenn es eben gar nicht anders sein
but — perhaps — managed — she — it — And — when — it — just — at all — not — different — be

kann, geht sie ins KZ. Das ist dann gewissermaßen ein
can goes she in the concentration camp That is then (in) certain measure a
Konzentrationslager so to speak

klein bißchen Sühne für das, was Karlemann getan hat.
small bit atonement for that what Karlemann done has

Sie zerknüllt den angefangenen, verweinten Brief an den Älteren. Sie legt
She crumples the started wept through letter on the older (son) She lays

ein neues Briefblatt hin und beginnt zu schreiben:
a new letter-leaf away and begins to write

Lieber Sohn Max! Ich will Dir mal wieder ein Brieflein schreiben. Mir
Dear son Max I want you once again a letter write Me

geht es noch gut, was ich auch von Dir hoffe. Vater war eben hier,
goes it still good what I also from you hope Father was just here

aber ich habe ihm die Tür gewiesen, er wollte doch nur von mir
but I have him the door pointed he wanted indeed only from me

ziehen. Auch von Deinem Bruder Karl habe ich mich losgesagt, wegen
pull Also from your brother Karl have I myself away-said because of
steal

der Scheußlichkeiten, die er begangen hat. Jetzt bist Du mein einziger
the hideous things that he committed has Now are you my only

Sohn. Ich bitte Dich, bleibe immer anständig. Ich will auch alles tun,
son I ask you remain always decent I want also everything do

was ich für Dich kann. Schreibe mir bald auch einmal ein Brieflein. Es
what I for you can Write me soon also once a letter It

grüßt und küßt Dich
greets and kisses you

Deine Mutter.
Your mother

Otto Quangel gibt sein Amt auf
Otto Quangel gives his job up

Die mit etwa achtzig Arbeitern und Arbeiterinnen besetzte Werkstatt der
The with about eighty workers and female workers occupied workshop of the

Möbelfabrik, der Otto Quangel als Werkmeister vorstand, hatte bis zum
furniture factory who Otto Quangel as work-master before-stood had until to the
foreman lead

Kriegsausbruch nur Einzelmöbel nach Zeichnungen hergestellt,
outbreak of war only individual furniture after drawings manufactured
according to

während die Fabrik sonst in allen ihren andern Abteilungen nur
while the factory otherwise in all her other departments only

Massenmöbel anfertigte. Mit dem Kriegsbeginn war der ganze Betrieb auf
mass furniture made With the beginning of war was the whole operation on

die Herstellung von Heeresgut umgestellt worden, und der Quangelschen
the manufacturing from army property switched become and the of Quangel

Werkstatt war dabei die Aufgabe zugefallen, gewisse, sehr schwere und
workshop was there-by the task fallen to certain very heavy and
dealt

große Kisten herzustellen, von denen behauptet wurde, sie dienten zum
great chests to manufacture from which claimed became she served to the

Transport schwerer Bomben.
transport of heavy bombs

Was Otto Quangel anging, so war es ihm ganz egal, wozu die
What Otto Quangel concerned so was it him completely equal where-to the
to what

Kisten dienten; er fand diese neue, geistlose Arbeit seiner unwürdig und
chests served he found this new mindless work of his unworthy and

verächtlich. Er war ein richtiger Kunsttischler gewesen, den die Maserung
contemptuous He was a true artist been who the grain
had

eines Holzes, die Anfertigung eines schön geschnitzten Schrankes mit
(of) a (piece of) wood the manufacture of a beautiful carved closet with

einem Gefühl tiefer Befriedigung erfüllen konnte. Er hatte bei solcher
a feeling of deep satisfaction fulfill could He had at such

Arbeit soviel Glück empfunden, wie ein Mensch seiner kühlen
work so much happiness perceived as a human (of) his cool

Veranlagung nur empfinden kann. Jetzt war er zu einem bloßen Antreiber
predisposition only feel can Now was he to a bare driver

und Aufpasser hinabgesunken, der nur darauf zu achten hatte, daß seine
and watchdog sunken down who only thereupon to guard had that his

Werkstatt ihr Soll und möglichst mehr als dieses Soll erfüllte. Seiner
workshop her target and as possible more as this target filled This

Art nach hatte er aber nie ein Wort über diese Gefühle verloren, und
way after had he however never a word over these feelings lost and

sein scharfes, vogelhaftes Gesicht hatte nie etwas von der Verachtung,
his pungent birdlike face had never something from the despise

die er für diese erbärmliche Fichtenholzarbeit empfand, verraten. Hätte
which he for this pathetic spruce woodwork felt betrayed Had

ihn jemand genauer beobachtet, so hätte er bemerkt, daß der wenig
him someone more exactly observed so had he noticed that the little

redende Quangel nun überhaupt nichts mehr sprach und daß er unter
talking Quangel now at all nothing (any)more spoke and that he under

diesem Zutreibersystem eher geneigt war, die Sieben grade sein zu lassen.
this driver system rather inclined was the seven just be to let

Aber wer sollte auf einen so trockenen, unausgiebigen Mann wie Otto
But who should on a so dry inexhaustible man as Otto

Quangel groß achten? Er schien zeit seines Lebens nur ein Arbeitstier
Quangel great care for He seemed time of his life only a workhorse

gewesen zu sein, ohne irgendein anderes Interesse als das für die Arbeit,
been to be without any other interest as that for the work

die er zu verrichten hatte. Er hatte nie einen Freund hier besessen,
which he to do had He had never a friend here possessed

nie zu jemandem ein freundliches Wort gesprochen. Arbeit, nur Arbeit,
never to anyone a friendly word spoken Work only work

ganz gleich, ob Menschen oder Maschinen, wenn sie nur ihre
completely immediately whether people or machinery when they only their

Arbeit taten!
work did

Dabei war er nicht einmal unbeliebt, trotzdem er die Aufsicht über die
There-by was he not once unpopular although he the oversight over the
even

Werkstatt hatte und zur Arbeit antreiben mußte. Aber er schimpfte nie,
workshop had and to the work drive must But he scolded never
urge

und er schwärzte nie jemanden bei den Herren vorne an. Schien ihm
and he blackened never someone at the gentlemen in front on Seemed him

irgendwo die Arbeit nicht richtig voranzugehen, so ging er dorthin und
somewhere the work not right to go ahead so went he there-to and

beseitigte wortlos mit seinen geschickten Händen das Arbeitshindernis. Oder
eliminated wordless with his suited hands the obstacle to work Or

er stellte sich zu ein paar Schwätzern und blieb, die dunklen Augen
he set himself to a few chatterboxes and remained the dark eyes

fast blicklos auf die Sprechenden geheftet, so lange bei ihnen stehen,
almost sightless on the speaking (ones) stapled so long by them stand

bis ihnen die Lust zum Weiterreden vergangen war. Ständig verbreitete
until them the desire to the keep talking gone away was Constantly spread

er ein Gefühl von Kühle um sich. In den kurzen Ruhepausen suchten
he a feeling of cool around himself In the short rest breaks searched

die Arbeiter möglichst entfernt von ihm zu sitzen, und so genoß er eine
the workers as possible removed from him to sit and so enjoyed he a
as far away as possible

ihm ganz selbstverständlich gezollte Achtung, die ein anderer mit
him completely self-understandably paid caution which an other with
self-evidently

noch so viel Reden und Anfeuern sich nicht verschafft hätte.
still so much talk and cheering on himself not acquired had

Auf der Fabrikleitung wußten sie auch wohl, was sie an Otto
At the factory management knew they also well what they on Otto
in

Quangel hatten. Seine Werkstatt erzielte stets die höchsten Leistungen,
Quangel had His workshop scored all the time the highest performances

es gab nie Schwierigkeiten mit den Leuten, und Quangel war willig. Er
it gave never difficulties with the people and Quangel was willing He

wäre längst aufgerückt, wenn er sich hätte entschließen können, in die
would be long moved up when he himself had to decide been able in the

Partei einzutreten. Aber das lehnte er stets ab. »Für so was
(political) party to enter But that leaned he all the time -off- For so what
refused

habe ich kein Geld übrig«, sagte er dann wohl. »Ich brauch jede Mark.
have I no money left said he then well I need each mark
{money}

Ich muß 'ne Familie ernähren.«
I must a family feed

Man grinste im geheimen über das, was man seinen schmutzigen Geiz
One grinned in the secret over that what one his dirty greed

nannte. Dieser Quangel schien ja innerlich über jeden Groschen, den er
called This Quangel seemed yes internally over every dime which he
indeed heartily

zu einer Sammlung spenden mußte, vor Leid zu vergehen. Er bedachte
to a collection donate must for suffering to go away He considered
of perish

gar nicht, daß er durch den Eintritt in die Partei viel mehr an
at all not that he through the entry in the (political) party much more on

Gehaltszulage gewann, als er durch den Parteibeitrag verlor. Aber dieser
salary allowance won as he through the party contribution lost But this

tüchtige Werkmeister war eben politisch hoffnungslos, und so hatte man
efficient work-master was just politically hopeless and so had one
foreman

denn auch keine Bedenken, ihn in dieser kleinen leitenden Stellung zu
then also no thoughts him in this small senior position to
reservations

belassen, obwohl er kein Parteimitglied war.
leave although he no party member was

In Wahrheit war es nicht der Geiz Otto Quangels, der ihn von einem
In truth was it not the greed (of) Otto Quangel which him from a

Eintritt in die Partei abhielt. Gewiß, er war in Gelddingen sehr genau und konnte sich über einen unüberlegt ausgegebenen Groschen noch wochenlang hinterher ärgern. Aber eben, weil er bei sich genau war, war er es auch bei andern, und diese Partei schien alles andere als genau bei der Durchführung ihrer Grundsätze zu sein. Was er bei der Erziehung seines Sohnes durch Schule und Hitlerjugend erlebt, was er von Anna gehört hatte, wie er selbst erlebt hatte, daß alle gutbezahlten Posten in der Fabrik mit Parteigenossen besetzt wurden, denen die tüchtigsten Nichtparteigenossen stets zu weichen hatten – das alles bestärkte ihn in seiner Überzeugung, daß die Partei nicht genau, das heißt nicht gerecht war, und mit einer solchen Sache wollte er nichts zu tun haben.

Darum hatte ihn ja auch Annas Ruf »Du und dein Führer« am Morgen so sehr gekränkt. Gewiß, er hatte bisher an den ehrlichen Willen des Führers geglaubt. Man brauchte nur alle diese Schmeißfliegen und Speckjäger, denen es nur um Geldscheffeln und Lebeschön ging, aus seiner Umgebung zu entfernen, und alles wurde besser. Aber bis es soweit war, machte er nicht mit, er nicht, und das wußte Anna, die einzige, mit der er wirklich sprach, auch ganz gut. Nun schön, sie hatte es in ihrer ersten Aufregung gesagt, er würde es mit der Zeit schon vergessen, er konnte ihr nie was nachtragen.

Wie er da so mitten im Sausen und Kreischen seiner Werkstatt steht, den Kopf etwas erhoben und den Blick langsam von der Dicktenhobelmaschine zu der Bandsäge, zu den Naglern, Bohrern, Bretterträgern wandern läßt, merkt er, wie diese Nachricht von Ottos Tod und ganz besonders Annas und Trudels Verhalten immer weiter in ihm wirken. Er denkt nicht eigentlich darüber nach, er weiß vielmehr genau, daß dieser Liederlich, dieser Tischler Dollfuß, schon vor sieben Minuten die Werkstatt verlassen hat und daß die Arbeit in seiner Reihe darum stockt, weil er auf dem Abtritt wieder mal eine Zigarette rauchen muß, oder weil er dort Reden schwingt. Er gibt ihm noch

drei Minuten, dann holt er ihn rein, er selber!
three minutes then gets he him inside he (him)self

Und während sein Auge zu dem Zeiger der Wanduhr gleitet und
And while his eye to the pointer (of) the wall clock slides and

feststellt, daß Dollfuß tatsächlich in drei Minuten zehn Minuten geschwänzt
notes that Dollfuss indeed in three minutes ten minutes skipped

haben wird, fällt ihm nicht nur dieses hassenswerte Plakat über Trudels
have will falls him not only this hateful poster over Trudel's

Kopf ein, denkt er nicht nur darüber nach, was das ist: Landes- und
head in thinks he not only about it -after- what that is Land and

Hochverrat, und wo man so was wohl erfährt, sondern er denkt auch
high-treason and where one so what well experiences but he thinks also

daran, daß er einen vom Pförtner ihm übergebenen Brief in der
there-on that he a from the usher him passed letter in the
to it

Jackentasche trägt, durch den der Werkmeister Quangel kurz und knapp
jacket pocket carries through which the work-master Quangel short and scarce
foreman in few words

aufgefordert wird, pünktlich um fünf Uhr in der Beamtenkantine zu
asked becomes punctually at five hour in the officials canteen to
o'clock

erscheinen.
appear

Nicht, daß dieser Brief ihn irgendwie aufregt oder stört. Er hat früher,
Not that this letter him somehow excites or bothers He has before

als die Möbelherstellung noch im Gange war, oft auf die
as the furniture manufacturing still in the hallway was often on the

Fabrikleitung gemußt, um die Herstellung eines Möbelstückes zu
factory management must for the manufacturing of a piece of furniture to
had to

besprechen. Beamtenkantine ist etwas Neues, aber das ist ihm gleich,
discuss Official canteen is something new but that is him equal

bis fünf Uhr sind es aber nur noch sechs Minuten, und bis dahin
until five hour are it however only still six minutes and until there to
o'clock

möchte er den Tischler Dollfuß gerne an seiner Säge haben. So geht er eine Minute früher, als er beabsichtigt hat, los, um den Dollfuß zu suchen.

Aber er findet ihn weder auf den Abtritten noch auf den Gängen, noch in den anliegenden Werkstätten, und als er in die eigene Werkstatt zurückkehrt, zeigt die Uhr eine Minute vor fünf Uhr, und es wird höchste Zeit für ihn, wenn er nicht unpünktlich sein will. Er klopft sich schnell den gröbsten Sägestaub von der Jacke und geht dann eilig hinüber in das Verwaltungsgebäude, in dessen Erdgeschoß sich die Beamtenkantine befindet.

Sie ist ersichtlich für einen Vortrag vorbereitet, eine Rednertribüne ist errichtet, ein langer Tisch für die Vorsitzenden, und der ganze Saal ist mit Stuhlreihen angefüllt. Er kennt das alles von den Versammlungen der Arbeitsfront, an denen er oft hat teilnehmen müssen, nur daß diese Versammlungen stets drüben in der Werkkantine stattfanden.

Der einzige Unterschied ist der, daß dort rohe Holzbänke standen
The only difference is that one that there raw wooden benches stood

statt der Rohrstühle hier, und dann saßen die meisten dort wie er in
instead the cane chairs here and then sat the most there as he in

Arbeitskluft, während es hier mehr braune und auch graue Uniformen gibt,
work clothing while it here more brown and also gray uniforms gives

die Beamten in Zivil verschwinden dazwischen.
the officials in civil disappear in between

Quangel hat sich auf einen Stuhl, ganz nahe an der Tür gesetzt,
Quangel has himself on a chair completely close on the door set

um beim Schluß der Rede möglichst rasch wieder in seine Werkstatt
for at the end (of) the speech as possible quickly again in his workshop

zu kommen. Der Saal ist schon ziemlich gefüllt, als Quangel gekommen
to come The hall is already rather filled as Quangel come

ist, zum Teil sitzen die Herren schon auf den Stühlen, ein anderer Teil
is to the part sit the gentlemen already on the chairs an other part

steht noch auf den Gängen und an der Wand in Grüppchen, sie reden
stands still on the hallways and at the wall in small groups they talk

miteinander.
with each other

Sie alle aber, die hier versammelt sind, tragen das Hakenkreuz. Quangel
They all however who here gathered are carry the swastika Quangel

scheint der einzige ohne das Parteiabzeichen zu sein (von den
seems the only without the party badge to be from the

Wehrmachtsuniformen natürlich abgesehen, aber die tragen dafür das
armed forces uniforms of course aside but they carry therefore the

Hoheitszeichen). Es ist wohl ein Irrtum, daß sie ihn hierher eingeladen
highness sign It is well a mistake that they him hereto invited
rank insignia

haben. Quangel wendet den Kopf aufmerksam hin und her. Ein paar
have Quangel turns the head attentively to and from A few
here there

Gesichter kennt er. Der dicke Bleiche dort, der schon am Vorstandstisch
faces knows he The fat pale (one) there who already at the boardroom table

sitzt, das ist der Herr Generaldirektor Schröder, den kennt er
sits that is the Mr director general Schroeder that one knows he

vom Sehen. Und der kleine Spitznasige mit dem Klemmer, das ist
from the seeing And the little pointed-nosed with the (glasses) clasp that is
at face

der Herr Kassierer, von dem er jeden Sonnabend seine Lohntüte
the Mr cashier from who he every Saturday his pay bag

in Empfang nimmt und mit dem er sich schon ein paarmal wegen
in reception takes and with whom he himself already a few times because of
receives

der hohen Abzüge kräftig gestritten hat. Komisch, wenn der an
the high deductions powerfully argued has Comical when that one at

seiner Kasse steht, hat er nie das Parteiabzeichen getragen! denkt
his cash register stands has he never the party badge carried thinks

Quangel flüchtig.
Quangel fleeting

Aber die meisten Gesichter, die er sieht, sind ihm völlig unbekannt, es
But the most faces who he sees are him totally unknown it
they

sind wohl fast nur Herren aus den Büros, die hier sitzen. Plötzlich
are well almost only gentlemen from the offices who here sit Suddenly

wird Quangels Blick scharf und stechend, in einer Gruppe hat er den
becomes Quangels glance sharp and stinging in a group has he the

Mann entdeckt, den er vorhin vergeblich auf dem Abtritt gesucht hat,
man discovers who he a while ago in vain on the off-step sought has
exit

den Tischler Dollfuß. Aber der Tischler Dollfuß trägt jetzt keine
the carpenter Dollfuss But the carpenter Dollfuss carries now no

Arbeitskluft, er trägt einen feinen Sonntagsanzug und redet mit den zwei
work clothing he carries a delicate sunday suit and talks with the two

Herren in Parteiuniform ganz so, als seien sie seinesgleichen. Und
gentlemen in party uniform completely so as are they his kind And

jetzt trägt auch der Tischler Dollfuß ein Hakenkreuz, dieser Mann, der
ow carries also the carpenter Dollfuss a swastika this man who

ihm schon ein paarmal in der Werkstatt durch sein Gerede aufgefallen
him already a few times in the workshop through his talk noticed

ist! So ist das also! denkt Quangel. Das ist also ein Spitzel. Womöglich
is So is that thus thinks Quangel That is thus a snitch Possibly

ist der Mann gar kein richtiger Tischler und heißt auch nicht Dollfuß.
is the man at all no true carpenter and is called also not Dollfuss
good

War Dollfuß nicht Kanzler in Österreich, den sie ermordet haben?
Was Dollfuss not chancellor in Austria who they murdered have

Alles Schiebung – und ich habe nie was gemerkt!
Everything shift – and I have never what noticed
anything

Und er fängt an, darüber nachzugrübeln, ob der Dollfuß schon in
And he catches on about it to ponder whether the Dollfuss already in
starts

seiner Werkstatt war, als der Ladendorf und der Tritsch abgelöst wurden
his workshop was as the shop village and the gaudy replaced became

und alle munkelten, sie seien ins KZ gewandert.
and all rumored they are in the concentration camp hiked
(Konzentrationslager)

Quangels Haltung hat sich gestrafft. Achtung! hat es in ihm gesagt. Und:
Quangel's attitude has itself tightened Caution has it in him said And

Hier sitz ich ja wie unter Mördern! Später denkt er: Ich werde mich
Here sit I yes as under murderers Later thinks he I will myself
indeed

auch von diesen Brüdern nicht kriegen lassen. Ich bin eben nur ein
also from these brothers not get (down) let I am just only an

oller dußliger Werkmeister, ich versteh von nischt was. Aber
old (one) daft work-master I understand from nuthin' what But
(alter) foreman nichts

mitmachen, nee, das tu ich nicht. Ich hab's heute früh gesehen, wie es
participate no that do I not I have it today early seen how it
(nein)

die Anna gepackt hat und danach die Trudel; ich mach bei
the Anna grabbed has and afterwards the Trudel I make with

so was nicht mit. Ich will nicht, daß eine Mutter oder Braut
so what not with I want not that a mother or bride
something like that along

durch mich so hingerichtet wird. Die sollen mich rauslassen aus ihren
through me so executed becomes These should me leave out from their

Sachen …
things

So denkt er. Unterdes hat sich der Saal bis auf den letzten Platz gefüllt.
So thinks he Under-that / Meanwhile has itself the hall until on the last place filled

Der Vorstandstisch ist eng von braunen Uniformen und schwarzen
The boardroom table is close / close together from brown uniforms and black

Röcken besetzt, und auf dem Rednerpult steht jetzt ein Major oder
skirts occupied and on the lectern stands now a Major or

Oberst (Quangel hat es nie gelernt, Uniformen und Rangabzeichen
Colonel Quangel has it never learned uniforms and rank badges

auseinanderzuhalten) und spricht von der Kriegslage.
to tell apart and speaks from the war situation

Natürlich ist die großartig, der Sieg über Frankreich wird
Of course is that one great / magnificent the victory over France becomes

gebührend gefeiert, und es kann nur eine Frage von wenigen Wochen
duly celebrated and it can only a question of few weeks

sein, daß auch England am Boden liegt. Dann kommt der Redner
be that also England at the ground lies Then comes the lecturer

allmählich dem Punkte näher, der ihm wichtig ist: wenn nämlich die
gradually the point closer that him important is when namely the

Front so große Erfolge erzielt, so wird erwartet, daß auch die Heimat
front so great successes achieves so becomes expected that also the homeland

ihre Pflicht tut. Was nun folgt, das klingt beinahe so, als komme der
her duty does What now follows that sounds almost so as come the

Herr Major (oder Oberst oder Hauptmann) direkt aus dem Hauptquartier,
Mr Major or Colonel or Chief Captain directly from the headquarters

um der Belegschaft der Möbelfabrik Krause & Co. vom Führer zu
for the workforce of the furniture factory Krause & Co from the leader to

sagen, daß sie unbedingt ihre Leistungen steigern müsse. Der Führer
say that they absolutely their performances increase must The leader

erwartet, daß die Fabrik in drei Monaten ihre Leistung um 50 Prozent,
expects that the factory in three months her performance for 50 percent

in einem halben Jahr aber aufs Doppelte gesteigert hat. Vorschläge, um
in a half year however on the double increased has Proposals for

dieses Ziel zu erreichen, werden aus der Versammlung gerne
this target to reach become from the assembly gladly

entgegengenommen. Wer aber nicht mitmacht, ist als Saboteur zu
accepted Who however not participates is as saboteur to

betrachten und entsprechend zu behandeln.
regard and corresponding to treat

Während der Redner noch ein »Siegheil« auf den Führer ausbringt, denkt
While the lecturer still a sieg heil on the leader out-brings thinks
salutes

Otto Quangel: England liegt in ein paar Wochen am Boden, der Krieg
Otto Quangel England lies in a few weeks at the ground the war

ist alle, und wir steigern in einem halben Jahre unsere Kriegsproduktion
is all and we increase in a half year our war production

um 100 Prozent! Wer denen bloß so was abnimmt?
for 100 percent Who which just so what takes off
Who does he think he is fooling

Aber er setzt sich wieder und blickt dann auf den nächsten Redner,
But he set himself again and looks then on the next lecturer

der in brauner Uniform das Pult betritt, die Brust dick mit Medaillen,
who in brown uniform the desk enters the chest fat with medals

Orden und Abzeichen geschmückt. Dieser Parteiredner ist eine ganz
orders and badges decorated This party speaker is a completely

andere Sorte Mann als sein militärischer Vorredner. Von allem Anfang
other variety man as his military previous speaker From all beginning
the first

an spricht er scharf und zackig, von dem Ungeist, der immer noch in
on speaks he sharp and brisk from the bad spirit that always still in

den Betrieben umgeht, trotz der herrlichen Erfolge des Führers und
the companies goes around despite the great successes of the leader and

der Wehrmacht. Er redet so scharf und zackig, daß er nur brüllt, und er
the army He talks so sharp and brisk that he only roars and he

nimmt kein Blatt vor den Mund, als er von den Miesmachern und
takes no leaf before the mouth as he from the grumblers and
does not speak in euphemisms

Meckerern spricht. Jetzt soll und wird der letzte Rest von ihnen
complainers speaks Now should and will the last rest from them

ausgetilgt werden, Schlitten wird man mit ihnen fahren, man wird ihnen
wiped out become sledges will one with them drive one will them

was über die Schnauze geben, daß sie nie wieder die Zähne
what over the snout give that they never again the teeth

auseinanderkriegen! Suum cuique, das hat auf den Koppelschlössern
get apart Suum cuique that has on the coupling locks

gestanden im Ersten Weltkrieg, und Jedem das Seine, das steht jetzt
stood in the first world war and each the his that stands now

über den Toren der Konzertlager! Da wird denen was
over the gates of the concentration camp There becomes those what
something

beigebracht, und wer dafür sorgt, daß so 'n Kerl oder so 'n Weib
taught and who therefore worries that so a chap or so a woman

reinkommt, der hat was geleistet für das deutsche Volk, und
there in comes that one has what accomplished for the German people and
something

der ist ein Mann des Führers.
that one is a man of the leader

»Euch aber alle hier, die ihr hier sitzt«, brüllt der Redner zum Schluß,
To you however all here who you here sit roars the lecturer at the end

»ihr Werkstättenleiter, Abteilungsvorsteher, Direktoren – euch mache ich
you workshop managers department heads directors – you make I

persönlich dafür haftbar, daß euer Betrieb sauber ist! Und Sauberkeit,
personally therefore liable that your operation pure is And purity

das ist nationalsozialistisches Denken! Nur das! Wer da schlappschwänzig
that is national socialist thinking Only that Who there limp-tailed

ist und weichmäulig, und wer nicht alles anzeigt, auch die geringste
is and soft-mouthed and who not everything displays also the least

Kleinigkeit, der fliegt selber ins KZ. Dafür stehe ich
little thing that one flies self in the concentration camp therefore stand I
(Konzentrationslager)

euch persönlich, ob ihr nun Direktor seid oder Werkmeister, ich bring
you personally whether you now director are or work-master I bring
foreman

euch zurecht, und wenn ich euch die Schlappheit mit den Stiebeln
you in the right place and when I you the fatigue with the boots (Stiefeln)

aus dem Leibe treten soll!«
from the body step should

Der Redner steht noch einen Augenblick da, er hat seine Hände
The lecturer stands still a moment there he has his hands

wutverkrampft erhoben, er ist blaurot im Gesicht. In der Versammlung
anger-cramped raised he is blue red in the face In the assembly

ist es nach diesem Ausbruch totenstill geworden, sie machen alle ziemlich
is it after this outbreak dead silent become they make all rather

bekniffene Gesichter, sie, die so plötzlich und unverhüllt zu Spitzeln
pinched faces they who so suddenly and undisguised to spies

ihrer Kameraden gemacht wurden. Dann stampft der Redner mit
on their comrades made became Then stamps the lecturer with

schweren Schritten von seinem Pult hinunter, wobei die Abzeichen auf
heavy steps from his desk down where-by the badges on

seiner Brust leise klingeln, und nun erhebt sich der blasse
his chest softly ring and now raises himself the pale

Generaldirektor Schröder und fragt mit sanfter, leiser Stimme, ob etwa
director general Schroeder and asks with gentle quiet voice whether about maybe

Wortmeldungen vorlägen.
word reports before lay

Ein Aufatmen geht durch die Versammlung, ein Zurechtrücken – als
An up-breathing goes through the assembly an straight moving – as
sighing of relief adjusting

wäre ein böser Traum ausgeträumt, und der Tag komme wieder zu
would be an angry dream finished dreaming and the day comes again to

seinem Recht. Es scheint niemand zu sein, der jetzt noch sprechen will,
its right It seems nobody to be who now still speak wants
There

alle haben sie wohl den Wunsch, möglichst bald diesen Saal zu verlassen,
all have they well the wish as possible soon this hall to leave

und der Generaldirektor will eben die Versammlung mit einem »Heil
and the director general wants just the assembly with a hail

Hitler« schließen, da steht plötzlich im Hintergrund ein Mann in blauer Arbeitsbluse auf und sagt, was die Leistungssteigerung in seiner Werkstatt angehe, so sei das ganz einfach. Man müsse nur noch die und die Maschinen aufstellen, er zählt sie auf und erklärt, wie sie aufgestellt werden müssen. Ja, und dann müsse man noch sechs oder acht Leute aus seiner Werkstatt raussetzen, Bummelanten und Nichtskönner. Dann schaffe er das mit den 100 Prozent schon in einem Vierteljahr.

Quangel steht kühl und gelassen da, er hat den Kampf aufgenommen. Er fühlt, wie sie ihn alle anstarren, diesen einfachen Arbeiter, der so gar nicht zwischen diese feinen Herren gehört. Aber er hat sich nie was aus den Menschen gemacht, ihm ist es egal, ob sie ihn anstarren. Jetzt, wo er ausgeredet hat, stecken sie am Vorstandstisch die Köpfe über ihn zusammen. Die Redner erkundigen sich, wer das wohl ist, dieser Mann in der blauen Bluse. Dann steht der Major oder Oberst auf und sagt Quangel, die technische Leitung werde sich mit

ihm wegen der Maschinen besprechen, aber wie er das meine mit den
him because of the machinery discuss but how he that means with the

sechs oder acht Leuten, die aus seiner Werkstatt raus sollten?
six or eight people who from his workshop out should

Langsam und hartnäckig antwortet Quangel: »Ja, manche können eben nicht
Slowly and persistently answers Quangel Yes many can just not

so arbeiten, und manche wollen es nicht. Da sitzt gleich einer von
so work and many want it not There sits immediately one from

denen!« Und er zeigt mit dem großen, starren Zeigefinger ganz
them And he shows with the large rigid index finger completely

unverhohlen auf den Tischler Dollfuß, der einige Reihen vor ihm sitzt.
openly on the carpenter Dollfuss who some rows before him sits

Jetzt platzen einige mit Lachen heraus, und zu den Lachern gehört auch
Now burst some with laughing out and to the laughers belongs also

der Tischler Dollfuß, der den Kopf nach ihm umgedreht hat und ihn
the carpenter Dollfuss who the head to him turned has and him

anlacht.
laughs at

Aber Quangel sagt, ohne eine Miene zu verziehen: »Ja, reden,
But Quangel says without an expression to pull away Yes talk
change

Zigaretten auf dem Abtritt rauchen und die Arbeit versäumen, das kannst
cigarettes on the off-step smoke and the work miss that can
exit

du, Dollfuß!«
you Dollfuss

Am Vorstandstisch haben sie wieder die Köpfe über diesen verdrehten
At the boardroom table have they again the heads over this twisted

Kauz zusammengesteckt. Aber jetzt hält nichts mehr den braunen
owl put together But now holds nothing (any)more the brown

Redner, er springt auf und schreit: »Du bist nicht in der Partei –
lecturer he jumps up and cries You are not in the (political) party –

warum bist du nicht in der Partei?«
why are you not in the political party

Und Quangel antwortet, was er immer auf diese Frage geantwortet hat:
And Quangel answers what he always on this question answered has

»Weil ich jeden Groschen brauche, weil ich Familie habe, darum kann
Because I every dime need because I family have therefore can

ich mir das nicht leisten!«
I myself that not afford

Der Braune brüllt: »Weil du ein geiziger Hund bist! Weil du nichts
The brown (one) roars Because you a stingy dog are Because you nothing

über hast für deinen Führer und dein Volk! Wie groß ist denn deine
over have for your leader and your people How large is then your

Familie?«
family

Und kalt antwortet ihm Quangel ins Gesicht hinein: »Von meiner Familie
And cold answers him Quangel in the face inside Of my family

reden Sie mir heut nicht, lieber Mann! Ich habe gerade heute die
talk you me today not dear man I have just today the

Nachricht bekommen, daß mir mein Sohn gefallen ist!«
message become that me my son fallen is

Einen Augenblick ist es totenstill im Saal, über die Stuhlreihen weg
One moment is it dead silent in the hall over the rows of chairs way

starren sich der braune Bonze und der alte Werkmeister an. Dann
stare each other the brown boss and the old work-master on Then
foreman

setzt sich Otto Quangel plötzlich, als sei nun alles erledigt, und ein
sets himself Otto Quangel suddenly as be now everything finished and a

wenig später setzt sich auch der Braune. Wieder erhebt sich der
little later sets himself also the brown (one) Again raises himself the

Generaldirektor Schröder und bringt nun das »Siegheil!« auf den Führer
director general Schroeder and brings now the sieg heil on the leader

aus: es klingt etwas dünn. Dann ist die Versammlung geschlossen.
out it sounds somewhat thin Then is the assembly closed

Fünf Minuten später steht Quangel wieder in seiner Werkstatt; mit
Five minutes later stands Quangel again in his workshop with

etwas erhobenem Kopf läßt er langsam den Blick von der
somewhat raised head lets he slowly the glance from the

Dicktenhobelmaschine zu der Bandsäge wandern, von da weiter zu den
thickness shaver machine to the band saw roam from there further to the

Naglern, den Bohrern, den Brettertägern ... Aber es ist der alte
nailers the drill the wooden beam carriers But it is the old

Quangel nicht mehr, der dort steht. Er fühlt es, er weiß es, er hat
Quangel not (any)more who there stands He feels it he knows it he has

sie alle überlistet. Vielleicht auf eine häßliche Weise überlistet, indem er
them all outwitted Perhaps on an ugly manner outwitted while he

aus dem Tode seines Sohnes Kapital schlug, aber soll man zu solchen
from the death of his son capital struck but should one to such
use made

Biestern anständig sein? Nee! sagt er fast laut zu sich. Nee, Quangel,
beasts decent be No says he almost loud to himself No Quangel

der Alte wirst du nie wieder. Ich bin doch mal neugierig, was Anna
the old (one) will be you never again I am indeed once curious what Anna

zu dem allem sagt. Ob der Dollfuß gar nicht wieder auf seinen
to that all says Whether the Dollfuss at all not again on his

Arbeitsplatz kommt? Dann muß ich heute noch einen andern anfordern.
workplace comes Then must I today still an other request

Wir sind im Rückstand ...
We are in the backstand
behind

Aber keine Bange, der Dollfuß kommt. Er kommt sogar in der Begleitung
But no fear the Dollfuss comes He comes even in the escort

eines Abteilungsleiters, und dem Werkmeister Otto Quangel wird eröffnet,
of a department head and the work-master Otto Quangel becomes opened
foreman told

daß er zwar die technische Leitung dieser Werkstatt behalte, daß er
that he indeed the technical management of this workshop keeps that he

aber sein Amt in der DAF hier an den Herrn Dollfuß
however his office in the Deutsche Arbeitsfront here on the gentleman Dollfuss

abzugeben habe. »Verstanden?«
to deliver have Understood

»Und ob ich das verstanden habe! Ich bin froh, daß du mir den
And whether I that understood have I am happy that you me the

Posten abnimmst, Dollfuß! Mein Gehör wird immer schlechter, und
post takes off Dollfuss My hearing becomes always worse and

hinhorchen, wie der Herr sich das vorhin vorgestellt hat, das kann
to listen how the Mr himself the a while ago imagined has that can

ich hier in dem Lärm überhaupt nicht.«
I here in the noise at all not

Dollfuß nickt kurz, er sagt rasch: »Und was Sie da vorhin gesehen
Dollfuss nods shortly he says quickly And what you there a while ago seen

und gehört haben, darüber zu keinem Menschen ein Wort, sonst ...«
and heard have about it to no people a word otherwise

Fast gekränkt antwortet Quangel: »Zu wem soll ich denn reden,
Almost hurt answers Quangel To whom should I then talk

Dollfuß? Hast du mich schon mal mit einem Menschen reden hören? Das
Dollfuss Have you me already once with a person talk hear That

interessiert mich nicht, mich interessiert bloß meine Arbeit, und da weiß
interests me not me interests only my work and there know

ich, daß wir heute feste im Rückstand sind. Es wird Zeit, daß du
I that we today firmly in the backstand are It becomes time that you
behind

wieder an deiner Maschine stehst!« Und mit einem Blick auf die Uhr:
again on your machine stands And with a glance on the hour
clock

»Eine Stunde und siebenunddreißig Minuten hast du jetzt versäumt!«
One hour and thirtyseven minutes have you now missed

Einen Augenblick später steht der Tischler Dollfuß wirklich an seiner Säge,
A moment later stands the carpenter Dollfuss really on his saw

und mit Windeseile, keiner weiß woher, verbreitet sich in der Werkstatt
and with wind-hurry none know from where spreads itself in the workshop

das Gerücht, der Dollfuß habe wegen seiner ewigen Raucherei und
the rumor that Dollfuss have because of his eternal smoking and

Schwätzerei einen reingewürgt gekriegt.
gossip one choked in received

Der Werkmeister Otto Quangel geht aber aufmerksam von Maschine zu
The work-master Otto Quangel goes however attentively from machine to
   foreman

Maschine, greift zu, starrt mal einen Schwätzer an und denkt dabei:
machine grabs to stares once a gossip at and thinks there-by
   reaches out

Die bin ich los – für immer und ewig! Und sie haben keinen
That one am I loose – for always and eternally And they have no

Verdacht, ich bin bloß ein alter Trottel für die! Daß ich den Braunen
suspicion I am just an old jerk for them That I the brown (one)

mit »Lieber Mann« angeredet habe, das hat denen den Rest gegeben! Nun
with Dear man addressed have that has them the rest given Now

bin ich bloß neugierig, was ich jetzt anfange. Denn irgendwas
am I just curious what I now start Then something

fange ich an, das weiß ich. Ich weiß bloß noch nicht, was …
catch I on that know I I know just still not what
   will I begin

Nächtlicher Einbruch
Nightly burglary

Am späten Abend, eigentlich ist es schon Nacht, eigentlich ist es schon
at the late evening actually is it already night actually is it already

viel zu spät für das Verabredete, hat der Herr Emil Borkhausen seinen
much too late for the agreed has the Mr Emil Borkhausen his

Enno doch noch getroffen, im Restaurant »Ferner liefen«. Das hat die
Enno indeed still hit / found in the restaurant Further Walk That has the

Briefträgerin Eva Kluge mit ihrem heiligen Zorn doch noch
letter-carrier-female / postwoman Eva Kluge with her holy anger indeed still

zuwege gebracht. Die Herren haben sich bei einem Glas Bier an einem
to-way caused / brought The gentlemen have himself at a glass beer on a

Ecktisch zusammengesetzt, und dort haben sie geflüstert, sie haben so
corner table composed and there have they whispered they have so

lange geflüstert – bei einem Glas Bier –, bis der Wirt sie darauf
long whispered – at a glass beer – until the host them thereupon

aufmerksam gemacht hat, daß er schon dreimal Polizeistunde geboten
attentive made has that he already three times police hour commanded

hat, und sie möchten doch sehen, daß sie endlich bei ihre Weiber
has and they might indeed / now see that she finally at their women

kämen.
would come

Auf der Straße haben die beiden ihre Unterhaltung fortgesetzt, sie sind
On the street have the both (men) their conversation continued they are

erst ein Stück nach der Prenzlauer Allee zu gegangen, und dann hat
first a piece to the Prenzlauer avenue towards gone and then has

der Enno wieder zurückverlangt, weil es ihm eingefallen ist, es wäre
the Enno again back desired because it him occurred is it would be

vielleicht doch besser, es bei einer zu versuchen, die er einmal gehabt
perhaps indeed better it at one to try that he once had

hat und die Tutti genannt wird. Tutti, der Pavian. Besser als solche
has and who Tutti called becomes Tutti the Baboon Better as such

faulen Geschichten ...
rotten stories

Der Emil Borkhausen ist fast aus der Haut geplatzt vor so viel
The Emil Borkhausen is almost from the skin burst before so much

Unverstand. Er hat dem Enno zum zehnten, er hat ihm zum
misunderstanding He has the Enno to the tenth he has him to the

hundertsten Male versichert, daß hier von faulen Geschichten nicht die
hundredth time assured that here from rotten stories not the

Rede sein könne. Es handele sich vielmehr um eine – beinahe
talk be could It dealt itself much more about an almost
subject

gesetzmäßige – Beschlagnahme, die unter dem Schutze der SS erfolge,
lawful seizure which under the protection (of) the SS succeed

und außerdem sei's doch bloß eine olle Jüdsche, nach der kein Hahn
and in addition be it indeed just an old Jewish woman after whom no cock

kräht. Sie würden sich beide für eine Zeitlang gesund machen, und
crows They would themselves both for a while healthy make and

die Polizei und das Gericht hätten damit nichts zu tun.
the police and the court had there-with nothing to do

Worauf der Enno wieder gesagt hat: Nein, nein, in solchen Sachen
Where-upon the Enno again said has No no in such things

habe er noch nie seine Finger gehabt, er verstünde gar nichts davon.
have he still never his finger had he understood at all nothing there-from

Weiber ja und Rennwetten dreimal ja, aber mit faulen Fischen habe er
Women yes and gambling three times yes but with rotten fish have he

noch nicht gehandelt. Die Tutti sei immer ganz gutmütig gewesen,
still not handled The Tutti be always completely good-natured been
acted

obwohl sie »der Pavian« genannt werde, die denke sicher nicht
although she the Baboon called became that one thinks surely not

mehr daran, daß sie ihm damals mit ein bißchen Geld und
(any)more   there-on   that   she   him   at that time   with   a   bit   (of) money   and
to it

Lebensmittelkarten ausgeholfen habe, ohne es zu wissen.
food cards   helped out   have   without   it   to   know

Dabei sind sie schon in der Prenzlauer Allee gewesen.
There-by   are   they   already   in   the   Prenzlauer   avenue   been

Der Borkhausen, dieser immer zwischen Kriecherei und Drohen hin und
The   Borkhausen   this   always   between   creep submissiveness   and   threatening   to   and

her pendelnde Mann, hat ärgerlich gesagt, wobei er an seinem lockeren
fro   commuting   man   has   annoyed   said   where-by   he   on   his   loose

fliegenden Schnurrbart riß: »Wer zum Kuckuck hat denn von dir
flying   moustache   ripped   Who   to the   cuckoo   has   then   from   you

verlangt, daß du was von der Sache verstehst? Ich werde das Kind
required   that   you   what   from   the   thing   understand   i   will   the   child
something

schon alleine schaukeln, von meinswegen kannste mit den Händen in der
already   alone   swing   from   my way for   my part   can-you   with   the   hands   in   the

Tasche dabeistehen. Ich pack dir sogar noch deine Koffer, wenn du das
pocket   there-by-stand stand next to it   I   pack   you   even   still   your   suitcase   when   you   that

auch noch verlangst! Versteh doch endlich, daß ich dich nur darum
also   still   requires   Understand   indeed   finally   that   I   you   only   therefore

mitnehme, Enno, um mich vor einem Streich von der SS zu schützen,
take along   Enno   for   me   before   a   prank   from   the   SS   to   protect

als Zeuge gewissermaßen, daß es bei der Teilung auch richtig zugeht.
as   witness   (in) certain measure so to speak   that   it   at   the   division   also   right   to-goes

Denk doch bloß mal daran, was alles bei einer so reichen jüdischen
Think   indeed   just   once   there-on of it   what   everything   at   a   so   rich   Jewish

Geschäftsfrau zu holen ist, selbst wenn die Gestapo damals, als sie den
business women   to   get   is   even   when   the   gestapo   at that time   as   they   the

Mann holte, schon einiges hat mitgehen lassen!«
man   got   already   some   has   along go   let

Plötzlich hat der Enno Kluge ja gesagt, ohne weiteres Wehren und
Suddenly has the Enno Kluge yes said without additional defending and

Bedenklichkeit, ohne Übergang. Nun hat er gar nicht schnell genug in
concerns without crossing Now has he at all not fast enough in
blinking

die Jablonskistraße kommen können. Was ihn aber zu der Überwindung
the Jablonskistreet come been able What him however to the overcoming

seiner Angst und zu einem so rückhaltlosen Ja bestimmt hat, das ist
his fear and to a so unreserved yes decided has that is

weder das Gerede von dem Borkhausen gewesen noch die Aussicht auf
neither the talk from the Borkhausen been nor the view on

eine reiche Beute, sondern schlichtweg sein Hunger. Plötzlich hat er an
a rich booty but simply his hunger Suddenly has he on

die Speisekammer der Rosenthal denken müssen, und daß die Juden
the pantry (of) the Rosenthal think must and that the Jews

immer gerne gut gegessen haben, und daß ihm eigentlich nichts im
always gladly good eaten have and that him actually nothing in the

Leben so schön geschmeckt hat wie gefüllter Gänsehals, zu dem er ein
life so beautiful tasted has as filled goose neck to which he a

einziges Mal von einem Kleiderjuden eingeladen worden ist.
single time from a dress Jew invited become is

Plötzlich hat er sich in seinen Hungerphantasien fest eingebildet, er
Suddenly has he himself in his hunger fantasies firmly imagined he

finde solchen gefüllten Gänsehals in der Rosenthalschen Speisekammer. Er
finds such filled goose neck in the of Rosenthals pantry He

hat die Porzellanschüssel, in der er liegt, ganz deutlich vor sich
has the porcelain bowl in which he lies completely clearly before himself

gesehen, und den Hals, wie er in der zu Fett erstarrten Soße liegt,
seen and the neck as he in the to fat frozen sauce lies

ganz dick gestopft und an beiden Enden mit einem Faden zugebunden.
completely fat stuffed and on both ends with a thread bound up

Er wird die Schüssel nehmen und sich das Ganze auf der Gasflamme
He will the dish take and himself the whole on the gas flame

warm machen, und alles andere ist ihm egal. Der Borkhausen kann
warm make and everything other is him equal The borkhausen can

tun, was er will, das ist ohne Interesse für ihn. Er wird Brot in die
do what he wants that is without interest for him He will bread in the

warme, fettige, stark gewürzte Soße tunken, und den Gänsehals wird er
warm greasy strong flavored sauce dip and the goose neck will he

aus der Hand essen, daß die Fettigkeit nach allen Seiten rausquatscht.
from the hand eat that the greasiness to all sides splashes out

»Leg noch 'nen Zahn zu, Emil, ich hab das eilig!«
Lay still a tooth to Emil I have it hurried
      Go faster   haste

»Warum so plötzlich?« hat Borkhausen gefragt, aber eigentlich ist es ihm
Why so suddenly has Borkhausen asked but actually is it him

recht gewesen, und er hat willig noch einen Zahn zugelegt. Auch er
right been and he has willing still a tooth increased Also he
                                                  gone faster

würde froh sein, wenn die Sache erst abgemacht war, auch in seine
would happy be when the thing first agreed was also in his

Branche schlug sie nicht. Er hat nicht etwa wegen der Polizei oder
industry struck they not He has not about because of the police or

wegen der ollen Jüdin Angst – was könnte ihm groß passieren,
because of the old Jewish lady fear – what could him large pass
                                               at all

wenn er deren Besitz arisierte? –, sondern wegen der Persickes.
when he that one's possession aryanized – but because of the Persickes

Das ist so eine verfluchte verräterische Aasbande, denen ist sogar die
That is so a cursed treacherous carrion-gang those is even the

Gemeinheit zuzutrauen, daß sie auch einem Kumpel einen Streich spielen.
meanness to entrust that they also a comrade a prank play

Nur wegen der Persickes hat er diesen blöden Hannes, den Enno,
Only because of the Persickes has he this stupid Hannes the Enno
                                                  dombo

mitgenommen, das ist ein Zeuge, den sie nicht kennen, der wird sie
taken along that is a witness who they not know that one will them

schon bremsen.
already brake

In der Jablonskistraße ist dann alles schön glatt gegangen. Es wird
In the Jablonskistreet is then everything beautifully smooth gone It will

ungefähr halb elf gewesen sein, als sie die Haustür aufgeschlossen
about half eleven been be as they the house door up-locked
have been unlocked

haben, mit einem richtigen, legalen Hausschlüssel. Dann haben sie ins
have with a true legal house key Then have they in the

Treppenhaus gelauscht, und als sich dort nichts rührte das Treppenlicht
stairwell listened and as itself there nothing stirred the stair light

angeknipst und sich bei seinem Schein die Schuhe ausgezogen, denn:
switched on and themselves at its shine the shoes pulled out then
taken off since

»Wir müssen doch auf die Nachtruhe der Mieter Rücksicht nehmen«,
We must indeed on the night rest (of) the tenants consideration take

hat Borkhausen gegrinst.
has Borkhausen grinned

Als das Licht wieder aus war, sind sie leise und rasch die Treppe
As the light again out was are they softly and quickly the stairs

hochgepinschert, und es ist alles glatt und ruhig gegangen. Sie
sneaked up and it is everything smooth and calm gone They

haben keinen von den Anfängerfehlern gemacht, daß sie mit Krach gegen
have none from the beginner's mistakes made that they with noise against

was angerannt sind oder daß ihnen ein Schuh hingepoltert ist, nein, in
what ran are or that them a shoe thumped down is no in
something

aller Stille sind sie die vier Stockwerke hochgepinschert. Also, sie haben
all quiet are they the four floors sneaked up Thus they have

ein feines Stück Treppenarbeit geleistet, obwohl sie doch beide keine
a delicate piece (of) stair work accomplished although they indeed both no

richtigen Ganoven sind und obwohl sie sich beide in ziemlicher
true ganoven are and although they themselves both in quite a
burglars

Aufregung befinden, der eine besonders wegen des gefüllten
(state of) excitement locate the one particularly because of of the filled
find

Gänsehalses, der andere wegen der Beute und der Persickes.
goose neck, the other because of the booty and the Persickes.

Das mit der Tür von der Rosenthal hat sich der Borkhausen
That with the door from the Rosenthal has himself the Borkhausen

hundertmal schwieriger vorgestellt, nur ins Schloß gezogen ist sie,
(a) hundred times more difficult imagined, only in the lock pulled is she,

ganz einfach aufzumachen, nicht mal abgeschlossen. Was das für 'ne
completely simply to open, not once even closed off. What that for a

leichtsinnige Frau ist, wo sie doch als Jüdin besonders vorsichtig sein
reckless woman is, where she indeed as Jew particularly careful be

müßte! So sind die beiden in die Wohnung gekommen, sie wissen nicht
must! So are the both in the house come, they know not

mal wie, so schnell ging das.
once how, so fast went that.

Dann hat der Borkhausen ganz ungeniert auf dem Flur Licht gemacht;
Then has the Borkhausen completely unabashedly on the hall light made;

er ist jetzt ganz ungeniert gewesen, und: »Wenn die olle
he is now completely unabashed been, and: If the old

Judensau quiekt, hau ich ihr einfach eines vor den Deez!« hat er
Jewish-female pig squeaks, chop I her simply one before the mug face has he

verkündet, genau wie er's am Vormittag dem Baldur Persicke angekündigt
announced, exactly how he it at the morning the Baldur Persicke announced

hat. Sie hat aber nicht gequiekt. So haben sie sich zuerst mal in
has. She has however not squeaked. So have they themselves first once in

aller Ruhe auf dem kleinen Flur umgesehen, der ziemlich vollgestanden
all rest on the small hall around seen, which rather stood full

hat mit Möbeln und Koffern und Kisten. Nun ja, die Rosenthals haben
has with furnitures and suitcases and chests. Now yes, the Rosenthal's have

ja eine große Wohnung bei ihrem Laden gehabt, und wenn man da
yes indeed a large house at her shop had, and when one there

so plötzlich raus muß und kriegt nur zwei Stuben mit Kammer und
so suddenly out must and gets only two rooms with room and

Küche, so quillt das ziemlich über, nicht wahr? Das muß man verstehen.
kitchen so flows that rather over not true That must one understand

Es hat ihnen in den Fingern gezuckt, schon jetzt mit Stöbern und
It has them in the fingers twitched already now with rummaging and

Nachsuchen und Packen anzufangen, aber der Borkhausen fand es dann
after-searching and packing to start but the Borkhausen found it then

doch richtiger, sich erst einmal nach der Rosenthal umzusehen und
indeed more right himself first once to the Rosenthal around to look and
      better

der ein Tuch vor den Mund zu binden, damit es keine
that one a cloth before the mouth to bind there-with it no

Schwierigkeiten gibt. In der Stube hat's so vollgestanden, daß man
difficulties gives In the (living) room had it so stood full that one

sich kaum hat rühren können, und sie haben schon begriffen, was hier
himself hardly has move been able and they have already understood what here

steht, schaffen sie beide auch in zehn Nächten nicht weg, sie können
stands create she both also in ten nights not away they can
      work

sich nur das Beste aussuchen. In der andern Stube hat's nicht
themselves only the best out-search In the other room had it not
            select

anders ausgesehen und in der Kammer auch so. Nur keine Rosenthal
different looked and in the (bed) chamber also so Only no Rosenthal

haben sie gefunden, das Bett ist unberührt gewesen. Der Ordnung halber
have they found the bed is untouched been The order half

hat der Borkhausen noch in der Küche und in der Toilette nachgesehen,
has the Borkhausen still in the kitchen and in the toilet checked

aber die Frau ist nicht dagewesen, und das ist das, was man Massel
but the woman is not had been there and that is that what one luck
         has   (Yiddish)

nennt, denn es spart Scherereien und erleichtert die Arbeit gewaltig.
calls then it saves trouble and lightened the work enormously

Der Borkhausen ist in die erste Stube zurückgegangen und hat mit
The Borkhausen is in the first room gone back and has with

Kramen angefangen. Er hat gar nicht gemerkt, daß ihm sein Kumpel,
rummaging started He has at all not noticed that him his comrade

der Enno, verlorengegangen ist. Der hat in der Speisekammer gestanden
the Enno lost gone is That one has in the pantry stood

und ist bitterlich enttäuscht gewesen, daß es da keinen gefüllten
and is bitterly disappointed been that it there no filled

Gänsehals gegeben hat, sondern nur ein paar Bollen und ein halbes Brot.
goose neck given has but only a few bulbs and a half bread
been

Aber er hat doch mit Essen angefangen, hat sich die Bollen in
But he has indeed with eating started has himself the bulbs in

Scheiben geschnitten und hat sie aufs Brot gepackt, und auch das hat
slices cut and has them on the bread packed and also that has
laid

ihm nach seiner Hungerei gut geschmeckt.
him after his hunger good tasted

Wie Enno Kluge da aber so rumgekaut hat, ist sein Blick aufs
As Enno Kluge there however so round chewed has is his glance on the

untere Abteil des Regals gefallen, und er hat plötzlich gesehen, die
lower compartment of the shelves fallen and he has suddenly seen the

Rosenthals, wenn sie auch nichts mehr zu beißen haben, zu trinken
Rosenthals when they also nothing (any)more to bite have to drink

haben sie doch noch. Denn da unten im Regal haben Flaschen über
have they indeed still Then there under in the shelf have bottles over

Flaschen gestanden, Wein und auch Schnaps. Der Enno, der in allem
bottles stood wine and also schnapps The Enno who in all

immer ein mäßiger Mensch war, wenn's nicht grade um Pferdewetten
always a more moderate human was if it not right for horse betting

ging, hat sich eine Flasche Süßwein geschnappt und zuerst dann und
went has himself a bottle (of) sweet wine snapped and first then and
opened

wann seine Zwiebelstullen mit Süßwein angefeuchtet. Aber weiß der
when his onion bulbs with sweet wine moistened But knows the

Himmel, wie das gekommen ist, plötzlich ist ihm das labbrige Gesöff
heaven how that come is suddenly is him the halfharted boozing

zuwider gewesen, ihm, dem Enno, der sonst drei Stunden hinter
unpleasant been him the Enno who otherwise three hours behind

demselben Glas Bier hocken konnte. Jetzt hat er sich eine Flasche
the same glass (of) beer crouch could Now has he himself a bottle

Kognak aufgemacht und rasch hintereinander ein paar Schlucke
(of) cognac opened and quickly behind each other a few gulps

genommen, die halbe Flasche hat er in fünf Minuten leer gemacht.
taken the half bottle has he in five minutes empty made

Vielleicht ist's der Hunger gewesen oder die Aufregung, was ihn so
Perhaps is it the hunger been or the (state of) excitement what him so

verändert hat. Das Essen hat er ganz aufgegeben.
changed has The food has he completely given up

Dann hat ihn auch der Schnaps nicht mehr interessiert, und er ist den
Then has him also the schnapps not (any)more interested and he is the

Borkhausen suchen gegangen. Der hat noch immer in der großen Stube
Borkhausen search gone That one has still always in the large room

gestöbert, hat die Schränke und die Koffer aufgemacht, und was drin
rummaged has the cupboards and the suitcases opened and what there in

verpackt war, auf die Erde geschmissen, immer auf der Suche nach
packed up was on the earth thrown always on the search to

etwas Besserem.
something better

»Junge, Junge, die haben wohl ihren ganzen Wäscheladen mitgenommen!«
Boy boy those have well their whole laundry store taken away

hat Enno ganz überwältigt gesagt.
has Enno completely overwhelmed said

»Red nicht, hilf lieber!« ist des Borkhausens Antwort gewesen.
Talk not help rather is from the Borkhausen's answer been

»Bestimmt ist hier noch Schmuck versteckt und Geld – das waren doch
Certainly is here still jewelry hidden and money – that were indeed

früher reiche Leute, die Rosenthals, Millionäre – und du hast von faulen
before rich people the Rosenthals millionaires – and you have from rotten

Fischen geredet, Ochse, der du bist!«
fish talked ox that you are

Eine Weile haben die beiden schweigend gearbeitet, das heißt, sie haben immer mehr auf die Erde gerissen, und die hat mit Kleidern und Wäsche und Gerät schon so voll gelegen, daß sie mit ihren Schuhen drauf rumgetreten sind. Dann hat Enno, der vom Schnaps ganz benommen war, gesagt: »Ich seh nichts mehr. Ich muß mir erst 'nen klaren Kopf trinken. Hol mal ein bißchen Kognak aus der Speisekammer, Emil!«

Der Borkhausen ist ohne Widerrede gegangen und mit zwei Flaschen Schnaps zurückgekommen, und da haben sie sich denn einträchtig zusammen auf die Wäsche gesetzt, haben einen Schluck um den andern getrunken und den Fall ernsthaft und gründlich diskutiert.

»Das ist klar, Borkhausen, den ganzen Kram kriegen wir so schnell nicht weg, und zu lange wollen wir hier auch nicht sitzen. Ich denke, jeder von uns nimmt sich zwei Koffer, und damit hauen wir erst mal ab. Ich denke, morgen abend kommt wieder 'ne andere Nacht!«

»Recht haste, Enno, zu lange will ich hier nicht sitzen, schon wegen

der Persickes.«
the   Persickes

»Wer ist denn das?«
Who is then that

»Ach, so Leute ... Aber wenn ich denke, ich haue mit zwei Koffern voll
Oh so people   But when I think, I hew with two suitcases full
                                                 haul

    Wäsche   ab und lasse hier einen Koffer mit Geld und Schmuck
(of) washclothing off and let here a   suitcase with money and jewelry

stehen, dann möchte ich mir selbst den Kopf abbeißen. Ein bißchen
stand then may I me himself the head bite off A bit

mußte mich noch suchen lassen. Prost, Enno!«
must you me still search let Cheers Enno

»Prost, Emil! Warum sollste nich noch ein bißchen suchen? Die Nacht ist
Cheers Emil Why shall you not still a bit search The night is

lang, und wir bezahlen die Lichtrechnung doch nicht. Aber was ich dich
long and we pay the light bill indeed not But what I you

fragen wollte: Wo willst du denn mit deinen Koffern hin?«
ask wanted Where want you then with your suitcases to

»Wieso? Was meinste denn damit, Enno?«
How so What mean you then there-with Enno

»Na, wo du die hinbringen willst? Wohl in deine Wohnung?«
Now where you them to bring want Well in your flat

»Na, denkste, ich schaff sie aufs Fundamt? Klar schaff ich die in
Now you think I create them on the found bureau Clear create I them in
        bring   lost and found bring

meine Wohnung, bei meine Otti. Und morgen früh nischt wie ab damit
my house at my Otti And tomorrow early nuthin' as off there-with
                                        nichts

in die Münzstraße und die ganze Sore verscheuert, damit der Vogel
in the Münzstrasse and the whole sore chipped away there-with the bird

wieder zwitschert!«
again chirps

Enno rieb den Korken am Flaschenhals. »Hör mal lieber, wie der Vogel
Enno rubbed the cork at the bottle neck Hear once rather how the bird
                                        indeed

zwitschert! Prost, Emil! Ich, wenn ich du wäre, ich machte das nicht
chirps Cheers Emil I when I you would be I made that not

wie du, in die Wohnung und überhaupt bei die Frau – was braucht die
as you in the house and at all at the woman – what needs the

Frau von deinen Nebeneinnahmen zu wissen? Nein, ich, wenn ich du
woman from your additional income to know No I when I you

wäre, ich machte es wie ich, nämlich, ich gäbe die Koffer auf dem
would be I made it as I namely I gave the suitcases on the

Stettiner in die Gepäckaufbewahrung, und den Hinterlegungsschein,
Stettiner (street) in the luggage storage and the depository note

den schickte ich mir selbst, aber postlagernd. Dann könnte nie was
that one sent I my self but in stock Then could never what something

bei mir gefunden werden, und keiner könnte mir was beweisen.«
at me found become and none could me what something prove

»Das hast du dir nicht unflott ausgedacht, Enno«, sagte Borkhausen
That have you yourself not unfast made up Enno said Borkhausen

beifällig. »Und wann holste dir den Kram wieder?«
approving And when fetch you you the stuff again

»Na, wenn die Luft rein ist, Emil, denn doch!«
Now when the air clean is Emil then indeed

»Und wovon lebste solange?«
And where-from live you so long / in the meantime

»Na, ich hab dir doch gesagt, ich gehe bei die Tutti. Wenn ich der
Now I have you indeed said I go at the Tutti When I that one

erzähle, was ich für 'n Ding gedreht habe, nimmt sie mich liebend mit
relate what I for a thing turned have takes she me lovingly with

beiden Backen auf!«
both bakes up

»Gut, sehr gut!« stimmte Borkhausen zu. »Und wenn du auf den Stettiner
Good very well voiced / agreed borkhausen -to- And when you on the Stettiner

gehst, mach ich auf den Anhalter. Weißte, das fällt weniger auf!«
goes make I on the ANhalter Know you that falls less up / in the eye

»Auch nicht schlecht ausgedacht, Emil, hast auch ein helles Köpfchen!«

»Man kommt unter Leute«, sagte Borkhausen bescheiden. »Man hört dies

und das. Der Mensch ist wie 'ne Kuh, er lernt immer noch zu.«

»Recht haste! Na, dann prost, Emil!«

»Prost, Enno!«

Eine Weile lang betrachteten sie sich schweigend, mit wohlgefälligem

Auge, und nahmen ab und zu einen. Dann sagte Borkhausen: »Wenn du

dich umdrehst, Enno, es braucht aber nicht gleich zu sein, hinter

dir steht ein Radio, der hat mindestens seine zehn Röhren. Den

möchte ich mir gerne einpacken.«

»Das mach, das tu, Emil! Radio ist immer gut, zum Behalten und zum

Verkaufen! Immer ist Radio gut!«

»Na, denn wollen wir mal sehen, ob wir das Ding in einen Koffer

verstauen können, und dann stopfen wir Wäsche rundherum.«

»Soll das gleich sein, oder trinken wir noch einen vorher?«

»Einen können wir vorher noch genehmigen, Enno. Aber nur einen!«

Also genehmigten sie einen und einen zweiten und einen dritten, und
Thus approved they one and a second and a third and

dann kamen sie langsam auf die Beine und mühten sich damit
then came they slowly on the legs and troubled themselves there-with

ab, einen großen Zehn-Röhren-Radioapparat in einen Handkoffer zu packen,
off a large ten-tube radio in a suitcase to get

der einen Volksempfänger gefaßt hätte. Nach einer Weile angestrengten
which a people's receiver taken had After a while strained

Arbeitens sagte Enno: »Es geht nich und es geht nich! Laß den ollen
work said Enno It goes not and it goes not Let the old

Scheißradio doch sein, Emil, nimm lieber 'nen Koffer mit Anzügen!«
shitty radio indeed be Emil take rather a suitcases with suits

»Meine Otti hört aber gerne Radio!«
My Otti hears however gladly radio

»Ich denke, du willst deiner Ollen von dem ganzen Geschäft nichts
I think you want your old (one) from the whole business nothing

erzählen? Du bist ja blau, Emil!«
tell You are yes blue Emil
indeed drunk

»Und du und deine Tutti? Ihr seid ja alle beide blau! Wo haste
And you and your Tutti You are yes all both blue Where have you
indeed

denn deine Tutti?«
then your Tutti

»Die zwitschert! Ich sage dir, und wie die zwitschert!« Und er reibt
That one chirps I say you and how that one chirps And he rubs

wieder den feuchten Korken am Flaschenhals. »Nehmen wir noch einen!«
again the wet cork at the bottle neck Take we still one

»Prost, Enno!«
Cheers Enno

Sie trinken, und Borkhausen fährt dann fort: »Aber den Radio, den
They drink and Borkhausen drives then away But the radio that one
goes on

möchte ich doch mitnehmen. Wenn das olle Dings durchaus nicht in den
may I indeed take along When the old thing throughout not in the
at all

Koffer rein will, häng ich mir den Kasten mit einem Strick vor
suitcase there in wants hang I myself the box with a rope before
put

die Brust. Dann habe ich die Hände immer noch frei.«
the breast Then have I the hands always still free

»Das mach, Mensch. Na, denn wollen wir mal zusammenpacken!«
That make human Now then want we once pack up
Do that

»Ja, das wollen wir. Wird Zeit!«
Yes that want we Becomes time

Aber sie bleiben beide stehen und starren einander blöde grinsend an.
But they stay both stand and stare each other stupid grinning on

»Wenn man denkt«, fängt Borkhausen dann wieder an, »es ist doch ein
If one thinks catches Borkhausen then again -on- it is indeed a
starts

schönes Leben. All diese guten Sachen hier«, er nickt, »und wir können
beautiful life All these good things here he nods and we can

uns nehmen, was wir wollen, und tun noch direkt ein gutes Werk, wenn
us take what we want and do still directly a good work when

wir's so 'ner Jüdschen fortnehmen, die doch alles gestohlen hat
we it (from) so a Jewish woman take away who indeed everything stolen has

…«

»Da haste recht, Emil – ein gutes Werk tun wir, am deutschen Volk
There have you right Emil – a good work do we at the German people

und unserm Führer. Das sind die guten Zeiten, wo er uns versprochen
and our leader Those are the good times where he us promised

hat.«
has

»Und unser Führer hält Wort, der hält Wort, Enno!«
And our leader keeps word that one keeps word Enno

Sie betrachten sich gerührt, Tränen in den Augen.
They regard each other touched tears in the eyes

»Was macht ihr denn hier, ihr beide?« klingt eine scharfe Stimme von
What make you then here you both sounds a sharp voice from
do

der Tür her.
the door away

Sie fahren zusammen und erblicken einen kleinen Burschen in brauner
They drive together and catch sight of a small lad in brown
hunch

Uniform.
uniform

Dann nickt Borkhausen dem Enno langsam und traurig zu: »Das ist der
Then nods Borkhausen the Enno slowly and sad at That is the

Herr Baldur Persicke, von dem ich dir gesagt habe, Enno! Jetzt kommen
Mr Baldur Persicke from which I you told have Enno Now come

die Schwierigkeiten!«
the difficulties

Kleine Überraschungen
Little Surprises

Während die beiden Betrunkenen so miteinander sprechen, hat sich der
While the both drunk (men) so with each other speak has himself the

ganze männliche Teil der Familie Persicke in der Stube versammelt.
whole male part of the family Persicke in the (living) room gathered

Zunächst dem Enno und Emil steht der kleine, drahtige Baldur, die Augen
Next to the Enno and Emil stands the little wiry Baldur the eyes

funkelnd hinter der scharf geschliffenen Brille, kurz hinter ihm die beiden
flashing behind the sharp ground glasses short behind him the both

Brüder in ihren schwarzen SS-Uniformen, aber ohne Mützen, und nahe
brothers in their black SS uniforms but without hat and close

der Tür, als traue er dem Frieden nicht ganz, der alte Exkneipier
(of) the door as trust he the peace not completely the old Ex-bar owner

Persicke. Auch die Familie Persicke ist alkoholisiert, aber bei ihr hat der
Persicke Also the family Persicke is alcoholized but with her has the

Schnaps eine wesentlich andere Wirkung gehabt als bei den beiden
schnapps an essentially other effect had as with the both

Einbrechern. Sie sind nicht so rührselig, dumm und vergeßlich geworden,
burglars They are not so maudlin stupid and forgetful become

sondern die Persickes sind noch schärfer, noch gieriger, noch brutaler als
but the Persickes are even sharper even greedier even more brutal as

in ihrem Normalzustand.
in their normal condition

Baldur Persicke fragt scharf:
Baldur Persicke asks sharply

»Nun, wird's bald? Was macht ihr beide hier? Oder ist das etwa eure
Now will it be soon What make you both here Or is that about your
              do   maybe

Wohnung?«
flat

»Aber Herr Persicke!« sagt Borkhausen mit klagender Stimme.
But Mr. Persicke says Borkhausen with plaintive voice

Baldur tut, als erkenne er den Mann erst jetzt. »Aber das ist ja der
Baldur does as recognize he the man first now But that is yes the
acts indeed

Borkhausen aus der Kellerwohnung im Hinterhaus!« ruft er ganz
Borkhausen from the basement apartment in the back-house calls he completely

erstaunt seinen Brüdern zu. »Aber Herr Borkhausen, was machen Sie denn
astonished his brothers to But Mr Borkhausen what make you then
do

hier?« Sein Erstaunen wandelt sich in Spott. »Wär's nicht besser, Sie
here His astonishment changes himself in ridicule Would it be not better you

kümmerten sich – zumal mitten in der Nacht – ein bißchen um Ihre
took care yourself - since middle in the night - a bit for your

Frau, das gute Ottichen? Ich habe so was gehört, es werden da Feste
wife the good little Otti I have so what heard it become there parties
there

mit besseren Herren gefeiert, und Ihre Kinder sollen noch am späten
with better gentlemen celebrated and her children should still at the late

Abend betrunken auf dem Hof herumgetorkelt sein. Bringen Sie die
evening drunk on the court stumbled around be Bring you the

Kinder zu Bett, Herr Borkhausen!«
children to bed Mr Borkhausen

»Schwierigkeiten!« murmelt der. »Ich hab's gleich gewußt, wie ich
Difficulties mumbles that one I have it immediately known as I
Trouble

die Brillenschlange sah: Schwierigkeiten.« Er nickt Enno noch einmal traurig
the glasses snake saw difficulties He nods Enno still once sad
trouble

zu.
to

Enno Kluge steht ganz blöde da. Er schwankt leise auf seinen Füßen
Enno Kluge stands completely stupid there He sways softly on his feet

hin und her, hält die Kognakbuddel in der schlaff niederhängenden Hand
to and fro holds the cognac bottle in the limp down hanging hand

und versteht kein Wort von dem, was gesprochen wird.
and understands no word from that what spoken becomes

Borkhausen wendet sich wieder an Baldur Persicke. Sein Ton ist nicht
Borkhausen turns himself again on Baldur Persicke His tone is not

mehr so klagend wie anklagend, er ist plötzlich tief gekränkt.
(any)more so complaining as accusatory he is suddenly deeply hurt

»Wenn meine Frau was tut, was nicht recht ist«, sagt er, »so
If my wife what does what not right is says he so
something that

verantworte ich das, Herr Persicke. Ich bin der Gatte und Vater –
am responsible I (for) that Mr Persicke I am the spouse and father –

nach dem Gesetz. Und wenn meine Kinder besoffen sind, Sie sind auch
after the law And when my children drunk are you are also

besoffen, und Sie sind auch noch ein Kind, jawohl, das sind Sie, Mensch!«
drunk and you are also still a child yes that are you human

Er sieht Baldur zornig an, und Baldur starrt funkelnd zurück. Dann macht
He sees Baldur angrily on and Baldur stares flashing back Then makes

er seinen Brüdern ein unmerkliches Zeichen, sich bereitzuhalten.
he his brothers an imperceptible sign themselves ready to keep

»Und was machen Sie hier in der Wohnung von der Rosenthal?« fragt
And what make you here in the house from the Rosenthal asks
do

der jüngste Persicke dann scharf.
the youngest Persicke then sharp

»Aber ganz nach Verabredung!« versichert Borkhausen jetzt eifrig.
But completely to agreement assures Borkhausen now zealously

»Alles wie verabredet. Ich und mein Freund, wir gehen jetzt gleich.
Everything as arranged I and my friend we go now immediately

Wir wollten eigentlich schon gehen. Er auf den Stettiner; ich auf den
We wanted actually already go He on the Stettiner (street) I on the

Anhalter. Jeder zwei Koffer, für Sie bleibt genug.«
Anhalter Each two suitcases for you remains enough

Er murmelt die letzten Worte nur, er ist halb im Eindösen.
He mumbles the last words only he is half in the dozing off

Baldur betrachtet ihn aufmerksam. Es geht vielleicht ohne alle
Baldur considers him attentively it goes perhaps without all

Gewalttätigkeit, die beiden Kerls sind ja so blöde besoffen. Aber seine
violence the both guys are yes so stupidly drunk But his
indeed

Vorsicht warnt ihn. Er faßt den Borkhausen bei der Schulter und fragt
attention warns him He grabs the Borkhausen at the shoulder and asks

scharf: »Und was ist das für ein Mann? Wie heißt der?«
sharp And what is that for a man How is called that one

»Enno!« antwortet Borkhausen mit schwerer Zunge. »Mein Freund Enno ...«
Enno answers Borkhausen with heavy tongue My friend Enno

»Und wo wohnt dein Freund Enno?«
And where lives your friend Enno

»Weiß nicht, Herr Persicke. Nur aus der Kneipe. Stehbierfreund. Lokal:
Know not Mr Persicke Only from the pub Standing beer friend Pub

Ferner liefen ...«
Further Running

Baldur hat sich entschieden. Er stößt plötzlich dem Borkhausen die Faust
Baldur has himself decided He kicks suddenly the Borkhausen the fist

gegen die Brust, daß der mit einem leisen Schrei hinterrücks auf die
against the breast that that one with a soft cry backwards on the

Möbel und die Wäsche fällt. »Schwein, verfluchtes!« brüllt er. »Wie kannst
furniture and the wash falls Swine cursed roars he How can
clothing

du zu mir Brillenschlange sagen? Ich werde dir zeigen, was ich für ein
you to me glasses snake say I will you show what I for a

Kind bin!«
child am

Aber sein Schimpfen ist schon nutzlos geworden, die beiden hören ihn
But his scolding is already useless become the both hear him

nicht mehr. Die beiden SS-Brüder sind schon zugesprungen und haben
not (any)more The both SS brothers are already jumped to and have
jumped forward

jeden mit einem brutal geführten Schlag erledigt.
each with a brutally led/carried strike finished

»So!« sagt Baldur befriedigt. »In einer kleinen Stunde liefern wir die
So says Baldur satisfied In a small hour deliver we the

beiden als ertappte Einbrecher bei der Polizei ab. Unterdes
both as caught housebreakers at the police -off- Under-that/Meanwhile

räumen wir runter, was wir gebrauchen können. Aber leise auf den
clean we down what we use can But softly on the

Treppen! Ich habe gelauscht, aber ich habe nicht gehört, daß der alte
stairs I have listened but I have not heard that the old

Quangel von seiner Spätschicht nach Haus gekommen ist.«
Quangel from his late shift to house come is

Die beiden Brüder nicken. Baldur sieht erst auf die betäubten, blutigen
The both brothers nodded Baldur sees first on the numbed bloody

Opfer, dann auf alle die Koffer, die Wäsche, den Radioapparat. Plötzlich
victim then on all the suitcases the wash/clothing the radio Suddenly

lächelt er. Er wendet sich zum Vater: »Na, Vater, wie habe ich das
smiles he He turns himself to the father Now father how have I the

Ding gedreht? Du mit deiner ewigen Angst! Siehst du ...«
thing turned You with your eternal fear See you

Aber er spricht nicht weiter. In der Tür steht nicht, wie erwartet, der
But he speaks not further In the door stands not as expected the

Vater, sondern der Vater ist verschwunden, spurlos weg. Statt seiner
father but the father is disappeared without a trace away Instead of his

steht dort der Werkmeister Quangel, dieser Mann mit dem scharfen,
stands there the work-master/foreman Quangel this man with the sharp

kalten Vogelgesicht, und sieht ihn mit seinen dunklen Augen schweigend
cold bird-face and sees/looks him with his dark eyes in silence

an.
on
at

Als Otto Quangel von seiner Spätschicht nach Haus ging – er hatte,
As Otto Quangel from his late shift to house went – he had

obwohl es wegen des Rückstandes sehr spät geworden war, keine
although it because of of the backstand/backlog very late become was no

Elektrische genommen, den Groschen konnte er sparen –, da hatte er,
electrical/tram taken that dime could he spare –, there had he

vor dem Hause angekommen, gesehen, daß trotz des
before the house arrived seen that despite of the

Verdunklungsbefehls in der Wohnung der Frau Rosenthal Licht brannte.
blackout command in the house of the woman Rosenthal light burned

Und bei näherem Zusehen hatte er festgestellt, daß auch bei den
And at closer to-seeing/check had he detected that also at the

Persickes und darunter bei Fromm Licht war, es schimmerte an den
Persickes and there-under at Fromm light was it shimmered on the

Rändern der Rouleaus. Beim Kammergerichtsrat Fromm, von dem man
edges of the rouleaus With the chamber judge Fromm from whom one

nicht genau wußte, ob er 33 seines Alters oder der Nazis wegen in
not exactly knew whether he 33/1933 of his age or the Nazi's because of in

Pension gegangen war, brannte stets die halbe Nacht Licht, bei dem
pension gone was burned all the time the half night light at that one

war es nicht verwunderlich. Und Persickes feierten wohl noch immer den
was it not surprising And Persickes celebrated well still always the

Sieg über Frankreich. Aber daß die alte Rosenthal Licht brannte, und das
victory over France But that the old Rosenthal light burned and the

offen in allen Fenstern, da stimmte etwas nicht. Die alte Frau war
open in all windows there was right something not The old woman was

so ängstlich und verschüchtert, die würde nie ihre Wohnung so
so fearful/anxious and intimidated that one would never her house so

illuminieren.
illuminate

Da stimmt was nicht! dachte Otto Quangel, während er die
There is right something not thought Otto Quangel while he the

Haustür aufschloß und langsam anfing, die Treppen hinaufzusteigen. Er
house door / unlocked / and / slowly / began / the / stairs / to climb up / He

hatte es wie immer unterlassen, das Licht einzuschalten, er war nicht nur
had / it / as / always / under-left refrained from / the / light / to turn on / he / was / not / only

für sich sparsam, das heißt genau: Er war es für alle, auch für den
for / himself / sparingly / that / means / exactly / He / was / it / for / everyone / also / for / the

Hauswirt. Da stimmt was nicht! Aber was geht es mich an? Die
house host landlord / There / is right / something / not / But / what / goes / it / me / on / The

Leute gehen mich gar nichts an! Ich lebe für mich allein. Mit der Anna.
people / go / me / at all / nothing / on / I / live / for / me / alone / With / the / Anna

Nur wir beide. Außerdem macht vielleicht die Gestapo da oben gerade
Only / we / both / In addition / makes / perhaps / the / Gestapo / there / above / just

Haussuchung. Hübsch, wenn ich da reinplatze! Nein, ich gehe schlafen
house search / Handsome / when / I / there / inside explode in march / No / I / go / to sleep

...

Aber der durch den Vorwurf »Du und dein Hitler« so verstärkte Sinn
But / the / through / the / accusation / You / and / your / Hitler / so / reinforced / mind

für Genauigkeit, den man fast schon Gerechtigkeitssinn nennen konnte,
for / exactness / which / one / almost / already / sense of justice / call / could

fand dies Ergebnis seiner Überlegungen doch recht dürftig. Er stand jetzt
found / this / result / of his / considerations / indeed / right / poor / He / stood / now

wartend, die Schlüssel in der Hand, vor seiner Wohnungstür, den Kopf
waiting / the / key / in / the / hand / before / his / apartment door / the / head

nach oben gedreht. Die Tür mußte dort offenstehen, es war eine
to / above / turned / The / door / must / there / open-stand be open / it / was / a

dämmrige Helle da oben, auch hörte er eine scharfe Stimme
dim / brightness / there / above / also / heard / he / a / sharp / voice

sprechen. Eine alte Frau ganz für sich allein, dachte er plötzlich zu
speak / An / old / woman / completely / for / himself / alone / thought / he / suddenly / to

seiner eigenen Überraschung. Ohne jeden Schutz. Ohne Gnade ...
his / own / surprise / Without / each any / protection / Without / mercy

In diesem Augenblick war es, daß eine kleine, doch kräftige Männerhand
In this moment was it that a little indeed strong male hand

ihn aus dem Dunkel heraus an der Brust faßte und gegen die Treppe
him from the dark out on the chest gripped and against the stairs

hin drehte. Eine sehr höfliche, gepflegte Stimme sagte dazu: »Gehen Sie
away turned A very polite well-kept voice said there-to Go you

bitte voraus, Herr Quangel. Ich folge und tauche im passenden
please in front Mr Quangel I follow and dive in the suitable
turn

Augenblick auf.«
moment up

Ohne zu zögern, ging Quangel nun die Treppe hinauf, eine solche
Without to hesitate went Quangel now the stairs up a such

überredende Gewalt hatte in dieser Hand und in dieser Stimme gelegen.
persuasive violence had in this hand and in this voice lied
force

Das kann nur der alte Rat Fromm gewesen sein, dachte er. So ein
That can only the old councilor Fromm been be thought he So a

Heimlicher. Ich glaube, ich habe ihn in all den Jahren, die ich hier
secret (one) I believe I have him in all the years which I here

wohne, keine zwanzigmal bei Tage gesehen, und nun kriecht er hier zur
live no twenty times at day seen (have) and now creeps he here at the

Nachtzeit auf den Treppen herum!
night time on the stairs around

Während er so dachte, war er, ohne zu zögern, die Treppe
While he so thought was he without to hesitate the stairs

hinaufgestiegen und in der Rosenthalschen Wohnung angelangt. Er hatte
up risen and in the of Rosenthal's house arrived He had
mounted

noch gesehen, wie sich bei seinem Erscheinen eine dickliche Gestalt –
still seen how himself at his appearance a plump shape –

wohl der alte Persicke – überstürzt in die Küche zurückzog, er hatte
well the old Persicke – over-rushed in the kitchen withdrew he had
hastily

auch noch die letzten Worte Baldurs gehört von dem Ding, das gedreht
also still the last words of Baldur heard from the thing that turned

worden war, und daß man nicht ewig Angst haben sollte ... Nun
become was and that one not eternally fear have should Now

standen sich die beiden, Quangel und Baldur, schweigend Auge in
stood themselves the both Quangel and Baldur in silence eye in to

Auge gegenüber.
eye opposite

Einen Augenblick glaubte selbst Baldur Persicke alles verloren. Aber
One moment believed himself Baldur Persicke everything lost But

dann besann er sich auf einen seiner Lebensgrundsätze: Frechheit siegt,
then re-thought he himself on one his principles of life Impudence wins

und sagte etwas herausfordernd: »Ja, da staunen Sie! Aber Sie sind
and said something challenging Yes there amaze you But you are

ein bißchen zu spät gekommen, Herr Quangel, wir haben die Einbrecher
a bit too late come Mr Quangel we have the in-breaker burglar

erwischt und unschädlich gemacht.« Er machte eine Pause, aber Quangel
caught and harmless made He made a pause but Quangel

schwieg. Etwas matter setzte Baldur hinzu: »Einer von den beiden
was silent something more dull set Baldur there-to One of the both

Raben scheint übrigens der Borkhausen zu sein, der hier bei uns auf dem
ravens seems by the way the Borkhausen to be who here at us on the

Hofe eine Nuttenwirtschaft duldet.«
courtyard a hooker economy tolerates

Quangels Blick folgte Baldurs weisendem Finger. »Ja«, sagte er trocken,
Quangel's glance followed Baldur's pointing finger Yes said he dry

»einer von den Raben ist der Borkhausen.«
One of the ravens is the Borkhausen

»Und überhaupt«, ließ sich plötzlich ganz unerwartet der SS-Bruder
And at all let himself suddenly completely unexpected the SS brother

Adolf Persicke vernehmen, »was stehen Sie hier und starren bloß? Sie
Adolf Persicke hear what stand you here and stare just You

könnten ganz ruhig auf das Revier gehen, Quangel, und den Einbruch
could completely calm on the district go Quangel and the burglary

melden, damit die hier die Brüder abholen! Wir passen unterdes auf!«

»Stille biste, Adolf!« zischte Baldur ärgerlich. »Du hast dem Herrn Quangel gar keine Befehle zu geben! Herr Quangel weiß schon, was er zu tun hat.«

Aber gerade das wußte Quangel in diesem Augenblick nicht. Wäre er für sich allein gewesen, er hätte sofort einen Entschluß gefaßt. Aber da war diese Hand an seiner Brust, diese höfliche Männerstimme gewesen; er ahnte nicht, was der alte Kammergerichtsrat vorhatte, was er von ihm erwartete. Er wollte ihm sein Spiel nicht verderben. Wenn er nur wüßte ...

Aber gerade in diesem Augenblick tauchte der alte Herr auf der Bildfläche auf, nicht, wie Quangel erwartet hatte, neben ihm, sondern aus dem Innern der Wohnung kommend. Plötzlich stand er wie eine Geistererscheinung zwischen ihnen und jagte den Persickes einen neuen, noch größeren Schrecken ein.

Er sah übrigens höchst seltsam aus, der alte Herr. Die zierliche,
He saw by the way most high / most strangely from the old gentleman The delicate

kaum mittelgroße Gestalt war ganz in einen seidenen, schwarzblauen
hardly medium sized shape was completely in a silk black-blue

Schlafrock gehüllt, dessen Kanten mit roter Seide eingefaßt waren und
nightgown wrapped whose edges with red silk bordered were and

der mit großen roten Holzknöpfen geschlossen war. Der alte Herr
which with large red wooden buttons closed was The old gentleman

trug einen eisgrauen Kinnbart und einen stark gestutzten Bart auf der
carried an ice gray goatee and a strong trimmed beard on the

Oberlippe. Das sehr dünne, noch bräunliche Kopfhaar war sorgfältig über
upper lip The very thin still brownish scalp hair was carefully over

den bleichen Schädel frisiert, konnte aber die Blöße nicht ganz
the pale skull styled could however the nakedness not completely

verdecken. Hinter der schmalen, goldgefaßten Brille funkelten vergnügte,
cover up Behind the narrow gold-set glasses sparkled hilarious

spöttische Augen zwischen tausend Fältchen.
mocking eyes between thousand little folds

»Nein, meine Herren«, sagte er zwanglos und schien dadurch eine
No my gentlemen said he casually and seemed there-through / through that a

längst begonnene und alle höchst befriedigende Unterhaltung fortzusetzen.
long started and all most high / most satisfactory conversation to continue

»Nein, meine Herren, Frau Rosenthal ist nicht in der Wohnung. Aber
No my gentlemen Mrs Rosenthal is not in the house But

vielleicht bemüht sich einer der jungen Herren Persicke einmal auf die
perhaps troubles himself one of the young gentlemen Persicke once on the

Toilette. Ihr Herr Vater scheint nicht ganz wohl zu sein. Jedenfalls
toilet Your Mr father seems not completely well to be Anyhow

versucht er ständig, sich mit einem Handtuch dort aufzuhängen. Ich
tried he constantly himself with a hand cloth there to hang up I

konnte ihn nicht davon abbringen ...«
could him not there-from dissuade

Der Kammergerichtsrat lächelt, aber die beiden älteren Persickes verlassen so überstürzt das Zimmer, daß es schon fast komisch anmutet. Der junge Persicke ist jetzt sehr blaß und ganz nüchtern geworden. Der alte Herr, der da eben das Zimmer betreten hat und der mit solcher Ironie spricht, das ist ein Mann, dessen Überlegenheit sogar Baldur ohne weiteres anerkennt. Der tut nicht nur überlegen, der ist es wirklich. Baldur Persicke sagt fast bittend: »Verstehen Sie, Herr Kammergerichtsrat, Vater ist, gradeheraus gesagt, völlig besoffen. Die Kapitulation von Frankreich ...«

»Ich verstehe, ich verstehe vollkommen«, sagt der alte Rat und macht eine beschwichtigende Handbewegung. »Wir sind alle Menschen, nur, daß wir uns nicht gleich alle aufhängen, wenn wir betrunken sind.« Er schweigt einen Augenblick und lächelt. Er sagt: »Er hat natürlich auch alles mögliche geredet, aber wer achtet schon auf das Geschwätz eines Betrunkenen?« Wieder lächelt er.

»Herr Kammergerichtsrat!« sagt Baldur Persicke flehend. »Ich bitte Sie,

nehmen Sie diese Sache in die Hand! Sie sind Richter gewesen, Sie
take you this thing in the hand You are judge been you

wissen, was zu geschehen hat ...«
know what to happen has

»Nein, nein«, sagt der Rat entschieden ablehnend. »Ich bin alt und
No no says the councilor decided rejecting I am old and

krank.« Er sieht aber gar nicht so aus. Im Gegenteil: blühend sieht
ill He looks however at all not so out In the contrary blooming sees
like that looks

er aus. »Und dann lebe ich ganz zurückgezogen, ich habe kaum noch
he -out- And then live i completely withdrawn I have hardly still

Verbindung mit der Welt. Aber Sie, Herr Persicke, Sie und Ihre Familie,
connection with the world But you Mr Persicke you and your family

Sie sind es doch, die die beiden Einbrecher überrascht haben. Sie
you are it indeed who the both burglars surprised have You

übergeben sie der Polizei, Sie stellen das Gut hier in der Wohnung
overgive them (to the police you places the good here in the house
make

sicher. Ich habe mir bei meinem raschen Rundgang eben einen kleinen
sure I have myself at my quick tour just a small
safe

Überblick verschafft. Ich habe zum Beispiel siebzehn Koffer und
overview acquired I have to the example seventeen suitcases and

einundzwanzig Kisten gezählt. Und anderes mehr. Und anderes mehr ...«
twenty-one chests counted And other more And other more

Er hat immer langsamer geredet. Immer langsamer. Nun sagt er leicht:
He has always slower talked Always slower Now says he lightly

»Ich könnte mir denken, daß die Ergreifung der beiden Einbrecher Ihnen
I could me think that the seizure of the both burglars you

und Ihrer Familie noch Ruhm und Ehre eintragen wird.«
and your family still fame and honor carry in will

Der Kammergerichtsrat schweigt. Baldur steht sehr nachdenklich da. So
The chamber judge is silent Baldur stands very thoughtfully there So

kann man es auch machen - was für ein alter Fuchs der Fromm da
can one it also make - what for an old fox the Fromm there
do

ist! Er durchschaut bestimmt alles, sicher hat der Vater gequatscht,
is He sees through definitely everything sure has the father chatted

aber er will seine Ruhe haben, er will nichts von dieser Sache wissen.
but he wants his rest have he wants nothing from this thing know

Von ihm droht keine Gefahr. Und Quangel, der alte Werkmeister?
From him threatens no danger And Quangel the old work-master foreman

Der hat sich nie um jemanden im Haus gekümmert, der hat
That one has himself never for someone in the house cared that one has

nie jemanden gegrüßt, nie mit einem ein Wort gesprochen. Der
never someone greeted never with one a word spoken The someone

Quangel ist so ein richtiger alter Arbeiter, ausgemergelt, ausgepumpt,
Quangel is so a true old worker emaciated pumped out good

der hat keinen eigenen Gedanken mehr im Kopf. Der macht
that one has no own thoughts (any)more in the head That one makes

sich bestimmt nicht unnötig Scherereien. Der ist erst recht
himself identified not unnecessary troubles That one is first right indeed really

gefahrlos.
without danger

Bleiben die beiden blöden Besoffenen, die da liegen. Natürlich kann man
Remain the both stupid drunk(men) who there lie Of course can one

sie der Polizei übergeben und alles ableugnen, was der Borkhausen
them the police overhand and everything deny what the Borkhausen

etwa über Anstiftung erzählt. Dem werden sie bestimmt keinen Glauben
about over incitement tells That one will they definitely no believe
maybe about

schenken, wenn er gegen Angehörige der Partei, der SS und der
give when he against relatives of the (political) party the SS and the

HJ aussagt. Und dann den Fall der Gestapo melden. Da
Hitler-jugend testifies And then the case the gestapo report There

bekommt man vielleicht ganz legal einen Teil dieser Sachen, die man
gets one perhaps completely legal a part of these things which one

sonst	nur	unter	Gefahr	an	sich	bringen	könnte.	Und	hätte	außerdem
otherwise	only	under	danger	on	himself	bring	could	And	had	in addition

Anerkennung	dazu.
recognition	there-to

Ein	verlockender	Weg.	Aber	vielleicht	ist	der	andere	doch	noch	besser,
A	tempting	way	But	perhaps	is	the	other	indeed	still	better

erst	einmal	alles	auf	sich	beruhen	zu	lassen.	Den	Borkhausen	und
first	once	everything	on	himself	rest	to	let	The	Borkhausen	and

diesen	Enno	verpflastern	und	mit	ein	paar	Mark	losschicken.	Die	reden
this	Enno	pave	and	with	a	few	mark {money}	send off	Those	talk

bestimmt	nicht.	Die	Wohnung	abschließen,	wie	sie	ist,	ob	die
definitely	not	The	house	lock off	as	she	is	whether	the

Rosenthal	nun	zurückkommt	oder	nicht.	Vielleicht	ist	später	was	zu
Rosenthal	now	returns	or	not	Perhaps	is	later	what	to

machen	–	er	hat	das	ziemlich	sichere	Gefühl,	der	Kurs	gegen	die	Juden
make do	–	he	has	that	rather	safe	feeling	the	course actions	against	the	Jews

wird	noch	schärfer.	Abwarten	und	Tee	trinken.	In	einem	halben	Jahr
becomes	still	sharper	Off-wait To await	and	tea	drink	In	a	half	year

kann	man	vielleicht	schon	Sachen	machen,	die	heute	noch	nicht	gehen.
can	one	perhaps	already	things	do	which	today	still	not	go

Jetzt	haben	sie,	die	Persickes,	sich	ein	bißchen	viel	Blößen	gegeben.
Now	have	they	the	Persickes	themselves	a	bit	much	bare	given

Man	wird	nicht	grade	gegen	sie	vorgehen,	aber	man	wird	in	der
One	will	not	right away	against	them	proceed	but	one	will	in	the

Partei	über	sie	klatschen.	Sie	werden	nicht	mehr	als	ganz
(political) party	over	them	clap chatter	They	become	not	(any)more	as	completely

zuverlässig	gelten.
reliable	be valid

Baldur	Persicke	sagt:	»Ich	möchte	beinahe	die	beiden	Kerle	laufenlassen.
Baldur	Persicke	says	I	may	almost	the	both	guys	let run

Sie	tun	mir	leid,	Herr	Kammergerichtsrat,	es	sind	doch	bloß	kleine
They	do	me	suffering	Mr	chamber judge	it	are they	indeed	just	little

Kläffer.«
yelps

Er sieht sich um, er ist allein. Sowohl der Kammergerichtsrat wie der
He sees himself around he is alone Both the chamber judge as the

Werkmeister sind gegangen. Wie er es sich gedacht hat: sie wollen
work-master are gone How he it himself thought has they want
foreman

nichts mit der Sache zu tun haben. Das Schlaueste, was man tun kann.
nothing with the thing to do have The smartest what one do can

Er, Baldur, wird es nicht anders machen, und wenn die Brüder noch so
He Baldur will it not different do and when the brothers still so

sehr schimpfen.
very scold

Mit einem tiefen Seufzer, der all den schönen Sachen gilt, die er
With a deep sigh which all the beautiful things concerns which he

aufgeben muß, schickt sich Baldur an, in die Küche zu gehen, den
give up must fits himself Baldor on in the kitchen to go the
decides

Vater zur Besinnung und die Brüder zum Verzicht auf schon Erreichtes
father to the sense(s) and the brothers to the waiving on already achieved
of acquired (loot)

zu bringen.
to bring

Auf der Treppe sagt unterdes der Kammergerichtsrat zu dem Werkmeister
On the stairs says under-that the chamber judge to the work-master
meanwhile foreman

Quangel, der ihm wortlos aus der Stube gefolgt ist: »Und wenn Sie
Quangel who him wordless from the room followed is And when you

Schwierigkeiten wegen der Rosenthal bekommen, Herr Quangel, wenden
difficulties because of the Rosenthal become Mr Quangel turn

Sie sich an mich. Gute Nacht.«
you yourself on me Good night
to

»Was geht mich die Rosenthal an? Ich kenn sie gar nicht!« protestiert
What goes me the rosenthal on I know her at all not protested

147

Quangel.
Quangel

»Also gute Nacht, Herr Quangel!« und der Kammergerichtsrat Fromm
Also good night Mr Quangel and the chamber judge Fromm

verschwindet schon treppabwärts.
disappears already down the stairs

Otto Quangel schließt die Tür zu seiner dunklen Wohnung auf.
Otto Quangel closes the door to his dark house -up-

Nachtgespräch bei Quangels
Nightly Talk at the Quangels

Quangel hat kaum die Tür zum Schlafgemach aufgemacht, da ruft seine
Quangel has hardly the door to the bedroom opened there calls his

Frau Anna erschrocken: »Mach kein Licht, Vater! Die Trudel schläft hier
woman Anna frightened Make no light father The Trudel sleeps here

in deinem Bett. Ich habe dir dein Bett auf dem Sofa in der Stube
in your bed I have you your bed on the sofa in the room

zurechtgemacht.«
made up.

»Ist gut, Anna«, antwortet Quangel und wundert sich über diese
Is good Anna answers Quangel and surprises himself over this

Neuerung, daß die Trudel durchaus in seinem Bett schlafen muß. Sonst
innovation that the Trudel throughout in his bed sleep must Otherwise
at all

hat sie auf dem Sofa gelegen.
has she on the sofa lied

Aber er sagt erst wieder was, als er sich ausgezogen hat und
But he says first again something as he himself pulled out undressed has and

unter der Decke auf dem Sofa liegt. Er fragt: »Willst du schon schlafen,
under the cover on the sofa lies He asks Want you already sleep

Anna, oder magst du noch ein Wort reden?«
Anna or like you still a word talk

Sie zögert einen Augenblick, dann antwortet sie durch die offene Tür
She hesitates a moment then answers she through the open door

von der Schlafstube her. »Ich bin so müde und kaputt, Otto!«
from the dormitory away I am so tired and broken Otto

Also sie ist noch böse mit mir – warum? denkt Otto Quangel, sagt aber
Thus she is still angry with me why thinks Otto Quangel says but

unverändert: »Also dann schlaf, Anna. Gute Nacht!«
unchanged   Also then sleep Anna Good night

Und von ihrem Bett hallt es zurück: »Gute Nacht, Otto!« Und auch die
And from her bed echoes it back   Good night Otto   And also the

Trudel flüstert leise: »Gute Nacht, Vater!«
Trudel whispers softly Good night father

»Gute Nacht, Trudel!« antwortet er und legt sich auf die Seite, nur von
Good night Trudel   answers he and lays himself on the side, only from

dem Wunsche erfüllt, möglichst bald einzuschlafen, denn er ist sehr müde.
the wish/desire filled, as possible soon to fall asleep then/because he is very tired

Aber er ist wohl übermüdet, wie man auch überhungert sein kann. Der
But he is well tired, as one also starved be can. The

Schlaf will nicht zu ihm kommen. Ein langer Tag mit endlos viel
sleep want not to him come. A long day with endless much

Ereignissen, ein Tag, wie es ihn eigentlich noch nie in Ottos Leben
events, a day, as it him actually still never in Otto's life

gegeben hat, liegt hinter ihm.
given has, lies behind him.

Aber kein Tag, wie er ihn sich wünscht. Ganz abgesehen davon,
But no day, how he him himself wishes. Completely aside there-from,

daß alle Geschehnisse unangenehm waren, bis auf die Ablösung von
that all occurrences unpleasant were, until on the relieve of

seinem Posten in der Arbeitsfront, er haßt diese Unruhe, dieses
his post in the work front, he hates this unrest, this

Redenmüssen mit allen möglichen Menschen, die er insgesamt nicht
have to talk with all possible people, who he together not

ausstehen kann. Und er denkt an den Feldpostbrief mit der Nachricht
stand out can. And he thinks on/iof the field-post-mail with the message

vom Tode Ottochens, den ihm die Frau Kluge gegeben, er denkt an
from the death of the little Otto who him the woman Kluge given (had) he thinks on/of

den Spitzel Borkhausen, der ihn so täppisch hat reinlegen wollen, an den
the snitch Borkhausen who him so foolish has to trick want on the/of

Gang in der Uniformfabrik mit den im Zuge flatternden Plakaten, gegen
hallway in the uniform factory with the in the draft fluttering posters against

die Trudel ihren Kopf lehnte. Er denkt an den verkappten Tischler
which Trudel her head leaned. He thinks on the disguised carpenter

Dollfuß, diesen ewigen Zigarettenraucher, die Medaillen und Orden klingeln
Dollfuss this eternal cigarette smoker the medals and orders ring

wieder auf Brust des braunen Redners, nun faßt ihn aus dem Dunkel
again on (the) chest of the brown speaker now grabs him from the dark

die feste, kleine Hand des Kammergerichtsrats a. D. Fromm an und
the fixed little hand of the chamber judge a. D. former Fromm on and

schiebt ihn der Treppe zu. Da steht der junge Persicke mit seinen
pushes him the stairs to There stands the young Persicke with his

spiegelnden Stiefeln auf der Wäsche und wird immer käsiger, und in
reflecting shiny boots on the wash clothing and becomes always cheesier and in

der Ecke röcheln und stöhnen die beiden blutigen Besoffenen.
the corner gasp and moan the both bloody drunk (men).

Er fährt wieder hoch, beinahe wäre er eben wirklich eingeschlafen. Aber
He drives goes again high almost would be he just really slept in fallen asleep but

da ist noch etwas, das ihn an diesem Tage stört, etwas, das er
there is still something that him on this day bothers something that he

genau gehört und wieder vergessen hat. Er setzt sich auf seinem Sofa
exactly heard and again forgotten has He set himself on his sofa

hoch und lauscht lange und sorgfältig. Es ist richtig, er hat sich nicht
high and listens long and carefully It is right he has himself not

verhört. Befehlend ruft er: »Anna!«
misheard Commanding calls he Anna

Sie antwortet klagend, wie es gar nicht ihre Art ist: »Was störst du
She answers complaining as it at all not her way is What disturb you

mich schon wieder, Otto? Soll ich denn gar nicht zur Ruhe kommen?
me already again Otto Should I then at all not to the rest come

Ich habe dir doch gesagt, ich will nicht mehr reden!«
I have you indeed said I want not (any)more talk

Er fährt fort: »Warum soll ich denn auf dem Sofa schlafen, wenn die
He drives away Why should I then on the sofa sleep when the
goes on

Trudel bei dir im Bette legt? Dann ist mein Bett doch frei?«
Trudel with you in the bed lays Then is my bed indeed free

Einen Augenblick herrscht drüben tiefe Stille, dann sagt die Frau fast
A moment prevails over there deep quiet then says the woman almost

flehend: »Aber Vater, die Trudel schläft wirklich in deinem Bett! Ich liege
pleading But father the Trudel sleeps really in your bed I lie

allein, ich habe auch solche Gliederschmerzen ...«
alone I have also such body aches

Er unterbricht sie: »Du sollst mich nicht belügen, Anna. Drüben bei euch
He interrupts her You will me not lie to Anna over there at you

atmen drei, ich hab's gut gehört. Wer schläft in meinem Bett?«
breathe three I have it good heard Who sleeps in my bed

Stille, lange Stille. Dann sagt die Frau fest: »Frag nicht so viel. Was
Silence long silence Then says the woman fast Ask not so much What

ich nicht weiß, macht mich nicht heiß. Schweig lieber stille, Otto!«
I not know makes me not hot Be quiet rather in silence Otto

Und er unbeugsam: »In dieser Wohnung bin ich der Herr. In dieser
And he unbendable In this house am I the lord In this
indomitable

Wohnung gibt's keine Geheimnisse vor mir. Weil ich alles zu
house gives it no secrets before me Because I everything to
will there be

verantworten habe, darum. Wer schläft in meinem Bett?«
account have therefore Who sleeps in my bed
(against the landlord)

Lange Stille, lange. Dann sagt eine alte, tiefe Frauenstimme: »Ich, Herr
Long silence long Then says an old deep female voice I Mr

Quangel, Frau Rosenthal. Und Ihre Frau und Sie sollen keine
Quangel Mrs Rosenthal And your wife and you should no

Schwierigkeiten durch mich haben, ich ziehe mich an. Gleich gehe ich
difficulties through me have I pull me on Immediately go I
dress myself

wieder rauf!«
again up

»Sie können jetzt nicht in Ihre Wohnung, Frau Rosenthal. Die Persickes
You can now not in your house Mrs Rosenthal The Persickes

sind oben und noch ein paar Kerls. Bleiben Sie jetzt liegen in meinem
are above and still a few guys Stay you now lie in my

Bett. Und morgen früh, ganz zeitig, um sechs oder sieben, gehen Sie
bed And tomorrow early completely in time for six or seven go you

runter zum alten Rat Fromm und klingeln an seiner Tür im
down to the old councilor Fromm and ring on his door in the

Hochparterre. Der wird Ihnen helfen, er hat's mir gesagt.«
mezzanine That one will you help he had it me said

»Ich danke Ihnen auch schön, Herr Quangel.«
I thank you also beautiful Mr Quangel

»Sie können dem Rat danken, mir nicht. Ich setz Sie bloß aus
You can the councilor thank me not I set you just from

meiner Wohnung. So, und nun kommst du dran, Trudel ...«
my house So and now come you there-on Trudel

»Ich soll wohl auch raus, Vater?«
I should well also out father

»Ja, du mußt. Das war dein letzter Besuch bei uns, und du weißt auch,
Yes you must That was your last visit at us and you know also

warum. Vielleicht, daß Anna dich manchmal besucht, aber ich glaub's
why Perhaps that Anna you sometimes visits but I believe it

nicht. Wenn sie erst zur Vernunft gekommen ist und ich richtig mit ihr
not When she first to the reason come is and I right with her

geredet habe ...«
talked have

Fast schreiend sagt die Frau: »Das laß ich mir nicht gefallen, dann
Almost crying says the woman That let I myself not please then

geh ich auch. Dann kannst du allein bleiben in deiner Wohnung! Du
go I also Then can you alone stay in your house You

denkst nur an deine Ruhe ...«
think only on your rest

»Richtig!« unterbricht er sie scharf. »Ich will nichts Unsicheres haben, und
Correct interrupts he her sharp I want nothing uncertain have and

vor allem will ich nicht in die unsicheren Geschichten von andern
before all want I not in the uncertain stories from others

reingezogen werden. Wenn ich den Kopf hinhalten muß, will ich ihn nicht
drawn in become When I the head hold up must want I him not
it

wegen irgendwelchen Dusseleien von andern hinhalten, sondern weil
because of any fooling around from others hold up but because

ich was getan habe, was ich tun wollte. Ich sage nicht, daß ich
I what done have what I do wanted I say not that I
something that

was tu. Aber wenn ich was tu, so tu ich's nur mit dir allein, mit
what do But when I what do so do I it only with you alone with
something something

keinem andern Menschen noch, und wenn es ein noch so nettes Mädel
no other people still and when it a still so nice girl

wie die Trudel ist oder 'ne alte, schutzlose Frau wie Sie, Frau Rosenthal.
as the Trudel is or an old defenseless woman as you Mrs Rosenthal

Ich sag nicht, es ist richtig, wie ich's mache. Aber anders kann ich's
I say not it is right how I it make But different can I it
do

nicht machen. So bin ich, und ich will auch gar nicht anders sein. So,
not make So am I and I want also at all not different be So

und jetzt will ich schlafen!«
and now want I sleep

Damit legte sich Otto Quangel wieder hin. Drüben tuscheln sie
There-with put himself Otto Quangel again away Over there whisper they
down

noch leise, aber das stört ihn nicht. Er weiß: sein Wille geschieht doch.
still softly but that bothers him not He know his will happens indeed

Morgen früh ist seine Wohnung wieder sauber, und die Anna wird sich
Tomorrow early is his house again clean and the Anna will herself
empty

auch fügen. Keine wilden Geschichten mehr. Und er allein. Er allein.
also suit No wild stories (any)more And he alone He alone

Nur er!
Only he

Er schläft ein, und wer ihn jetzt schlafen sehen könnte, der würde
He sleeps in and who him now sleep see could that one would

ihn lächeln sehen, ein grimmiges Lächeln auf diesem harten, trockenen
him smile see a grim smile on this hard dry

Vogelgesicht, ein grimmiges, kämpferisches Lächeln, doch kein böses.
bird-face a grim combative smile indeed no angry one

Was am Mittwochmorgen geschah

What at the Wednesday-morning happened

All die zuvor berichteten Ereignisse hatten sich an einem Dienstag
All the before reported events had themselves on a Tuesday

zugetragen. Am Morgen des folgenden Mittwochs, sehr früh, zwischen
carried out At the morning of the following Wednesday very early between

fünf und sechs Uhr, verließ Frau Rosenthal, von der Trudel Baumann
five and six hour left Mrs Rosenthal from the Trudel Baumann
o'clock

begleitet, die Quangelsche Wohnung. Otto Quangel schlief noch fest. Die
accompanied the of Quangel house Otto Quangel slept still firmly The

Trudel hatte die unbehilfliche, völlig verängstigte Frau Rosenthal mit dem
Trudel had the unhelpful totally scared Mrs Rosenthal with the

gelben Stern auf der Brust bis fast an die Frommsche Wohnungstür
yellow star on the chest until almost on the of Fromm apartment door

gebracht. Dann zog sie sich eine halbe Treppe höher zurück, fest
brought Then pulled she herself a half stairs higher back firmly

entschlossen, die Frau, und sei es mit dem eigenen Leben und der
decided the woman and be it with the own life and the

eigenen Ehre, gegen einen etwa herabkommenden Persicke zu verteidigen.
own honor against a about descending Persicke to defend
possibly

Trudel beobachtete, wie Frau Rosenthal auf den Klingelknopf drückte. Fast
Trudel observed how Mrs Rosenthal on the bell button pressed Almost

sofort wurde die Tür geöffnet, als habe jemand schon wartend
immediately became the door opened as have someone already waiting

dahinter gestanden. Einige Worte wurden leise gewechselt, dann trat
there behind stood Some words became softly exchanged then stepped

Frau Rosenthal ein, die Tür schloß sich, und Trudel Baumann ging an ihr
Mrs Rosenthal in the door closed itself and Trudel Baumann went on her
it

vorbei auf die Straße. Das Haus war schon offen.
past on the street The house was already open

Die beiden Frauen hatten Glück gehabt. So früh es auch war und so
The both women had fortune had So early it also was and so

sehr Frühaufstehen auch den Gewohnheiten der Persickes widersprach, so
very get up early also the habits the Persickes disagreed so

hatten doch die beiden SS-Männer keine fünf Minuten früher das
had indeed the both SS men no five minutes before the

Treppenhaus passiert. Um fünf Minuten war eine Begegnung vermieden,
stairwell passed For five minutes was an encounter avoided

die bei der sturen Dummheit und der Brutalität der beiden Burschen
which at the stubborn stupidity and the brutality of the both lads

nicht anders als verhängnisvoll, zum mindesten für Frau Rosenthal,
not different as fatal at the least for Mrs Rosenthal

ausgefallen wäre.
fallen out would be

Auch die beiden SS-Männer waren nicht allein gegangen. Sie hatten von
Also the both SS men were not alone gone They had from

ihrem Bruder Baldur den Befehl erhalten, den Borkhausen und den Enno
their brother Baldur the order become the Borkhausen and the Enno

Kluge (Baldur hatte unterdes seine Papiere durchgesehen) aus dem Hause
Kluge Baldur had under-that his papers through see from the house
meanwhile read through

und zu ihren Frauen zu schaffen, die beiden Amateureinbrecher waren
and to their women to get the both amateur burglars were

immer noch fast völlig benebelt von dem Übermaß genossenen Alkohols
always still almost totally foggy from the in excess enjoyed alcohol

und von dem Schlag, den sie abbekommen hatten. Doch war es Baldur
and from the strike which they gotten had Indeed was it Baldur

Persicke gelungen, ihnen begreiflich zu machen, daß sie sich wie
Persicke succeeded them understandable to make that they themselves as

die Schweine benommen hätten, daß es nur der großen Menschenliebe
the pigs behaved had that it only the large love of people

der Persickes zu verdanken sei, wenn sie nicht sofort der Polizei
of the Persickes to owe be when they not immediately the police

übergeben wurden, daß aber jedes Gequatsche sie unweigerlich dorthin
overgiven became that however each chatting them inevitably there-to

bringen würde. Außerdem hatten sie sich nie wieder bei Persickes
bring would In addition had they themselves never again at the Persickes

sehen zu lassen und keinen Persicke je zu kennen. Wenn sie
see to let and no Persicke indeed to know When they

sich aber erfrechen würden, je wieder in die Rosenthalsche
themselves however dare would indeed again in the of Rosenthal

Wohnung zu kommen, würden sie unweigerlich der Gestapo übergeben.
house to come would they inevitably the gestapo (be) overgiven

All dies hatte ihnen Baldur so oft und mit so vielen Drohungen und
All this had them Baldur so often and with so many threats and

Beschimpfungen wiederholt, bis es in ihren verblödeten Hirnen völlig
insults repeated until it in their stupid brains totally

festzusitzen schien. Sie hatten sich da am Tisch der
stuck to sit seemed THey had themselves there at the table of the
stuck

Persickeschen Wohnung gegenübergesessen, in einem halben Zwielicht,
Persicke house sat opposite in a half twilight

zwischen sich den unaufhörlich schwatzenden, drohenden, blitzenden
between themselves the incessantly blabbing threatening flashing
angry staring

Baldur. Auf dem Sofa hatten sich die beiden SS-Männer
Baldur On the sofa had themselves the both S men

herumgelümmelt, drohende, finstere Gestalten, trotz ihres ewigen
lazed around threatening dark shapes despite of their eternal

Zigarettenrauchens. Sie hatten das unsichere Gefühl, als ständen sie vor
cigarette smoking They had the insecure feeling as stand they before

einem Gerichtshof zur Aburteilung, der Tod schien ihnen zu drohen. Sie
a court to the judgment the death seemed them to threaten They

schwankten auf ihren Stühlen hin und her und versuchten zu verstehen,
swayed on their chairs to and fro and tried to understand

was sie verstehen sollten. Dazwischen dösten sie ein und wurden
what they understand should There between dozed they in and became

sofort wieder durch einen schmerzhaften Faustschlag Baldurs geweckt.
immediately again through a painful punch of Baldur waked

Alles, was sie geplant, getan, erlitten hatten, schien ihnen wie ein
Everything what they planned done suffered had seemed them like an

unwirklicher Traum, sie sehnten sich nur nach Schlaf und Vergessen.
unreal dream they longed for themselves only to sleep and forgetting

Schließlich schickte sie Baldur mit seinen Brüdern fort. In den Taschen
Finally sent them Baldur with his brothers away In the pockets

trugen Borkhausen wie Kluge, ohne es zu wissen, etwa fünfzig Mark in
carried Borkhausen like Kluge without it to know about fifty mark in {money}

kleinen Scheinen. Baldur hatte sich zu diesem neuen, schmerzlichen
small notes Baldur had himself to this new painful

Opfer entschlossen, durch das die Unternehmung Rosenthal für die
sacrifice decided through that the enterprise Rosenthal for the

Persickes vorläufig zu einem reinen Verlustgeschäft wurde. Aber er sagte
Persickes for now to a pure loss business became But he said

sich, wenn die Männer ohne alles Geld, zerschlagen und
to himself when the men without all money smashed and

arbeitsunfähig, zu ihren Frauen zurückkehrten, würde es bei den Weibern
unable to work to their women returned would it at the women

viel mehr Geschrei und Nachfrage geben, als wenn ihnen die
much more shouting and after-questions/interrogations give as when them the

betrunkenen Kerle einiges Geld zutrugen. Und er rechnete damit, daß
drunk guys some money to-carried/brought And he calculated there-with that

bei dem Zustand der Männer die Frauen das Geld finden würden.
at the condition of the men the women the money find would

Der ältere Persicke, der Borkhausen nach Haus zu bringen hatte, war mit
The older Persicke who Borkhausen to house to bring had was with

seiner Aufgabe in zehn Minuten fertig, in jenen zehn Minuten, in denen
his task in ten minutes ready in those ten minutes in which

Frau Rosenthal die Frommsche Wohnung erreicht hatte und Trudel
Mrs Rosenthal the of Fromm house reached had and Trudel
apartment

Baumann auf die Straße getreten war. Er hatte den fast gehunfähigen
Baumann on the street stepped was He had the almost unable to walk
become

Borkhausen einfach beim Kragen gepackt, über den Hof geschleppt, vor
Borkhausen simply at the collar grabbed over the court hauled before

der Borkhausenschen Wohnung auf die Erde gesetzt und die Frau mit
the Borkhausen's house on the earth set and the woman with

festen Faustschlägen gegen die Tür geweckt. Als sie erschrocken vor der
firm punches against the door waked As she frightened before the

finster drohenden Gestalt zurückgewichen war, hatte er sie angeschrien:
dark impending shape backed away was had he her yelled at

»Da bring ich dir deinen Kerl! Pack ihn ins Bett rein! Hier bei uns
There bring I you your chap Stuff him in the bed inside Here at us

im Treppenhaus besoffen rumliegen und alles vollkotzen ...!«
in the stairwell drunk lying around and everything full vomit

Damit ging er und überließ das andere Otti. Sie hatte noch ihre
There-with went he and let over the other (things) (to) Otti She had still her

Mühe gehabt, den Emil aus den Kleidern und ins Bett zu bringen,
trouble had the Emil from the clothes and in the bed to bring

dabei hatte der ältere bessere Herr, der noch bei ihr zu Gaste war,
there-by had the older better gentleman who still at her to guest was

helfen müssen. Dann war er fortgeschickt worden – trotz der frühen
help must Then was he sent away become – despite the early

Stunde. Auch jedes Wiederkommen war ihm verboten, vielleicht konnte man
hour Also each come back was him forbidden perhaps could one

sich mal in einem Café treffen, aber hier, nein, nie wieder.
each other once in a coffee shop meet but here no never again

Denn Ottichen war von einer panischen Angst ergriffen, seit sie den
Then little Otti was from a panicked fear grasped since she the
Because by overwhelmed

SS-Mann Persicke an ihrer Tür erblickt hatte. Sie wußte von mancher
SS man Persicke on her door beheld had She knew from many

Kollegin, die von diesen schwarzen Herren statt einer Bezahlung als
co-worker who from these black gentlemen instead of a payment as
by

asozial und arbeitsscheu in ein KZ geschafft worden war. Sie
antisocial and work-shy in a concentration camp sent become was She
(konzentrationslager)

hatte geglaubt, in ihrer düsteren Kellerwohnung ein völlig unbeobachtetes
had believed in her gloomy basement apartment a totally unobserved

Dasein zu fristen, nun hatte sie erfahren, daß sie – wie alles zu
there-be to eke out now had she experienced that she as everything at
existence

dieser Zeit – ständig bespitzelt wurde. Zum hundertstenmal in ihrem
this time constantly spied on became For the hundredth time in her

Leben gelobte sie sich Besserung. Dieser Entschluß wurde ihr erleichtert,
life promised she herself improvement This decision became her lightened

als sie achtundvierzig Mark in Emils Tasche fand. Sie steckte das Geld in
as she forty-eight mark in Emil's pocket found She stuck the money in
{money}

ihren Strumpf und entschloß sich abzuwarten, was Emil von seinen
her stocking and decided herself to await what Emil from his

Erlebnissen berichten würde, sie jedenfalls würde von dem Gelde nichts
experiences report would she anyhow would from the money nothing

wissen.
know

Die Aufgabe des zweiten Persicke war wesentlich schwieriger, vor allem
The task of the second Persicke was essentially more difficult before all

dadurch, daß der zurückzulegende Weg sehr viel weiter war, denn
there-through that the to be covered road very much further was then
through that since

Kluges wohnten jenseits des Friedrichshains. Enno konnte
(the) Kluges lived on the other side of the Friedrichshains Enno could

ebensowenig gehen wie Borkhausen, aber Persicke konnte ihn nicht auf der
just as little go as Borkhausen but Persicke could him not on the

Straße am Kragen oder am Arm neben sich her schleifen. Es war
street at the collar or at the arm beside himself away drag It was

ihm überhaupt peinlich, in der Gesellschaft dieses zerschlagenen,
him at all painful in the company of this battered

betrunkenen Mannes gesehen zu werden, denn je geringer er von seiner
drunk man seen to become then the less he from his

eigenen und seiner Mitmenschen Ehre dachte, um so höher stellte er die
own and his fellow human honor thought for so higher set he the

Ehre seiner Uniform.
honor of his uniform

Es war ebenso vergeblich, dem Kluge zu befehlen, kurz vor ihm, wie
It was likewise in vain the Kluge to order short in front of him as

einen Schritt hinter ihm zu gehen, immer hatte er die gleiche Neigung,
a step behind him to go always had he the same inclination

sich auf die Erde zu setzen, zu stolpern, sich an Bäumen und
himself on the earth to set to stumble himself on trees and
ground

Wänden festzuhalten oder gegen Passanten zu streifen. Umsonst war da
walls fast to hold or against passers-by to drag For nothing was there

jeder Faustschlag, jedes noch so scharfe Kommando, der Körper tat
each punch each still so sharp command the body did
worked

einfach nicht mit, und ihm die scharfe Abreibung zu erteilen, die ihn
simply not along and him the sharp abrasion to give which him

vielleicht doch nüchtern gemacht hätte, dafür waren die Straßen schon
perhaps indeed sober made had therefore were the streets already

zu belebt. Persicke stand der Schweiß auf der Stirn, seine
to lively Persicke stood the sweat on the forehead his

Kinnbackenmuskeln bewegten sich krampfhaft vor Wut, und er schwor
chin cheek muscles moved themselves spasmodically for anger and he swore
of

es sich zu, dieser kleinen Giftkröte von Baldur einmal gründlich zu
it himself -to- this small poison toad from Baldur one time thoroughly to

sagen, was er von solchen Aufträgen hielt.
say what he from such orders held
thought

Er mußte die Hauptstraßen meiden, Umwege durch stillere Nebenstraßen
He must the main streets avoid detours through quieter side streets

machen. Dann packte er den Kluge unter dem Arm und trug ihn oft
make Then grabbed he the Kluge under the arm and carried him often

zwei, drei Straßenecken weit, bis er nicht mehr konnte. Viel Beschwer
two three street corners far until he not (any)more could Much trouble

machte ihm auch eine Zeitlang ein Schupo, dem dieser etwas
made him also a while long a bobby which this somewhat
(Schutz Polizei)

gewaltsame Frühtransport wohl aufgefallen war und der ihm durch
violent early transportation well noticed was and who him through

seinen ganzen Bezirk folgte, den Persicke dadurch zu einem sanften
his whole district followed the Persicke there-through to a soft
through that gentle

und besorgten Benehmen zwingend.
and worried behavior forcing

Aber er nahm, als sie endlich im Friedrichshain angekommen waren,
But he took as they finally in the Friedrichshain arrived were

seine Rache dafür. Er setzte den Kluge hinter einem Gebüsch auf die
his revenge therefore He set the Kluge behind a bush on the

Bank und bearbeitete ihn dann so, daß der Mann zehn Minuten lang
bench and worked at him then so that the man ten minutes long

völlig ohnmächtig dalag. Dieser kleine Rennwetter, dem alles auf der
totally powerless there lay This little run-better who everything on the
gambler on horses

Welt außer Interesse war, ausgenommen die Rennpferde, die er freilich
world without interest was taken out the racing horses which he freely
except for indeed

zeit seines Lebens nur in den Zeitungen zu Gesicht bekommen hatte,
time of his life only in the newspapers to face become had

dieses Geschöpf, das weder Liebe noch Haß empfinden konnte, dieser
this creature that neither love nor hate feel could this

Arbeitsscheue, der alle Windungen seines kümmerlichen Hirns damit
workshy (person) who all turns of his miserable brain there-with

beschäftigt hatte, wie wirklicher Anstrengung zu entgehen war, dieser Mann
occupied had how real effort to escape was this man

Enno Kluge, blaß, genügsam, farblos, er behielt von diesem
Enno Kluge pale frugal colorless he kept from this

Zusammentreffen mit den Persickes vor jeder Parteiuniform eine Angst,
meeting with the Persickes for each party uniform a fear

die ihn fortan in Seele und Geist lähmen sollte, wenn er mit solchen
which him henceforth in soul and spirit paralyze should when he with such

Parteileuten in Berührung kam.
party people in touch came

Ein paar Tritte in die Rippen weckten ihn aus seiner Ohnmacht, ein paar
A few steps in the ribs woke up him from his impotence a few
kicks

Schläge auf seinen Rücken setzten ihn in Gang, und so trabte er denn,
blows on his back set him in course and so trotted he then

feige wie ein verprügelter Hund, vor seinem Peiniger her, bis die
cowardly as a beaten up dog before his tormentor away until the

Wohnung der Frau erreicht war. Aber die Tür war verschlossen: die
house of the woman reached was But the door was locked the

Briefträgerin Eva Kluge, die in der Nacht noch an ihrem Sohn und
letter-carrier-female Eva Kluge who in the night still on her son and
postwoman about

damit an ihrem Leben verzweifelt war, hatte sich wieder auf ihren
there-with on her life doubting was had herself again on her
about

gewohnten Trott gemacht, den Brief an ihren Sohn Max in der Tasche,
habitual ’ trot made the letter to her son max in the pocket
route set

aber mit sehr wenig Hoffnung und Glauben im Herzen. Sie bestellte
but with very little hope and believe in the heart She ordered
delivered

Post, wie sie es seit Jahren getan hatte, es war immer noch besser, als
mail as she it since years done had it was always still better as

tatenlos und von trüben Gedanken gequält zu Hause zu sitzen.
idle and from troubled thoughts tormented at (the) house to sit

Persicke, nachdem er sich überzeugt hatte, die Frau war wirklich nicht
Persicke after he himself convinced had the woman was really not

zu Haus, klingelte an der Nachbartür, zufällig an der Tür jener
at (the) house resounded on the neighboring door coincidentally on the door of that

Frau Gesch, die dem Enno am Abend zuvor mit einer Lüge in die
Mrs Gesch who the Enno at the evening before with a lie in the

Wohnung seiner Frau geholfen hatte. Persicke schob der Öffnenden das
house of his wife helped had Persicke pushed the opening (person) the

Jammergestell einfach in die Arme, sagte: »Da! Kümmern Sie sich um
whine rack simply in the arms said There care you yourself for
whiner

den Kerl, er gehört ja wohl hierher!« Und ging.
the chap he belongs yes well here And went

Frau Gesch war fest entschlossen gewesen, sich nie wieder in die
Mrs Gesch was firmly decided been herself never again in the

Angelegenheiten der Kluges zu mischen. Aber so groß war die Gewalt
affairs of the Kluges to mix But so large was the force

eines SS-Mannes und die Angst jedes Volksgenossen vor ihm, daß sie
of an SS man and the fear of each people-mate before him that she
comrade

den Kluge widerspruchslos in ihre Wohnung aufnahm, an den Küchentisch
the Kluge without contradiction in her house took up at the kitchen table

setzte und Kaffee und Brot vor ihn hinstellte. Ihr Mann war schon
set and coffee and bread before him put down Her husband was already

zur Arbeit gegangen. Frau Gesch sah wohl, wie erschöpft der kleine
to the work gone Mrs Gesch saw well how exhausted the little

Kluge war, sie sah auch in seinem Gesicht, an dem zerrissenen Hemd,
Kluge was she saw also in his face on the torn shirt

dem Schmutzfleck am Mantel die Spuren einer dauernden Mißhandlung.
the dirt-stain at the coat the traces of a (long) lasting maltreatment

Da ihr der Kluge aber von einem SS-Mann übergeben war, so hütete
There her the Kluge however from an SS man overgiven was so guarded
Since by

sie sich, eine einzige Frage zu stellen. Ja, sie hätte ihn eher vor
she herself a single question to set Yes she had him earlier before
rather

ihre Wohnungstür gesetzt als eine Schilderung des ihm Widerfahrenen
her apartment door set as a description of the him happened

angehört. Sie wollte nichts wissen. Wenn sie nichts wußte, konnte sie
listened to She wanted nothing know When she nothing knew could she

auch nichts aussagen, nicht sich verplappern, nicht schwatzen, konnte sie
also nothing say out not herself mis-babble not chatter could she
                                      betray

sich also auch nicht in Gefahr bringen.
herself thus also not in danger bring

Der Kluge aß langsam kauend das Brot, trank den Kaffee. Dabei rannen
The Kluge ate slowly chewing the bread drank the coffee There-by ran

dicke Tränen des Schmerzes und der Erschöpfung über sein Gesicht. Die
fat tears of the pain and the exhaustion over his face The

Gesch warf schweigend von der Seite dann und wann einen
Gesch threw in silence from the side then and when an
                                              now

beobachtenden Blick auf ihn. Dann, als er endlich fertig geworden war,
observing glance on him Then as he finally ready become was

fragte sie: »Und wo wollen Sie nu hin? Ihre Frau nimmt Sie nicht
asked she And where want you now away Your wife takes you not

wieder auf, das wissen Se doch!«
again up that know you indeed

Er antwortete nicht, er starrte nur vor sich hin.
He answered not he stared only before himself away

»Und bei mir können Se auch nicht bleiben. Erstens mal erlaubt's der
And at me can you also not stay First (of all) once allow it the

Justav nich, und denn mag ich ooch nich allens vor Ihnen abschließen.
Gustav not and then may I also not all before you lock off

Wo wollen Se also hin?«
Where want you thus to

Er antwortete wieder nicht.
He answered again not

Die Gesch sagte hitzig: »Denn setz ich Sie vor die Tür auf die Treppe!
The Gesch said heated Then set I you before the door on the stairs

Gleich auf der Stelle tu ich das! Oder?«
Immediately on the spot do I that Or

Er sagte mühsam: »Tutti – alte Freundin ...« Und weinte schon wieder.
He said with trouble Tutti old (female) friend And cried already again

»Jottedoch, so 'n Schmachtlappen!« sagte die Gesch verächtlich. »Wenn ich
Yo indeed so a languish said the Gesch contemptuous If I

immer gleich schlappmachen wollte, wenn mir mal was schiefgeht!
always immediately weak-make wanted when me once something goes wrong

Also Tutti – wie heißt sie denn richtig und wo wohnt sie?«
So Tutti how is called she then right and where lives she

Nach längerem Fragen und Drohen erfuhr sie, daß Enno Kluge Tuttis
After longer asking and threatening experienced she that Enno Kluge Tutti's
heard

eigentlichen Namen nicht wußte, sich aber zutraute, ihre Wohnung zu
actual name not knew himself but trusted her house to

finden.
find

»Na also!« sagte die Gesch. »Aber allein können Se so nicht gehen, jeder
Now so said the Gesch But alone can you so not go each
then

Schupo nimmt Sie fest. Ich bring Sie. Aber wenn die Wohnung nicht
bobby takes you fast I bring you But when the house not
in

stimmt, laß ich Sie auf der Straße stehen. Ich hab keine Zeit für langes
is right leave I you on the street stand I have no time for long

Rumsuchen, ich muß arbeiten!«
looking around I must work

Er bettelte: »Erst 'nen Augenblick schlafen!«
He begged First a moment sleep

Sie entschied nach kurzem Zögern: »Aber nich länger als 'ne Stunde!
She decided after (a) short (while) hesitation But no longer as an hour

In einer Stunde nischt wie ab die Post! Da, legen Se sich aufs
In an hour nuthin' as off the post There lay you yourself on the
nichts out of place

Kanapee, ich deck Sie zu!«
sofa I cover she -to-

Sie war noch nicht mit der Decke bei ihm, da war er schon fest
She was still not with the cover at him there was he already fast

eingeschlafen. –
slept in
(asleep fallen)

Der alte Kammergerichtsrat Fromm hatte Frau Rosenthal selbst geöffnet. Er
The old chamber judge Fromm had Mrs Rosenthal himself opened He

hatte sie in sein Arbeitszimmer geführt, dessen Wände völlig mit Büchern
had her in his workspace led of which (the) walls totally with books

bedeckt waren, und sie dort in einem Sessel Platz nehmen lassen. Eine
covered were and her there in a seat place take let A

Leselampe brannte, ein Buch lag aufgeschlagen auf dem Tisch. Der alte
reading lamp burned a book lay struck up on the table The old
opened

Herr trug jetzt selbst ein Tablett mit einem Teekännchen und einer
gentleman carried now himself a tray with a little teapot and a

Tasse, mit Zucker und zwei dünnen Scheiben Brot herzu und sagte
cup with sugar and two thin slices (of) bread there-to and said

zu der Verängstigten: »Erst frühstücken Sie bitte, Frau Rosenthal, dann
to the frightened (woman) First breakfast you please Mrs Rosenthal then

reden wir!« Und als sie ihm wenigstens ein Wort des Dankes sagen
talk we And as she him at least a word of the thank you say

wollte, meinte er freundlich: »Nein, bitte, wirklich erst frühstücken. Tun Sie
wanted meant he friendly No please really first breakfast Do you

ganz so, als seien Sie hier zu Hause, ich tue es ja auch!«
completely so as are you here at house I do it yes also
indeed

Damit nahm er das Buch unter der Leselampe wieder auf und begann
There-with took he the book under the reading lamp again up and began

in ihm zu lesen, wobei seine freie linke Hand ganz mechanisch
in him(self) to read where-by his free left hand completely mechanically

immer wieder von oben nach unten den eisgrauen Kinnbart strich. Er
always again from above to under the ice gray goatee brushed He

schien seine Besucherin vollkommen vergessen zu haben.
seemed his visitor completely forgotten to have

Allmählich kam wieder ein bißchen Zuversicht in die verängstigte alte
Gradually came again a bit (of) confidence in the scared old

Jüdin. Seit Monaten hatte sie in Furcht und Unordnung gelebt,
Jewish lady / Since / months / had / she / in / fear / and / disarray / lived

zwischen gepackten Sachen, stets gewärtig des brutalsten Überfalls.
between / packed / things / all the time / watchful / of the / most brutal / robbery

Seit Monaten kannte sie weder Heim noch Ruhe, noch Frieden, noch
Since / months / knew / she / neither / home / nor / rest / nor / peace / nor

Behagen. Und nun saß sie hier bei dem alten Herrn, den sie kaum
comfort / And / now / sat / she / here / at / the / old / gentleman / who / she / hardly just

je zuvor auf der Treppe gesehen; von den Wänden sahen die hell-
indeed / before / on / the / stairs / seen (had) / from / the / walls / saw / the / bright

und dunkelbraunen Lederbände vieler Bücher, ein großer
and / dark brown / leather straps / many / books / a / great

Mahagonischreibtisch am Fenster, Möbel, wie sie sie selbst in der ersten
mahogany desk / at the / window / furniture / as / she / her / self / in / the / first

Zeit ihrer Ehe besessen, ein etwas vertreten Zwickauer Teppich
time / of her / marriage / possessed (had) / a / something / stepped on worn out / from zwickau / carpet

auf dem Fußboden. Und dazu dieser lesende alte Herr, der
on / the / floor / And / there-to / this / reading / old / gentleman / who

ununterbrochen sein Zickenbärtlein streichelte, genauso ein Bärtlein, wie es
continuously / his / little goatee / petted / just like / a / little beard / as / it

auch viele Juden gerne trugen, und dazu kam noch dieser lange
also / many / Jews / gladly / wore / and / there-to / came / still / this / long

Schlafrock, der ein wenig an den Kaftan ihres Vaters erinnerte.
nightgown / which / a / little / on / the / caftan / of her / father / reminded

Es war, als sei wie nach einem Zauberspruch die ganze Welt aus
It / was / as / be / as / to / a / magic spell / the / whole / world / from

Schmutz, Blut und Tränen versunken, und sie lebe wieder in der Zeit,
dirt / blood / and / tears / sunk / and / she / live / again / in / the / time

da sie noch angesehene, geachtete Menschen waren, nicht gehetztes
there when / she / still / well seen / respected / people / were / not / chased after

Ungeziefer, das zu vertilgen Pflicht ist.
vermin / that / to / wipe out / duty / is

Unwillkürlich strich sie sich übers Haar, ganz von selbst nahm ihr
Involuntarily brushed she herself over the hair completely from himself took her

Gesicht einen andern Ausdruck an. Es gab also doch noch Frieden auf
face an other expression -on- It gave thus indeed still peace on
There was in

der Welt, sogar hier in Berlin.
the world even here in Berlin

»Ich bin Ihnen sehr dankbar, Herr Kammergerichtsrat«, sagte sie. Selbst
I am you very grateful Mr chamber judge said she Even

ihre Stimme klang anders, fester.
her voice sounded different more firm

Er sah rasch hoch von seinem Buch. »Trinken Sie bitte Ihren Tee,
He looked quickly high from his book Drink you please your tea
up

solange er noch heiß ist, und essen Sie Ihr Brot. Wir haben viel Zeit,
as long (as) he still hot is and eat you our bread We have much time
it

wir versäumen nichts.«
we miss nothing

Und er las schon wieder. Gehorsam trank sie jetzt den Tee und aß
And he read already again Obediently drank she now the tea and ate

auch das Brot, trotzdem sie viel lieber mit dem alten Herrn
also the bread although she much rather with the old gentleman

gesprochen hätte. Aber sie wollte ihm in allem gehorsam sein, sie wollte
spoken had But she wanted him in all obedient be she wanted

den Frieden seiner Wohnung nicht stören. Sie sah sich wieder um.
the peace of his house not disturb She saw herself again around

Nein, all dies mußte so bleiben, wie es jetzt war. Sie brachte es nicht in
No all this must so stay as it now was She brought it not in

Gefahr. (Drei Jahre später sollte eine Sprengmine dieses Heim in Atome
danger Three years later should an explosive mine this home in atoms

zerreißen, und der gepflegte alte Herr sollte im Keller sterben,
tear and the well-kept old gentlemen should in the basement die
would

langsam und qualvoll ...)
slowly and excruciating

Sie sagte, indem sie die leere Tasse auf das Tablett zurückstellte: »Sie
She said while she the empty cup on the tray back set You

sind sehr gütig zu mir, Herr Kammergerichtsrat, und sehr mutig. Aber ich
are very kind to me Mr chamber judge and very brave But I

will Sie und Ihr Heim nicht nutzlos in Gefahr bringen. Es hilft doch
want you and your home not useless in danger bring It helps indeed

alles nichts. Ich gehe in meine Wohnung zurück.«
everything nothing I go in my house back

Der alte Herr hatte sie aufmerksam angesehen, während sie sprach,
The old gentleman had her attentively watched while she spoke

nun führte er die schon Aufgestandene in ihren Sessel zurück. »Bitte,
now led he the already stood up in her seat back Sorry

setzen Sie sich noch einen Augenblick, Frau Rosenthal!«
set you yourself still a moment Mrs Rosenthal

Sie tat es widerstrebend. »Wirklich, Herr Kammergerichtsrat, es ist mir
She did it reluctantly Really Mr chamber judge it is me

Ernst mit dem, was ich sage.«
serious with that what I say

»Hören Sie mich bitte erst an. Auch mir ist es Ernst mit dem, was ich
Listen you me please first to Also me is it serious with that what I

Ihnen sagen werde. Was zuerst die Gefahr anlangt, in die Sie mich
you say will What first the danger concerns in which you me

bringen, so habe ich mein Lebtag, seit ich im Beruf stehe, in
bring so have I my life-daylife since I in the occupation stand in

Gefahr geschwebt. Ich habe eine Herrin, der ich zu gehorchen habe, sie
danger hovered I have a mistress which I to obey have she

regiert mich, Sie, die Welt, selbst die Welt jetzt draußen, und diese
rules me she the world even the world now outside and this

Herrin ist die Gerechtigkeit. An sie habe ich immer geglaubt, glaube ich
mistress is the justice To her have I always believed believe I

heute noch, die Gerechtigkeit habe ich allein zur Richtschnur meines
today still the justice have I alone to the guideline of my

Handelns gemacht ...«
act   made

Während er so sprach, ging er leise auf und ab im Zimmer, die
While he so spoke went he softly up and down in the room the

Hände auf dem Rücken, stets in Frau Rosenthals Gesichtsfeld bleibend.
hands on the back all the time in Mrs Rosenthal's facial field view remaining

Die Worte kamen ruhig und leidenschaftslos von seinen Lippen, er sprach
The words came calm and dispassionate from his lips he spoke

von sich wie von einem vergangenen, eigentlich nicht mehr
from himself as from a past actually not (any)more

existierenden Mann. Frau Rosenthal folgte gespannt jedem seiner Worte.
existing man Mrs Rosenthal followed anxiously each of his words

»Doch«, fuhr der Kammergerichtsrat fort, »ich spreche von mir, statt
However drove the chamber judge away I speak from me instead
carried on

von Ihnen zu sprechen, eine üble Angewohnheit aller, die sehr einsam
from you to speak a bad habit of all who very alone

leben. Verzeihen Sie, sprechen wir noch ein Wort von der Gefahr. Ich
live Forgive you (me) speak we still a word from the danger I

bekam Drohbriefe, zehn Jahre, zwanzig Jahre, dreißig Jahre ... Nun,
got threatening letters ten years twenty years thirty years Now

Frau Rosenthal, hier sitze ich, ein alt gewordener Mann, und lese meinen
Mrs Rosenthal here sit I an old become man and read my

Plutarch. Gefahr bedeutet nichts für mich, sie ängstigt mich nicht, sie
Plutarch Danger means nothing for me she scares me not she

beschäftigt nie mein Hirn oder Herz. Reden Sie nicht von Gefahren,
occupies never my brain or heart Talk you not from dangers

Frau Rosenthal ...«
Mrs Rosenthal

»Doch das sind andere Menschen heute«, widersprach Frau Rosenthal.
But that are other people today disagreed Mrs Rosenthal
different kind of

»Wenn ich Ihnen sage, daß diese Drohungen von Verbrechern und ihren
When I you say that these threats from criminals and their

Komplicen ausgingen? Nun also!« Er lächelte leicht. »Es sind keine anderen
accomplices went out Now so He smiled lightly It are not other
                      then   a little They

Menschen. Es sind ein bißchen mehr geworden, und die anderen sind ein
people It are a bit more become and the others are a
       They

bißchen feiger geworden, aber die Gerechtigkeit ist dieselbe geblieben,
bit more cowardly become but the justice is the same remained

und ich hoffe, wir beide erleben noch ihren Sieg.« Einen Augenblick
and I hope we both experience still her victory A moment

stand er da, grade aufgerichtet. Dann nahm er seine Wanderung wieder
stood he there right stood up Then took he his walk again
                   standing straight

auf. Er sagte leise: »Und der Sieg der Gerechtigkeit wird nicht der
up He said softly And the victory of the justice will not the

Sieg dieses deutschen Volkes sein!«
victory of this German people be

Er schwieg einen Augenblick, dann begann er wieder leichteren Tons:
He was silent a moment then began he again on a lighter tone

»Nein, Sie können nicht in Ihre Wohnung zurück. Die Persickes sind heute
No you can not in your house back The Persickes are today

nacht dort gewesen, diese Parteileute über mir, wissen Sie. Die
night there been these (political) party people above me know you The

Wohnungsschlüssel sind in ihrem Besitz, sie werden Ihr Heim jetzt
apartment keys are in their possession they will your home now

unter ständiger Beobachtung halten. Dort wären Sie wirklich völlig nutzlos
under permanent observation hold There were she really totally useless

in Gefahr.«
in danger

»Aber ich muß dort sein, wenn mein Mann zurückkommt!« bat Frau
But I must there be when my man returns bade Mrs
                                husband

Rosenthal flehend.
Rosenthal pleading

»Ihr Mann«, sagte der Kammergerichtsrat Fromm freundlich beruhigend, »Ihr
Your man said the chamber judge Fromm friendly soothing Your
husband   husband

Mann kann Sie vorläufig nicht besuchen. Er befindet sich zur Zeit im
man/husband can you for now not visit He finds himself at the time in the

Untersuchungsgefängnis Moabit unter der Beschuldigung, mehrere
remand prison / Moabit (Berlin prison) under the accusation multiple

Auslandsguthaben verheimlicht zu haben. Er ist also in Sicherheit, solange
foreign goods concealed to have He is thus in security as long (as)

es gelingt, das Interesse der Staatsanwaltschaft und der Steuerbehörde an
it succeeds the interest of the public prosecutor and the tax authority on

diesem Verfahren wachzuhalten.«
this procedure to keep awake

Der alte Rat lächelte weise, er sah Frau Rosenthal ermutigend an und
The old counselor smiled wise, he saw/looked Mrs Rosenthal encouraging on/at and

nahm dann seine Wanderung wieder auf.
took then his walk again up

»Aber woher können Sie wissen?«, rief Frau Rosenthal aus.
But from where can you know called woman Rosenthal out

Er machte eine beschwichtigende Handbewegung. Er sagte: »Ein alter
He made a soothing hand movement He said: An old

Richter hört immer dies und das, auch wenn er nicht mehr im Amte
judge hears always this and that, also when he not (any)more in the office

ist. Es wird Sie auch interessieren, daß Ihr Mann einen tüchtigen Anwalt
is It will you also interest that your man/husband a sound lawyer

hat und verhältnismäßig anständig versorgt wird. Den Namen und die
has and relatively decent taken care of becomes The name and the

Adresse des Anwalts sage ich Ihnen nicht, er wünscht keine Besuche in
address of the lawyer say I you not he wishes no visits in/about

dieser Sache ...«
this thing

»Aber vielleicht kann ich meinen Mann in Moabit besuchen!« rief Frau
But perhaps can I my husband in Moabit visit called Mrs

Rosenthal aufgeregt aus. »Ich könnte ihm frische Wäsche bringen – wer
Rosenthal excited out I could him fresh wash bring who
clothing

sorgt denn dort für seine Wäsche? Und Toilettensachen und vielleicht
cares then there for his wash And toilet things and perhaps
clothing

etwas zu essen ...« »Liebe Frau Rosenthal«, sagte der Kammergerichtsrat
something to eat Dear Mrs Rosenthal said the Chamber judge

a. D. und legte seine altersfleckige Hand mit den hohen blauen Adern
a. D. and put his old age spotted hand with the high blue veins
former

fest auf ihre Schultern. »Sie können Ihren Mann ebensowenig besuchen,
firmly on her shoulders You can your husband just as little visit

wie er Sie besuchen kann. Ein solcher Besuch nützt ihm nichts, denn
as he you visit can A such visit is useful to him nothing then

Sie kommen nicht bis zu ihm, und er schadet nur Ihnen.«
you (will) come not until to him and he hurts only you

Er sah sie an.
He saw her on
He looked her in the face

Plötzlich lächelten seine Augen nicht mehr, auch seine Stimme klang
Suddenly smiled his eyes not (any)more also his voice sounded

streng. Sie begriff, daß dieser kleine, sanfte gütige Mann einem
severe She understood that this little soft kind man a

unerbittlichen Gesetz in sich folgte, wohl dieser Gerechtigkeit, von der
relentless law in himself followed well this justice from which
surely

er gesprochen hatte.
he spoken had

»Frau Rosenthal«, sagte er leise, »Sie sind mein Gast – solange Sie die
Mrs Rosenthal said he softly You are my guest as long (as) you the

Gesetze der Gastfreundschaft befolgen, von denen ich Ihnen gleich
laws of the hospitality follow from which I you immediately

ein paar Worte sagen werde. Dieses ist das erste Gebot der
a few words say will This is the first command of the

Gastfreundschaft: Sobald Sie eigenmächtig handeln, sobald einmal, ein
hospitality   As soon as you arbitrary   deal   as soon as once a

einziges Mal nur, die Tür dieser Wohnung hinter Ihnen zugeschlagen ist,
single time only the door of this house behind you slammed   is

öffnet sich diese Tür Ihnen nie wieder, ist Ihr und Ihres Mannes Name
opens itself this door you never again is you and of your man name

für immer ausgelöscht hinter dieser Stirn. Sie haben mich verstanden?«
for always extinguished behind this forehead You have me understood

Er berührte leicht seine Stirn, er sah sie durchdringend an.
He touched lightly his forehead he looked she penetrating at

Sie flüsterte leise ein »Ja«.
She whispered softly a yes

Erst jetzt nahm er die Hand wieder von ihrer Schulter. Seine vor
First now took he the hand again from her shoulder His for
                                                            of

Ernst dunkel gewordenen Augen wurden wieder heller, langsam nahm
seriousness dark become eyes became again clear slowly took

er seine Wanderung von neuem auf. »Ich bitte Sie«, fuhr er leichter fort,
he his walk from new up I ask you drove he easier away
                                          carried   on

»das Zimmer, das ich Ihnen gleich zeigen werde, bei Tage nicht zu
that room that I you immediately show will at days not to

verlassen, auch sich dort nicht am Fenster aufzuhalten. Meine
leave also yourself there not at the window to keep up My
                                              to stand

Bedienerin ist zwar zuverlässig, aber ...« Er brach unmutig ab, er sah
servant girl is indeed reliable but He broke angrily off he saw

jetzt nach dem Buch unter der Leselampe hinüber. Er fuhr fort:
now to the book under the reading lamp over He drove away
                                                    carried on

»Versuchen Sie es wie ich, die Nacht zum Tage zu machen. Ein
Attempt you it like I the night to the days to make A

Schlafmittel werde ich Ihnen täglich hineinschicken. Mit Essen versorge ich
sleep-means will I you daily send in With food supply I
sleeping pill

Sie des Nachts. Wenn Sie mir jetzt folgen wollen?«

Sie folgte ihm auf den Korridor hinaus. Sie war jetzt wieder etwas verwirrt und verängstigt, ihr Gastgeber war so völlig verändert. Aber sie sagte sich ganz richtig, daß der alte Herr seine Stille über alles liebte und kaum noch den Umgang mit Menschen gewohnt war. Er war jetzt ihrer müde, er sehnte sich nach seinem Plutarch zurück, wer das immer auch sein mochte.

Der Rat öffnete eine Tür vor ihr, schaltete das Licht ein. »Die Jalousien sind geschlossen«, sagte er. »Es ist hier auch verdunkelt, lassen Sie das bitte so, es könnte Sie sonst einer aus dem Hinterhaus sehen. Ich denke, Sie werden hier alles finden, was Sie brauchen.«

Er ließ sie einen Augenblick dies helle, fröhliche Zimmer betrachten mit seinen Birkenholzmöbeln, einem vollbesetzten, hochbeinigen Toilettetischchen und einem Bett, das noch einen »Himmel« aus geblümtem Chintz besaß. Er sah das Zimmer an wie etwas, das er lange nicht gesehen und nun wiedererkannte. Dann sagte er mit tiefem Ernst: »Es ist das Zimmer

meiner Tochter. Sie starb im Jahre 1933 – nicht hier, nein, nicht hier.
of my daughter She died in the year 1933 – not here no not here

Ängstigen Sie sich nicht!«
Scare you yourself not

Er gab ihr rasch die Hand. »Ich schließe das Zimmer nicht ab, Frau
He gave her quickly the hand »I close the room not off Mrs

Rosenthal«, sagte er, »aber ich bitte Sie, sich jetzt sofort
Rosenthal said he »but I ask you yourself now immediately

einzuriegeln. Sie haben eine Uhr bei sich? Gut! Um zehn Uhr
to lock up You have an hour with yourself Good At ten hour
watch o'clock

abends werde ich bei Ihnen klopfen. Gute Nacht!«
in the evening will I at you knock Good night

Er ging. In der Tür wandte er sich noch einmal um. »Sie werden in
He went In the door turned he himself still once around You will in

den nächsten Tagen sehr allein sein mit sich, Frau Rosenthal. Versuchen
the next days very alone be with yourself Mrs Rosenthal try

Sie, sich daran zu gewöhnen. Alleinsein kann etwas sehr Gutes
you yourself there-on to habituate To be alone can something very good
to that

bedeuten. Und vergessen Sie nicht: Es kommt auf jeden Überlebenden an,
mean And forget you not It comes on every survivor on

auch auf Sie, grade auf Sie! Denken Sie an das Abriegeln!«
also on you right on you Think you on the locking off
precisely

Er war so leise gegangen, so leise hatte er die Tür geschlossen, daß sie
He was so softly gone so softly had he the door closed that she

erst zu spät merkte, sie hatte ihm weder gute Nacht gesagt noch
first too late noticed she had him neither good night said nor

gedankt. Sie ging rasch zur Tür, aber schon während des Gehens
thanked She went quickly to the door but already during of the going

besann sie sich. Sie drehte nur den Riegel zu, dann ließ sie sich
re-thought she herself She turned only the bolt to then let she herself
closed

auf den nächsten Stuhl nieder, ihre Beine zitterten. Aus dem Spiegel des
on the next chair down her legs trembled Out the mirror of the

Toilettetischchens schaute sie ein bleiches, von Tränen und Wachen
little make up table regarded she a pale from tears and waking

gedunsenes Gesicht an. Sie nickte langsam, trübe diesem Gesicht zu.
swollen face -on- She nodded slowly gloomily this face at

Das bist du, Sara, sagte es in ihr. Lore, die jetzt Sara genannt wird.
That are you Sarah said it in her Lore who now Sarah called becomes

Du bist eine tüchtige Geschäftsfrau gewesen, immer tätig. Du hast fünf
You are an efficient business woman been always active You have five

Kinder gehabt, eines lebt nun in Dänemark, eines in England, zwei in den
children had one lives now in Denmark one in England two in the

USA, und eines liegt hier auf dem jüdischen Friedhof an der
United States and one lies here on the Jewish graveyard on the

Schönhauser Allee. Ich bin nicht böse, wenn sie dich Sara nennen. Aus
Schönhauser avenue I am not angry when they you Sarah call From

der Lore ist immer mehr eine Sara geworden; ohne daß sie es wollten,
the Lore is always more a Sarah become without that they it wanted

haben sie mich zu einer Tochter meines Volkes gemacht, nur zu seiner
have they me to a daughter of my people made only to his
its

Tochter. Er ist ein guter, feiner, alter Herr, aber so fremd, so fremd
daughter He is a good fine old gentleman but so strange so strange

... Ich könnte nie richtig mit ihm reden, wie ich mit Siegfried
I could never right with him talk as I with Siegfried

gesprochen habe. Ich glaube, er ist kalt. Trotzdem er gütig ist, ist er
spoken have I believe he is cold Although he kind is is he

kalt. Selbst seine Güte ist kalt. Das macht das Gesetz, dem er
cold Even his goodness is cold That makes the law which he

untertan ist, diese Gerechtigkeit. Ich bin immer nur einem Gesetz untertan
subject is this justice I am always only a law subject

gewesen: die Kinder und den Mann liebzuhaben und ihnen vorwärtszuhelfen
been the children and the man to love and them to help forward
husband

im Leben. Und nun sitze ich hier bei diesem alten Mann, und alles,
in the life And now sit I here at this old man and everything

was ich bin, ist von mir abgefallen. Das ist das Alleinsein, von dem er
what I am is from me fallen off That is the to be alone from which he

sprach. Es ist jetzt noch nicht halb sieben Uhr morgens, und vor
spoke It is now still not half seven hour in the morning and before
o'clock

zehn Uhr abends werde ich ihn nicht wiedersehen. Fünfzehn und eine
ten hour in the evening will I him not see again Fifteen and a
o'clock

halbe Stunde allein mit mir – was werde ich alles erfahren über mich,
half hour alone with myself what will I all experience over myself

das ich noch nicht wußte? Mir ist angst, mir ist so sehr angst! Ich
that I still not knew To me is fear to me is so much fear I

glaube, ich werde schreien, noch im Schlafe werde ich schreien vor
believe I will cry still in the sleep will I cry for
of

Angst! Fünfzehn und eine halbe Stunde! Die halbe Stunde hätte er noch
fear fifteen and a half hour The half hour had he still

bei mir sitzen können. Aber er wollte durchaus in seinem alten Buch
at me sit can But he wanted throughout in his old book
at all

lesen. Menschen bedeuten ihm trotz all seiner Güte nichts, ihm
read People mean him despite all his goodness nothing him

bedeutet nur seine Gerechtigkeit etwas. Er tut es, weil sie es von
means only his justice something He does it because she it from

ihm verlangt, nicht um meinetwillen. Es hätte erst Wert für mich, wenn
him requires not for my sake It had first worth for me when

er's um meinetwillen täte!
he it for my sake did

Sie nickt diesem gramentstellten Gesicht Saras im Spiegel langsam zu.
She nods this foundation put face of Sarah in the mirror slowly at

Sie sieht sich nach dem Bett um. Das Zimmer meiner Tochter. Sie
She sees herself to the bed around The room of my daughter She

starb 1933. Nicht hier! Nicht hier! schießt es ihr durch den Kopf. Sie
died 1933 Not here Not here Shoots it her through the head She
Flashes

schaudert. Wie er es sagte. Sicher ist die Tochter auch durch – die gestorben, aber er wird nie darüber sprechen, und ich werde ihn auch nie zu fragen wagen. Nein, ich kann nicht in diesem Zimmer schlafen, es ist grauenvoll, unmenschlich. Er soll mir die Kammer seiner Bedienerin geben, ein Bett noch warm vom Leib eines wirklichen Menschen, der darin schlief. Ich kann hier nie schlafen. Ich kann hier nur schreien ...

Sie tippt die Döschen und die Schächtelchen auf dem Toilettetisch an. Vertrocknete Cremes, krümeliger Puder, grünbelaufene Lippenstifte – und sie ist seit 1933 tot. Sieben Jahre. Ich muß etwas tun. Wie es jagt in mir – das ist die Angst. Jetzt, da ich auf dieser Insel des Friedens angelangt bin, kommt meine Angst hervor. Ich muß etwas tun. Ich darf nicht so allein sein mit mir.

Sie kramte in ihrer Tasche. Sie fand Papier und Bleistift. Ich werde den Kindern schreiben, Gerda in Kopenhagen, Eva in Ilford, dem Bernhard und dem Stefan in Brooklyn. Aber es hat keinen Sinn, die Post geht nicht

mehr, es ist Krieg. Ich werde an Siegfried schreiben, irgendwie
(any)more it is war I will to Siegfried write somehow

schmuggle ich den Brief schon durch nach Moabit. Wenn diese alte
smuggle I the letter already through to Moabit When this old
(Berlin prison)

Bedienerin wirklich zuverlässig ist. Der Rat braucht nichts zu merken,
servant girl really reliable is The counselor needs nothing to notice

und ich kann ihr Geld oder Schmuck geben. Ich habe noch genug ...
and I can her money or jewelry give I have still enough

Sie holte auch das aus der Handtasche, sie legte es vor sich hin,
She got also that from the handbag she put it before herself away

das in Pakete gepackte Geld, den Schmuck. Sie nahm ein Armband in
the in packages packed money the jewelry She took a bracelet in

die Hand. Das hat mir Siegfried geschenkt, als ich die Eva bekam. Es
the hand That has me Siegfried given when I the Eva got It
gave birth to

war meine erste Geburt, ich habe viel aushalten müssen. Wie er gelacht
was my first birth I have much bear must How he laughed

hat, als er das Kind sah! Der Bauch hat ihm gewackelt vor Lachen. Alle
has as he the child saw The belly has him wobbled for laughing All
of

mußten lachen, wenn sie das Kind sahen mit seinen schwarzen
must laugh when they the child saw with its black

Ringellöckchen über den ganzen Schädel und seinen Wulstlippen. Ein
ringlets over the whole skull and its bead lips A

weißes Negerbaby, sagten sie. Ich fand Eva schön. Damals schenkte er
white negerbaby said they I found Eva beautiful At that time presented he

mir das Armband. Es hat sehr viel gekostet; alles Geld, das er in einer
me the bracelet It has very much costed all money that he in a

Weißen Woche verdient hatte, gab er dafür. Ich war sehr stolz, eine
white week earned had gave he therefore I was very proud a

Mutter zu sein. Das Armband bedeutete mir nichts. Jetzt hat Eva schon
mother to be The bracelet meant me nothing Now has Eva already

drei Mädels, und ihre Harriet ist neun. Wie oft sie an mich denken
three girls and her Harriet is nine How often she on me think

mag, da drüben in Ilford. Aber was sie auch denken mag, sie wird
may there over there in Ilford But what she also think may she will

sich nie vorstellen, wie ihre Mutter hier sitzt, in einem Totenzimmer
herself never imagine how her mother here sits in a dead room

beim Richter Fromm, der nur der Gerechtigkeit gehorcht. Ganz allein
at the judge Fromm who only the justice obeyed completely alone

mit sich ...
with himself

Sie legte das Armband hin, sie nahm einen Ring. Sie saß den ganzen
She put the bracelet away she took a ring She sat the whole

Tag vor ihren Sachen, sie murmelte mit sich, sie klammerte sich an
day before her things she murmured with herself she clung herself on

ihre Vergangenheit, sie wollte nicht daran denken, wer sie heute war.
her past she wanted not there-on to it think who she today was

Dazwischen kamen Ausbrüche wilder Angst. Einmal war sie schon an der
In between came outbreaks of wild fear Once was she already on the

Tür, sie sagte zu sich: Wenn ich nur wüßte, sie quälen einen nicht
door she said to herself When I only would know they hurt one not

lange, sie machten es schnell und schmerzlos, ich ginge zu ihnen. Ich
long they made it fast and painless I went to them I

ertrage dieses Warten nicht mehr, und wahrscheinlich ist es ganz
endure this waiting not (any)more and probably is it completely

zwecklos. Eines Tages kriegen sie mich doch. Wieso kommt es auf jeden
aimless One day get they me indeed How so comes it on every
useless

Überlebenden an, wieso grade auf mich? Die Kinder werden seltener an
survivor on how so right on me The children will more rare on
of

mich denken, die Enkel gar nicht, Siegfried dort in Moabit wird auch
me think the grandson at all not Siegfried there in Moabit will also

bald sterben. Ich verstehe nicht, was der Kammergerichtsrat damit
soon die I understand not what the chamber judge there-with

gemeint hat, ich muß ihn heute abend danach fragen. Aber
meant has I must him today evening afterwards ask But

183

wahrscheinlich wird er nur lächeln und irgend etwas sagen, mit dem
probably will he only smile and any something say with which

ich gar nichts anfangen kann, weil ich ein richtiger Mensch bin, heute
I at all nothing start can because I a true human am today

noch, aus Fleisch und Blut, eine alt gewordene Sara.
still from meat and blood an old become Sarah

Sie stützte sich mit der Hand auf den Toilettetisch, sie betrachtete
She supported herself with the hand on the make up table she regarded

düster ihr Gesicht, das von einem Netz von Fältchen überzogen war.
darkly her face that from a network of little folds covered was

Fältchen, die Sorge, Angst, Haß und Liebe gezogen hatten. Dann kehrte
Little folds which worry fear hate and love drawn had Then turned

sie zu ihrem Tisch zurück, zu ihren Schmucksachen. Sie zählte, nur um
she to her table back to her jewelry She counted only for

die Zeit hinzubringen, die Scheine immer wieder durch; später versuchte
the time there to bring the notes always again through later tried

sie, alle Scheine nach Serien und Nummern zu ordnen. Dann und wann
she all shines after series and numbers to order Then and when
Now then

schrieb sie auch einen Satz in dem Brief an ihren Mann. Aber es
wrote she also a sentence in the letter to her husband But it

wurde kein Brief, nur ein paar Fragen: Wie er denn untergebracht sei,
became no letter only a few questions How he then accommodated be

was er zu essen bekomme, ob sie nicht für seine Wäsche sorgen
what he to eat gets whether she not for his wash take care
clothing

könne? Kleine, belanglose Fragen. Und: Ihr ging es gut. Sie war in
could Little irrelevant questions And her went it good She was in

Sicherheit.
security

Nein, kein Brief, ein sinnloses, unnötiges Geschwätz, dazu auch unwahr.
No no letter a senseless unnecessary babble there-to also untrue

Sie war nicht in Sicherheit. Noch nie hatte sie sich in den letzten
She was not in security Still never had she herself in the last

grauenvollen Monaten so in Gefahr gefühlt wie in diesem stillen Zimmer.
gruesome months so in danger felt as in this quiet room

Sie wußte, sie mußte sich hier verändern, sie würde sich nicht
She knew she must herself here change she would herself not

entwischen können. Und sie hatte Angst vor dem, was aus ihr werden
escape be able And she had fear for that what from her become

konnte. Vielleicht mußte sie dann noch Schrecklicheres erleiden und
could Perhaps must she then still more terrible suffer and

ertragen, sie, die schon ohne ihren Willen aus einer Lore zu einer
endure she who already without her will from a Lore to a

Sara geworden war.
Sarah become was

Später legte sie sich doch auf das Bett, und als ihr Gastgeber um
Later put she herself indeed on the bed and as her host at

zehn Uhr gegen ihre Tür klopfte, schlief sie so fest, daß sie ihn nicht
ten hour against her door knocked slept she so firmly that she him not
o'clock

hörte. Er öffnete die Tür vorsichtig mit einem Schlüssel, der den Riegel
heard He opened the door carefully with a key which the bolt

zurückschob, und als er die Schlafende sah, nickte er und lächelte. Er
pushed back and as he the sleeping saw nodded he and smiled He

holte ein Tablett mit Essen, setzte es auf den Tisch, und als er dabei
got a tray with food set it on the table and as he there-by

die Schmucksachen und das Geld beiseite schob, nickte und lächelte er
the jewelry and the money to the side pushed nodded and smiled he

wieder. Leise ging er aus dem Zimmer, drückte den Riegel wieder herum,
again Softly went he from the room squeezed the bolt again around

ließ sie schlafen ...
let her sleep

So kam es, daß Frau Rosenthal in den ersten drei Tagen ihrer
So came it that Mrs Rosenthal in the first three days of her

»Schutzhaft« keinen einzigen Menschen zu sehen bekam. Sie verschlief
protection no single person to see got She slept in

stets		die	Nacht,	um	zu	einem	schrecklichen,	angstgequälten	Tag	zu
all the time		the	night	for	to	a	horrible	anguished	day	to

erwachen.	Am	vierten	Tage,	halb	von	Sinnen,	tat	sie	dann	etwas	...
awaken	At the	fourth	day	half	from	senses	did	she	then	something	

Es ist immer noch Mittwoch
It is still Wednesday

Die Gesch hatte es doch nicht über sich gebracht, den kleinen Mann
The Gesch had it indeed not over herself brought the small man

auf ihrem Sofa nach einer Stunde zu wecken. Er sah so bemitleidenswert
on her sofa after one hour to wake He saw so pitiful
        looked

aus, wie er dalag in seinem Erschöpfungsschlaf, die Flecke auf seinem
-out- as he there lay in his exhausted sleep the spots on his

Gesicht fingen jetzt an, rotblau anzulaufen.
face caught now on red blue on-to-run
        to turn

Er hatte die Unterlippe vorgeschoben wie ein trauriges Kind, und
He had the underlips advanced as a sad child and

manchmal zitterten seine Lider, und seine Brust hob sich in einem
sometimes trembled his eyelids and his chest lifted itself in a

schweren Seufzer, als wolle er gleich jetzt in seinem Schlaf losweinen.
heavy sighs as wanted he immediately now in his sleep cry off

Als sie ihr Mittagessen fertig hatte, weckte sie ihn und gab ihm zu
As she her lunch ready had woke she him and gave him to

essen. Er murmelte etwas wie einen Dank. Er aß wie ein Wolf und
eat He murmured something like a thanks He ate like a wolf and

warf dabei Blicke auf sie, aber er sprach mit keinem Wort von dem,
threw there-by looks on her but he spoke with no word from that

was geschehen war.
what happened was

Schließlich sagte sie: »So, mehr kann ich Ihnen nicht geben, sonst
Finally said she So more can I you not give otherwise

bleibt für Gustav nicht genug. Legen Sie sich nur auf das Sofa und
remains for Gustav not enough Put you yourself only on the sofa and

schlafen Sie noch ein bißchen. Ich werde dann selbst mit Ihrer Frau ...«
sleep you still a bit I will then self with your wife

Er murmelte wieder etwas, unkenntlich, ob Zustimmung oder
He murmured again something unrecognizable whether approval or

Ablehnung. Aber er ging willig zum Sofa, und eine Minute später war er
rejection But he went willing to the sofa and a minute later was he

wieder fest eingeschlafen.
again fast slept in
(asleep fallen)

Als am späten Nachmittag Frau Gesch die Flurtür der Nachbarin gehen
As at the late afternoon Mrs Gesch the floor door of the neighbor go

hörte, schlich sie leise hinüber und klopfte. Eva Kluge öffnete sofort,
heard sneaked she softly over and knocked Eva Kluge opened immediately

aber sie stellte sich so in die Tür, daß sie den Eintritt verwehrte.
but she set herself so in the door that she the entry denied

»Nun?« fragte sie feindlich.
No asked she hostile

»Entschuldigen Sie, Frau Kluge«, fing die Gesch an, »wenn ich Sie noch
Excuse (me) you Mrs Kluge caught the Gesch on when I you still
started

mal störe. Aber Ihr Mann liegt drüben bei mir. So 'n Bulle von der
once disrupt But your man lies over there at me So a bully from the
husband

SS hat ihn heute früh angeschleppt, Sie können kaum weg gewesen
SS has him today early towed They can hardly away been

sein.«
be

Eva Kluge verharrte in ihrem feindlichen Schweigen, und die Gesch fuhr
Eva Kluge hardened in her hostile silence and the Gesch drove
continued

fort: »Sie haben ihn ganz schön zugerichtet, da ist kein Fleck an
away You have him completely beautifully prepared there is no spot on
on

ihm, der nich was abgekriegt hat. Ihr Mann mag sein, wie er will,
him which not what gotten off has Your man may be how he wants
husband

aber so können Sie ihn nicht vor die Tür setzen. Sehen Sie ihn sich
but so can you him not before the door set See you him yourself

bloß mal an, Frau Kluge!«
just once at Mrs Kluge

Sie sagte unbeugsam: »Ich habe keinen Mann mehr, Frau Gesch. Ich
She said unbendable I have no husband (any)more Mrs Gesch I
stubborn

hab's Ihnen gesagt, ich will nichts mehr davon hören.«
have it you said I want nothing (any)more there-from hear

Und sie wollte in ihre Wohnung zurück. Die Gesch sagte eifrig: »Seien
And she wanted in her house back The Gesch said zealously Be

Sie nicht so eilig, Frau Kluge. Schließlich ist es Ihr Mann. Sie haben
you not so hurried Mrs Kluge Finally is it your husband You have

Kinder mit ihm gehabt ...«
children with him had

»Darauf bin ich besonders stolz, Frau Gesch, darauf besonders!«
Thereon am I particularly proud Mrs Gesch thereupon especially

»Man kann auch unmenschlich sein, Frau Kluge, und was Sie tun wollen,
One can also inhuman be Mrs Kluge and what you do want

das ist unmenschlich. So kann der Mann nicht auf die Straße.«
that is inhuman So can the husband not on the street

»Und war das, was er mit mir all die Jahre getan hat, etwa menschlich?
And was that what he with me all the years done has about human
maybe

Er hat mich gequält, er hat mir mein ganzes Leben kaputtgemacht,
He has me tormented he has me my whole life destroyed

schließlich hat er mir noch meinen Lieblingsjungen weggenommen – und
finally has he me still my favorite boy away taken and

zu so einem soll ich menschlich sein, bloß weil er Dresche von
to such one should I humane be just because he threshings from

der SS bekommen hat? Ich denke gar nicht daran! Den ändern auch
the SS become has I think at all not there-on That one change also
to that

noch so viele Schläge nicht!«
still so many blows not

Nach diesen heftig und böse ausgestoßenen Worten zog Frau Kluge
After this vehement and angry outcast uttered words pulled Mrs Kluge

der Gesch einfach die Tür vor der Nase zu und schnitt ihr so jedes
the Gesch simply the door before the nose closed and cut her so each

weitere Wort ab. Sie war einfach nicht fähig, noch weiteres Gerede
further word off She was simply not capable of still additional talk

auszuhalten. Bloß um allem Gerede zu entgehen, hätte sie den Mann
to endure Just for all talk to escape had she the husband

womöglich doch noch wieder in die Wohnung aufgenommen und es
possibly indeed still again in the house taken up and it

immer und ewig bereut!
always and eternally regretted

Sie setzte sich auf einen Küchenstuhl, starrte in die bläuliche Gasflamme
She set herself on a kitchen chair stared in the bluish gas flame

und dachte an diesen Tag zurück. Seit sie dem Vorsteher des Amtes
and thought on this day back Since she the head of the office

eröffnet hatte, sie wolle aus der Partei austreten und das
opened told had she wanted from the (political) party step out and that

sofort, hatte es viel Gerede gegeben. Er hatte sie zunächst von ihrem
immediately had it much talk given He had her first from her

Bestellgang befreit. Aber heute war sie vernommen worden. Gegen Mittag
order walk mail delivery freed But today was she heard become Against afternoon

waren zwei Zivilisten mit Aktentaschen aufgetaucht und hatten sie befragt.
were two civilians with briefcases duck-up surfaced and had her questioned

Ihr ganzes Leben sollte sie erzählen, von den Eltern, den Geschwistern,
Her whole life should she tell from the parents the siblings

ihrer Ehe ...
of her marriage

Erst war sie ganz bereitwillig gewesen, froh, dem endlosen Gefrage
First was she completely voluntarily been happy the endless questions

über die Gründe ihres Austritts zu entgehen. Aber dann, schon als sie
over the reasons of her exit to escape But then already as she

von ihrer Ehe berichten sollte, war sie wieder bockbeinig geworden.
from her marriage report should was she again stubborn become

Nach der Ehe würden die Kinder drankommen und sie würde nicht
After the marriage would the children there-on-come and she would not
arrive

von Karlemann erzählen können, ohne daß diese gewitzten Füchse
from Karlemann tell be able without that these shrewd foxes

merkten, daß da etwas nicht stimmte.
noticed that there something not was right

Nein, auch darüber sagte sie nichts aus. Ihre Ehe und ihre Kinder
No also there-about said she nothing -out- Her marriage and her children

gingen niemanden etwas an.
went no one something on

Aber diese Leute waren zähe. Sie wußten viele Wege. Der eine griff in
But these people were tough They knew many ways The one grabbed in

seine Aktentasche und fing an, in einem Aktenstück zu lesen. Sie hätte
his briefcase and caught on in a file to read She had

gerne gewußt, was er da las: Es konnte doch über sie nicht solch ein
gladly known what he there read It could indeed over her not such a

Aktenstück bei der Kriminalpolizei geben, denn daß diese Zivilisten
file at the criminal police give then that this civilians
exist

irgendwas Polizeiliches waren, das hatte sie unterdes doch gemerkt.
anything police were that had she under-that indeed noticed
meanwhile

Dann fingen sie wieder an zu fragen, und nun erwies es sich, daß in
Then caught they again on to ask and now proved it itself that in
started

dem Aktenstück etwas über Enno stehen mußte. Denn nun wurde sie
the file something about Enno stand must Then now became she

über seine Krankheiten, seine Arbeitsscheu, seine Wettleidenschaft und über
over his diseases his work-shyness his betting passion and over

seine Weiber ausgefragt. Es fing wieder ganz harmlos an, dann
his wives asked It caught again completely harmless -on- then
started

plötzlich sah sie die Gefahr, schloß fest den Mund und sagte nichts
suddenly saw she the danger closed firmly the mouth and said nothing

mehr. Nein, auch das war privat. Es ging keinen was an. Was sie
(any)more No also that was private It went no one what -on- What she
concerned anything

mit ihrem Mann hatte, das war ihre Sache allein. Übrigens lebte sie
with her man had that was her thing alone By the way lived she

getrennt von dem Manne.
parted from the man

Da war sie wieder erwischt. Seit wann sie getrennt von ihm lebe?
There was she again caught Since when she cut from him live

Wann hatte sie ihn zum letzten Male gesehen? Hing ihr Wunsch nach
When had she him to the last time seen Hung her wish after

Austritt aus der Partei etwa mit dem Manne zusammen?
exit from the (political) party about with the man together
maybe husband

Sie schüttelte nur den Kopf. Aber sie dachte mit Schaudern daran, daß
She shook only the head But she thought with shudder to it that

sie sich wahrscheinlich nun den Enno vornehmen würden, und aus
they themselves probably now the Enno take in front would and from
take apart

dem schlappen Kerl würden sie in einer halben Stunde alles
the weak chap would they in a half hour everything

ausgequetscht haben! Dann stand sie mit ihrer Schande, von der
squeezed out have Then stood she with her shame from which

bisher sie allein wußte, vor allen nackt und bloß da.
until-here she alone knew before all naked and just there
until now

»Privat! Rein privat!«
Private Purely private

Die Briefträgerin, die in Gedanken verloren das Zittern und
The letter-carrier-female postwoman who in thoughts lost the trembling and

Beben des blauen Gasflämmchens beobachtet hat, fährt zusammen. Sie
shivering of the blue gas bottle observed has drives together She
hunches

hat vorhin einen schweren Fehler begangen, sie brauchte dem Enno nur
has a while ago a heavy error committed she needed the Enno only

für ein paar Wochen Geld zu geben und die Weisung, sich bei einer
for a few weeks money to give and the instruction himself at one

seiner Freundinnen zu verstecken.
his girlfriends to hide

Sie klingelt bei der Gesch. »Hören Sie, Frau Gesch, ich habe es mir noch
She rings at the Gesch Listen you Mrs Gesch I have it me still

mal überlegt, ich möchte wenigstens ein paar Worte mit meinem Manne
once considered I may at least a few words with my man husband

sprechen!«
speak

Jetzt, wo die andere ihr den Willen tut, wird die Gesch böse. »Das
Now where the other her the will does becomes the Gesch angry That

hätten Sie sich eher überlegen müssen. Jetzt ist Ihr Mann fort, schon
had you yourself before consider must Now is your man away already husband

gute zwanzig Minuten. Nun kommen Sie zu spät!«
good twenty minutes Now come you too late

»Wo ist er denn hin, Frau Gesch?«
Where is he then away Mrs Gesch

»Wie soll ich das denn wissen? Wo Sie ihn rausgeschmissen haben!
How should I that then know Where you him kicked out have

Bei eine von seinen Weibern wohl!«
At one of his women well

»Wissen Sie nicht, zu welcher? Bitte, sagen Sie es doch, Frau Gesch! Es
Know you not to which Please say you it indeed Mrs Gesch It

ist wirklich sehr wichtig.«
is really very important

»Auf einmal!« Und widerwillig setzt die Gesch hinzu: »Er hat was von
At once And reluctantly set the Gesch there-to He has what from something

'ner Tutti gesagt ...«
a Tutti said

»Tutti?« fragt sie. »Das soll doch Trude, Gertrud bedeuten ... Wissen
Tutti asks she That should indeed Trude Gertrud mean Know

Sie den andern Namen nicht, Frau Gesch?«
you the other name not Mrs Gesch

»Er hat ihn ja selber nicht gewußt! Er hat nicht mal genau gewußt,
He has him yes self not known He has not once exactly known
it

wo sie wohnt, er hat bloß gedacht, er find't sie. Aber bei dem
where she lives he has just thought he finds her But at the
(findet)

Zustand, in dem der Mann ist ...«
condition in which the man is

»Vielleicht kommt er noch mal wieder«, sagt Frau Kluge nachdenklich.
Perhaps comes he still once again says Mrs Kluge thoughtful

»Dann schicken Sie ihn zu mir. Jedenfalls danke ich Ihnen schön, Frau
Then send you him to me Anyhow thank I ou beautiful Mrs

Gesch. Guten Abend!«
Gesch Good evening

Aber die Gesch grüßt nicht zurück, sie knallt bei sich die Tür zu. Sie
But the Gesch greets not back she bangs at herself the door to She
close

hat noch nicht vergessen, wie die andere ihr vorhin die Tür vor der
has still not forgotten how the other her a while ago the door before the

Nase zugemacht hat. Das ist noch lange nicht raus, daß sie den Mann
nose closed has That is still long not out that she the man

schickt, wenn er wirklich noch mal hier auftaucht. So 'ne Frau soll
sends when he really still once here up-dives So a woman should
turns up

sich zur rechten Zeit besinnen, nachher ist es manchmal zu spät.
herself at the right time reflect after is it sometimes too late

Frau Kluge ist in ihre Küche zurückgekehrt. Es ist seltsam: Obwohl doch
Mrs Kluge is in her kitchen returned It is rare Although indeed

das Gespräch eben mit der Gesch ohne Ergebnis geblieben ist, hat es
the conversation just with the Gesch without result remained is has it

sie erleichtert. Die Dinge müssen eben ihren Lauf nehmen. Sie hat getan,
her lightened The things must just their course take She has done

was sie tun konnte, sich sauberzuhalten. Sie hat sich vom Vater wie
what she do could herself to keep clean She has herself from the father as

vom Sohne losgesagt, sie wird sie austilgen aus ihrem Herzen. Sie
from the son away-said she will them wipe out from her heart She

hat ihren Austritt aus der Partei erklärt. Nun geschieht, was
has her exit from the (political) party explained Now happens what

geschehen muß. Sie kann das nicht ändern, auch das Schlimmste kann sie
happened must She can that not change also the worst can her

nicht mehr sehr schrecken nach dem, was sie durchgemacht hat.
not (any)more much frighten after that what she gone through has

Es hat sie auch nicht sehr erschrecken können, als die beiden
It has her also not much scare been able as the both

vernehmenden Zivilisten vom nutzlosen Fragen zum Drohen
interrogating civilians from the useless questions to the threatening

übergegangen sind. Sie wisse doch wohl, daß solch ein Austritt aus der
passed over are She knew indeed well that such an exit from the

Partei sie ihre Stellung bei der Post kosten könne? Und noch viel
(political) party her her position at the mail cost could And still much

mehr: Wenn sie jetzt, unter Verweigerung von Gründen, aus der
more When she now under refusal from reasons from the

Partei austreten wolle, so sei sie politisch unzuverlässig, und für
(political) party emerge wanted so be she politically unreliable and for

solche gebe es so etwas wie ein KZ! Sie habe doch wohl
such give it so something as a concentration camp She have indeed well
(Konzentrationslager)

schon davon gehört? Da könne man politisch Unzuverlässige sehr
already there-from heard There could one politically unreliable very

rasch zuverlässig machen, fürs ganze Leben seien die zuverlässig. Sie
quickly reliable make for the whole life are they reliable She

verstehe doch!
understands indeed

Frau Kluge hatte keine Angst bekommen. Sie ist dabei geblieben, daß
Mrs Kluge had no fear become She is there-by remained that

privat privat bleibt, und über Privates redet sie nicht. Schließlich hat man
private private remains and about private talks she not Finally has one

sie gehen lassen. Nein, ihr Austritt aus der Partei ist vorläufig nicht
her go let No her exit from the (political) party is for now not

angenommen, sie wird noch darüber hören. Aber vom Postdienst ist sie
taken on she will still about it hear But from the postal service is she

suspendiert. Sie hat sich aber in ihrer Wohnung zur Verfügung zu
suspended She has herself however in her house to the disposal to

halten ...
hold

Während Eva Kluge den solange vergessenen Suppentopf endlich auf die
While Eva Kluge the so long forgotten soup pot finally on the
during that time

Gasflamme rückt, beschließt sie plötzlich, auch in diesem Punkte nicht zu
gas flame move decides she suddenly also in this point not to

gehorchen. Sie wird nicht ewig tatenlos in der Wohnung sitzen und auf
obey She will not eternally idle in the house sit and on

die Quälereien der Herren warten. Nein, sie wird morgen früh mit
the torments of the gentlemen wait No she will tomorrow early with

dem Sechs-Uhr-Zug zu ihrer Schwester bei Ruppin fahren. Da kann sie
the six o'clock train to her sister at Ruppin drive There can she

zwei, drei Wochen unangemeldet leben, die füttern sie schon so
two three weeks unannounced live that one feeds her already so

durch. Die haben da Kuh und Schweine und Kartoffelland. Sie wird
through Those have there cow and pigs and potato land She will

arbeiten, im Stall und auf dem Felde arbeiten. Das wird ihr guttun,
work in the stable and on the field work That will her do well

besser als diese Briefträgerei für ewig: trabtrab!
better as this post office for eternally trot trot

Ihre Bewegungen sind, seit dem Beschluß, aufs Land zu gehen, frischer
Her movements are since the decision on the land to go fresh

geworden. Sie holt einen Handkoffer hervor und fängt an zu packen.
become She gets a suitcase forth and catches on to pack
starts

Einen Augenblick überlegt sie, ob sie Frau Gesch wenigstens sagen
One moment considers she whether she Mrs Gesch at least say

soll, daß sie verreist ist, das Wohin braucht sie ihr ja nicht zu
should that she out of town is that where-to needs she her yes not to
indeed

sagen. Aber sie beschließt: nein, sie will lieber nichts sagen. Alles,
say But she decides no she wants rather nothing say Everything

was sie nun tut, tut sie ganz für sich allein. Sie will keinen
what she now does does she completely for herself alone She wants no
that

Menschen dareinziehen. Sie wird auch der Schwester und dem Schwager
people there-in-pull She will also the sister and the brother in law

nichts sagen. Sie wird jetzt so allein leben wie noch nie. Immer war
nothing say She will now so alone live as still never Always was

bisher jemand da, für den sie zu sorgen hatte: die Eltern, der Mann,
until-here someone there for which she to worry had the parents the man
until now husband

die Kinder. Nun ist sie allein. Es scheint ihr im Augenblick sehr
the children Now is she alone It seems her in the moment very

möglich, daß ihr dieses Alleinsein gut gefallen wird. Vielleicht wird, wenn
possible that her this to be alone good please will Perhaps will when

sie ganz allein mit sich ist, noch etwas aus ihr, jetzt, wo sie
she completely alone with herself is still something from her now where she

endlich Zeit für sich selber hat, das eigene Ich nicht immer über all
finally time for herself self has that own I not always over all

dem andern vergessen muß.
the others forget must

In dieser Nacht, die Frau Rosenthal mit ihrer Einsamkeit so ängstet,
In this night which Mrs Rosenthal with her lonliness so scares
its

lächelt die Briefträgerin Kluge zum erstenmal wieder im
smiles the letter-carrier-femalepostwoman Kluge for the first time again in the

Schlaf. Träumend sieht sie sich auf einem riesigen Kartoffelacker stehen,
sleep Dreaming sees she himself on a huge potato field stand

die Hacke in den Händen. So weit sie sieht, nur Kartoffelland, und sie
the hoe in the hands So far she sees only potato land and she

dazwischen   allein: Sie   muß   das   Kartoffelland   sauberhacken.   Sie   lächelt,
there in between   alone   She   must   the   potato land   chop clean   She   smiles

sie   hebt   die   Hacke,   hell   klingt   ein   getroffener   Stein,   ein   Meldenstengel
she   lifts   the   hoe   bright   sounds   a   struck   stone   a   saltbush stem

sinkt   um,   sie   hackt   weiter   und   weiter.
sinks   around   she   hacks   further   and   further

Enno und Emil nach dem Schock
Enno and Emil after the Shock

Der kleine Enno Kluge hat es viel schlechter getroffen als sein »Kumpel«
The little Enno Kluge has it much worse hit as his mate
received

Emil Borkhausen, den nach den Erlebnissen dieser Nacht eine Frau, sie
Emil Borkhausen who after the experiences of this night a woman she

mochte sein, wie sie wollte, doch immerhin in ein Bett gepackt hatte,
might be how she wanted indeed after all in a bed packed had

wenn sie ihn auch sofort danach bestahl. Der schwächliche
when she him also immediately afterwards stole from The weak

Rennwetter hat auch viel mehr Schläge bekommen als der lange,
run-better has also much more blows become as the long
gambler on horses

knochige Gelegenheitsspitzel. Nein, dem Enno ist besonders übel mitgespielt
bony opportunity snitch No the Enno is particularly bad played along

worden.
become

Und während er durch die Straßen läuft und angstvoll nach seiner Tutti
And while he through the streets walks and fearfully after his Tutti
for

sucht, ist der Borkhausen aus seinem Bett aufgestanden, hat sich in
searches is the Borkhausen from his bed gotten up has himself in

der Küche was zu essen gesucht und ißt sich finster und
the kitchen what to eat sought and eats himself dark and
something

nachdenklich satt. Dann findet Borkhausen im Kleiderspind eine Schachtel
thoughtful fed Then finds Borkhausen in the clothes locker a box
full

Zigaretten, er brennt sich eine an, steckt die Schachtel in seine Tasche
of cigarettes he burns himself one on sticks the box in his pocket
lights

und sitzt wieder finster grübelnd am Tisch, den Kopf in der Hand.
and sits again dark brooding at the table the head in the hand

So findet ihn seine Otti, als sie von ihren Besorgungen zurückkommt.
So finds him his Otti as she from her errands returns

Natürlich sieht sie gleich, daß er sich Essen genommen hat, sie
Of course sees she immediately that he himself food taken has she

weiß auch, er hat nichts zu rauchen in der Tasche gehabt, als sie ging,
knows also he has nothing to smoke in the pocket had as she went

und sie entdeckt sofort den Diebstahl aus ihrem Kleiderspind.
and she discovers immediately the theft from her clothes locker

Sofort bricht sie einen Streit vom Zaun, so verängstigt sie auch ist.
Immediately breaks she a conflict from the fence so scared she also is

»Jawohl, so was liebe ich, einen Kerl, der mir mein Essen frißt und
Yes so what love I a chap who me my food devours and

mir meine Zigaretten klaut! Gleich gibst du mir sie wieder, auf der
me my cigarettes steals Immediately give you me them again on the

Stelle gibst du mir sie wieder! Oder du bezahlst sie mir! Gib Geld
spot give you me them again Or you pay them me Give money

her, Emil!«
here Emil

Sie wartet gespannt, was er sagen wird, aber sie ist ihrer Sache ziemlich
She waits anxiously what he say will but she is her thing rather

sicher. Die achtundvierzig Mark hat sie schon fast ganz ausgegeben,
sure The forty-eight mark has she already almost completely spent
{money}

da kann er wirklich nicht mehr viel machen.
there can he really not (any)more much make
do

Und sie sieht aus seiner Antwort, so böse, sie auch klingt, daß er von
And she sees from his answer so angry she also sounds that he from
it

dem Gelde wirklich nichts weiß. Sie fühlt sich diesem doofen Kerl von
the money really nothing knows She feels herself this stupid bloke of

einem Manne weit überlegen, sie hat ihn ausgenommen, und der Affe
a man far superior she has him taken out and the monkey

merkt es nicht mal!
notices it not once
    even

»Halt die Schnauze!« grunzt Borkhausen nur, ohne den Kopf zu erheben.
Hold the snout grunts Borkhausen only without the head to raise
Shut

»Und mach, daß du aus der Stube kommst, oder ich schlage dir alle
And make that you from the room come or I strike you all

Knochen im Leibe entzwei!«
bones in the body in two

Sie ruft von der Küchentür her, einfach, weil sie immer das letzte
She calls from the kitchen door away simply because she always the last

Wort haben muß und weil sie sich ihm so überlegen fühlt (obwohl
word have must and because she herself him so superior feels although

sie jetzt Angst vor ihm hat): »Sieh du lieber selbst, daß dir die SS
she now fear before him has See you rather self that you the SS

deine Knochen nicht ganz zerschlägt! Weit biste nicht mehr
your bones not completely smashes Far be you not (any)more

davon ab!«
there-from off

Damit geht sie in die Küche und läßt ihren Ärger über diese
There-with goes she in the kitchen and lets her annoyance over this

Verbannung an den Gören aus.
exile on the brats out

Der Mann aber sitzt in der Stube und grübelt. Er weiß nur wenig von
The man however sits in the room and ponders He know only little from

dem, was in der Nacht geschah, aber das wenige, das er weiß, das
that what in the night happened but the little that he knows that

reicht ihm. Und er denkt daran, daß da oben die Wohnung der
is enough for him And he thinks there-on that there above the house the
    to it

Rosenthal liegt, die jetzt wohl von den Persickes ausgeräumt ist, und er
Rosenthal lies who now well from the Persickes cleared out is and he

hätte sich nehmen können, noch und noch! Durch seine eigene
had himself take be able still and still Through his own

Dußligkeit hat er das verbockt!
daftness has he that screwed up

Nein, der Enno ist daran schuld gewesen, der Enno hat mit dem
No the Enno is there-on guilty been the Enno has with the
to it

Schnaps angefangen, der Enno ist von allem Anfang an besoffen
schnapps started the Enno is from all beginning on(wards) drunk

gewesen. Ohne den Enno hätte er jetzt einen Haufen Zeugs, Wäsche und
been Without the Enno had he now a heap of stuff wash and
clothing

Kleider; dunkel erinnert er sich auch an einen Radioapparat. Wenn er
dresses dark reminds he himself also on a radio When he

den Enno jetzt hier hätte, würde er ihm alle Knochen im Leibe
the Enno now here had would he him all bones in the body

zerschlagen, diesem feigen Schwächling, der ihm die ganze Sache
smash this cowardly weakling who him the whole thing

vermasselt hat!
screwed up has

Aber einen Augenblick später zuckt Borkhausen schon wieder die Achseln.
But a moment later shrugs Borkhausen already again the shoulders

Wer ist denn schließlich dieser Enno? 'ne feige Wanze, die davon
Who is then finally this Enno A cowardly bug who there-from

lebt, daß sie den Weibern Blut abzapft! Nein, wer richtig schuld ist, das
lives that she the women blood taps No who right guilty is that
he

ist dieser Baldur Persicke! Dieser Bengel, dieser Schuljunge von einem
is this Baldur Persicke This brat this school boy from a

HJ-Führer hat von Anfang an vorgehabt, ihn reinzulegen! Das war
hitler-jugend-leader has from beginning on intended him to put in That was
to trick

alles vorbereitet, um einen Schuldigen zu haben und sich selbst die
everything prepared for a guilty one to have and himself himself the

Beute ungestraft aneignen zu können! Das hat sich diese Giftschlange
booty unpunished appropriate to be able That has himself this poisonous snake

mit den funkelnden Brillengläsern fein ausgedacht! Ihn so reinzulegen,
with the sparkling eyeglass lenses fine made up Him so to put in
trick

dieser verdammte Rotzjunge!
this damned snotty boy

Borkhausen versteht es nicht so ganz, warum er nun eigentlich doch
Borkhausen understands it not so completely why he now actually indeed

nicht in einer Zelle auf dem Alex, sondern in seiner Stube sitzt.
not in a cell on the Alex(anderplatz) but in his room sits

Da muß denen was dazwischengekommen sein. Ganz dunkel
There must those what there-between-come be Completely dark
something

erinnert er sich an zwei Gestalten, aber wer das war und wieso, das
reminded he himself on two shapes but who that were and how so that

hat er damals schon in seiner halben Betäubung nicht erfaßt, und jetzt
has he at that time already in his half numbing not grasped and now

weiß er es erst recht nicht.
knows he it first right not
even really

Aber das eine weiß er: dies verzeiht er dem Baldur Persicke nie. Der
But that one knows he this pardons he the Baldur Persicke never That one

mag noch so sehr hochkriechen auf der Leiter der Parteigunst, der
may still so much crawl up on the ladder of the party favor the

Borkhausen paßt auf. Der Borkhausen kann warten. Der Borkhausen
Borkhausen guards up The Borkhausen can wait The Borkhausen
takes care

vergißt nichts. So 'n Bengel – eines Tages wird er ihn doch rankriegen,
forgets nothing So a kid – one day will he him indeed there-on-get
get

und dann liegt der im Dreck! Aber er soll schlimmer drinliegen als
and then lies that one in the filth But he should worse there-in-lie as

der Borkhausen, und er soll nie wieder daraus aufstehen. Einen
the Borkhausen and he should never again there from get up A

Kumpel verraten? Nein, das wird nie verziehen und vergessen! Die
comrade betray No that becomes never forgiven and forgotten The

schönen Sachen in der Rosenthalschen Wohnung, Koffer und Kisten und
beautiful things in the Rosenthals' house suitcases and chests and

Radio, das hätte er alles haben können!
radio that had he everything have been able

203

Und weiter grübelt Borkhausen, immer dasselbe, und dazwischen holt er
And further ponders Borkhausen always the same and in between gets he

sich heimlich den silbernen Handspiegel der Otti, letzte Erinnerung an
himself secretly the silver hand mirror which Otti last memory on

einen großzügigen Freier, und betrachtet und befühlt sein Gesicht.
a generous suitor and considers and feels his face

Auch der kleine Enno Kluge hat unterdes in dem Spiegel eines
Also the little Enno Kluge has under-that in the mirror of a
meanwhile

Modewarengeschäftes entdeckt, wie sein Gesicht aussieht. Das hat ihn nur
fashion store discovered how his face looks That has him only

noch mehr verängstigt und ganz kopflos gemacht. Er wagt keinen
still more scared and completely headless made He dares no

Menschen anzusehen, aber er hat das Gefühl, alle sehen ihn an. Er
people to look at but he has the feeling all see him on He
stare at

drückt sich in den Nebenstraßen herum, seine Suche nach Tutti wird
presses himself in the side streets around his search after Tutti becomes
for

immer hirnverbrannter, er weiß nicht mehr, wo sie etwa gewohnt hat,
always brain burned he knows not (any)more where she about lived has

er weiß aber auch nicht mehr, wo er jetzt grade ist. Aber er
he knows however also not (any)more where he now right is But he

geht in jeden dunklen Torgang und sieht in den Hinterhöfen an den
goes in every dark gate and sees in the backyards on the

Fenstern hoch. Tutti ... Tutti ...
windows high Tutti Tutti

Es wird jetzt rasch immer dunkler, vor der Nacht muß er noch
It becomes now quickly continuously more dark before the night must he still

Quartier gefunden haben, sonst nimmt ihn die Polizei fest, und wenn
camp found have otherwise takes him the police fast and when

die sehen, in welchem Zustand er ist, dann machen sie Hackfleisch aus
those see in which condition he is then make they minced meat from

ihm, bis er alles eingestanden hat. Und wenn er das von den
him until he everything admitted has And when he that from the

Persickes gesteht, und er quatscht es ja doch aus in seiner Angst, dann
Persickes confesses and he blabs it yes indeed out in his fear then

schlagen ihn die Persickes tot.
strike him the Persickes dead

Er läuft ziellos immer weiter, immer weiter …
He runs aimless always further always further

Schließlich kann er nicht mehr. Er setzt sich auf eine Bank und
Finally can he not (any)more He sets himself on a bench and

hockt da nun, einfach nicht imstande, weiterzugehen und sich etwas
squats there now simply not able to continue and himself something

auszudenken. Schließlich fängt er ganz mechanisch an, seine Taschen
to think of Finally catches he completely mechanically on his pockets
starts

nach etwas Rauchbarem abzusuchen – eine Zigarette würde ihn wieder
to something smokable to search a cigarette would him again

ein bißchen in Gang bringen.
a bit in course bring
get going

Er findet in seinen Taschen keine Zigarette, aber er findet etwas, das
He finds in his pockets no cigarette but he finds something that

er bestimmt nicht erwartet hat, nämlich Geld. Sechsundvierzig Mark
he certainly not expected has namely money Forty-six mark(money)

findet er. Die Frau Gesch hätte es ihm schon vor Stunden sagen
finds he The woman Gesch had it him already before hours to say

können, daß er Geld in der Tasche hat, sie hätte den kleinen,
been able that he money in the pocket has she had the small

verängstigten Mann auf seiner Suche nach einer Bleibe ein wenig sicherer
frightened man on his search after a stay a little more sure
for

gemacht. Aber die Gesch hat natürlich nicht verraten wollen, daß sie
made But the Gesch has of course not betrayed want that she

seine Taschen, während er schlief, durchsucht hat. Die Gesch ist eine
his pockets while he slept searched has The Gesch is a

anständige Frau, sie hat das Geld – wenn auch erst nach kurzem
decent woman she has the money – when also first after (a) short

Kampf – zurückgesteckt. Hätte sie es bei ihrem Gustav gefunden – sie
(inner) fight · put back · Had · she · it · at · her · Gustav · found · she

hätte es ohne weiteres an sich genommen, aber bei einem fremden
had · it · without · additional · on · herself · taken · but · at · a · strange unfamiliar

Mann, nein, so eine war sie nun doch nicht! Natürlich hat sich die
man · no · such · (a) one · was · she · now · indeed · not · Of course · has · herself · the

Gesch von den neunundvierzig Mark, die sie gefunden hat, drei
Gesch · from · the · forty nine · mark(money) · which · she · found · has · three

Mark abgenommen. Aber das war nicht geklaut, das war ihr gutes
mark(money) · decreased · But · that · was · not · clawed stolen · that · was · her · good

Recht für das Essen, das sie dem Kluge gegeben hat. Sie hätte ihm das
right · for · the · food · that · she · the · Kluge · given · has · She · had · him · the

Essen auch ohne Geld gegeben, aber wie kommt sie dazu, einem
food · also · without · money · given · but · how · comes · she · there-to · a

fremden Mann, der Geld hat, umsonst Essen zu geben? So ist sie nun
strange unfamiliar · man · who · money · has · for nothing · food · to · give · So · is · she · now

auch wieder nicht.
also · again · not

Jedenfalls stärken die sechsundvierzig Mark den verschüchterten Enno
Anyhow · strengthen · the · forty-six · mark (money) · the · intimidated · Enno

Kluge ungemein, er weiß doch nun, er kann sich immer ein Logis für
Kluge · ungeneric immensely · he · knows · indeed · now · he · can · himself · always · a · cabin · for

die Nacht nehmen. Auch sein Gedächtnis fängt wieder an zu
the · night · take · Also · his · memory · catches starts · again · -on- · to

funktionieren. Zwar an die Wohnung der Tutti erinnert er sich noch
function · Indeed · on of · the · house · of the · Tutti · remembers · he · himself · still

immer nicht, aber ihm ist plötzlich eingefallen, daß er sie in einem
always · not · but · him · is · suddenly · occurred · that · he · her · in · a

kleinen Café kennengelernt hat, wo sie oft verkehrt. Vielleicht
small · coffee shop · know-learned gotten to know · has · where · she · often · is situated visits · Perhaps

wissen die dort ihre Wohnung.
know those there her house

Er steht auf, er läuft wieder los. Er orientiert sich, wo er eigentlich
he stands up he walks again loose on He orients himself where he actually

ist, und als er eine Elektrische sieht, die ihn nahe an sein Ziel
is and as he an electrical tram sees which him close on his target

bringen kann, wagt er sich sogar auf die dunkle Vorderplattform des
bring can dares he himself even on the dark front platform of the

ersten Wagens. Dort ist es so dunkel und voll, daß keiner groß auf
first cart There is it so dark and full that no one large on
crowded much

sein Gesicht achten wird. Dann geht er in das Café. Nein, er will
his face guard will Then goes he in the coffee shop No he wants

nichts verzehren, er geht sofort an das Büfett und fragt das Fräulein
nothing consume he goes immediately on the buffet counter and asks the miss

dort, ob sie wohl weiß, wo die Tutti ist, ob die Tutti hier
there whether she well knows where the Tutti is whether the Tutti here

wohl noch verkehrt?
well still is situated visits

Das Fräulein fragt mit scharfer, schriller Stimme, die im ganzen Lokal
The miss asks with sharp shrill voice which in the whole pub

zu hören ist, welche Tutti er wohl meint? Es gäb 'ne Menge Tuttis in
to hear is which Tutti he well means It give a mass of Tutti's in
There are

Berlin!
Berlin

Der schüchterne kleine Mann antwortet verlegen: »Ach. nur die Tutti, die
The shy little man answers shy Oh only the Tutti who

hier immer verkehrt hat! So eine dunkelhaarige, ein bißchen dick ...«
here always visited has Such a dark haired a bit fat

Ach, die Tutti meine er! Nee, von der Tutti wollten sie hier nichts
Oh that Tutti mean he No from that Tutti wanted they here nothing

mehr wissen! Die sollte nicht wagen und sich hier noch mal
(any)more know That one should not dare and herself here still once

sehen lassen! Von der wollten sie kein Wort mehr hören!
see let From that one wanted they no word (any)more hear

Und damit wendet sich das Fräulein empört von Enno ab. Kluge
And there-with turns himself the miss outraged from Enno off Kluge

murmelt ein paar Worte der Entschuldigung und macht, daß er wieder
mumbles a few words of the apology and makes that he again

aus dem Café herauskommt. Er steht noch ratlos, was er nun tun
from the coffee shop comes out He stands still at a loss what he now do

soll, auf der nächtlichen Straße, als ein anderer Herr aus dem
should on the nightly street as an other gentleman from the

Café kommt, ein älterer Mann, ziemlich abgerissen, kommt es Enno
coffee shop comes an older man rather torn off comes it Enno
worn down

vor. Dieser Mann geht zögernd auf Enno zu, dann gibt er sich einen
before This man goes hesitating on Enno to then gives he himself a

Ruck, zieht den Hut und fragt, ob er nicht der Herr sei, der
jerk pulls the hat and asks whether he not the gentleman be who

eben im Café nach einer gewissen Tutti gefragt hat?
just in the coffee shop after a certain Tutti asked has

»Vielleicht«, antwortet Enno Kluge vorsichtig. Warum er denn frage?
Maybe answers Enno Kluge carefully Why he then asks

»Ach, nur so. Ich kann Ihnen eventuell sagen, wo sie wohnt. Ich kann
Ah only so I can you perhaps say where she lives I can

Sie auch bis an ihre Wohnung bringen, nur müßten Sie mir auch einen
you also until on her house bring only must you me also a

Gefallen tun!«
pleasure do

»Was denn für einen Gefallen?« fragt Enno noch vorsichtiger. »Ich weiß
What then for a pleasure asks Enno still more careful I know

nicht, was für einen Gefallen ich Ihnen tun kann. Ich kenn Sie gar
not what for a pleasure I you do can I know you at all

nicht.«
not

»Ach, gehen wir doch schon ein Ende!« ruft der ältliche Herr. »Nein,
Ah go we indeed already an end calls the elderly gentleman No

es ist kein Umweg, wenn wir hier langgehen. Die Sache ist nämlich
it is no detour when we here along go The thing is namely

die und der Umstand der, daß die Tutti noch einen Koffer mit
that one and the circumstance that one that the Tutti still a suitcase with

Sachen von mir hat. Vielleicht können Sie mir den Koffer morgen früh
things from me has Perhaps can you me the suitcase tomorrow early

schnell mal rausreichen, wenn die Tutti schläft oder auf Besorgungen aus
quickly once reach out when the Tutti sleeps or on errands out

ist?«
is

Der ältliche Mann scheint für sicher anzunehmen, daß Enno bei der Tutti
The elderly man seems for sure to assume that Enno at the Tutti

über Nacht bleiben wird.
over night stay will

»Nein«, sagt Enno. »Das tu ich nicht. Auf solche Sachen lasse ich mich
No says Enno That do I not On such things let I myself

nicht ein. Tut mir leid.«
not in Does me suffering
I'm sorry

»Aber ich kann Ihnen genau sagen, was in dem Koffer ist. Es ist
But I can you exactly say what in the suitcase is It is

wirklich mein Koffer!«
really my suitcase

»Warum fragen Sie dann die Tutti nicht selbst darum?«
Why ask you then the Tutti not yourself therefore

»Na, wenn Sie so reden«, sagt der ältliche Herr gekränkt, »dann
Now when you so talk says the elderly gentleman hurt then

kennen Sie die Tutti nicht. Das ist doch ein Weib, das müßten Sie
know you the Tutti not That is indeed a woman that must you

doch wissen! Die hat Haare auf den Zähnen, i wo, keine Haare,
indeed know That one has hair on the teeth yea where no hair

Igelborsten hat sie drauf! Die beißt und spuckt wie ein Pavian –
hedgehog bristles has she there-on on it That one bites and spits like a baboon –

und darum wird sie ja auch so genannt!«
and therefore will she yes also so called

Und während der ältliche Herr diese liebenswürdige Schilderung von
And while the elderly gentleman this gracious description from

der Tutti entwirft, fällt dem Enno Kluge mit Schrecken ein, daß die Tutti
the Tutti designs falls the Enno Kluge with fright in that the Tutti

wirklich so ist und daß er das letzte Mal mit ihrem Portemonnaie und
really so is and that he the last time with her wallet and

mit ihren Lebensmittelkarten verschwunden ist. Die beißt und spuckt
with her food cards disappeared is That one bites and spits

wirklich wie ein Pavian, wenn sie in Wut ist, und wahrscheinlich wird sie
really like a baboon when she in anger is and probably will she

diese Wut sofort an Enno auslassen, wenn er jetzt ankommt. Alles,
this anger immediately on Enno vent when he now arrives Everything

was er sich von einem Nachtquartier bei ihr eingebildet hat, ist
what he himself from a night quarter place to stay at her imagined has is

eben nur Einbildung ...
just only imagination

Und plötzlich beschließt Enno Kluge ganz aus dem Handgelenk heraus,
And suddenly decides Enno Kluge completely from the wrist out

von dieser Minute an anders zu leben, keine Weibergeschichten mehr,
from this minute on different to live no women-stories adventures with women (any)more

keine kleinen Stibitzereien mehr, auch keine Rennwetten mehr. Er hat
no small small robberies (any)more also no race-betting gambling (any)more He has

sechsundvierzig Mark in der Tasche, davon kann er bis zum
forty-six mark(money) in the pocket there-from can he until to the

nächsten Lohntag leben. Morgen gönnt er sich noch einen Schontag,
next wage day live Tomorrow indulges he himself still a free day

so zerschlagen wie er ist, und übermorgen fängt er richtig wieder

mit der Arbeit an. Die werden schon merken, was sie an ihm haben,

die werden ihn nicht wieder an die Front schicken. Er kann wirklich

nicht nach alledem, was er in den letzten vierundzwanzig Stunden

erlebt hat, solch einen Paviansempfang bei der Tutti riskieren.

»Ja«, sagt Enno Kluge nachdenklich zu dem ältlichen Herrn. »Das stimmt:

so ist die Tutti. Und weil sie so ist, habe ich mich eben entschlossen,

nicht zu der Tutti zu gehen. Ich werde drüben in dem kleinen Hotel

da übernachten. Gute Nacht, Herr ... Tut mir leid, aber ...«

Und damit geht er vorsichtig mit seinen zerschundenen Knochen und

erbettelt sich doch wirklich trotz seines zerschundenen Aussehens und

seines völligen Mangels an Gepäck von dem abgerissenen Hausdiener ein

Bett zu drei Mark. Er kriecht in dem engen, übelriechenden Loch in

das Bett, dessen Wäsche schon vielen vor ihm gedient hat; er streckt

sich aus, er sagt zu sich: Von jetzt an will ich ganz anders

leben. Ich bin ein gemeines Aas gewesen, besonders zu Eva, aber von

dieser Minute an werde ich anders. Ich habe die Dresche zu Recht
this minute on become I different I have the threshings to right

bezogen, aber von nun an will ich auch anders sein ...
drawn but from now on want I also different be
begotten

Er liegt ganz still in dem schmalen Bett, die Hände gewissermaßen
He lies completely still in the narrow bed the hands (in) certain measure
so to speak

an der Hosennaht, und starrt gegen die Decke. Er zittert vor Kälte, vor
on the trouser seam and stares against the cover He shivers for cold for
of of

Erschöpfung, vor Schmerzen. Aber er spürt das gar nicht. Er denkt
exhaustion for pain But he feels that at all not He thinks
of

daran, was für ein geachteter und beliebter Arbeiter er früher mal war,
there-on what for a respected and loved worker he before once was
to it

und jetzt ist er nur ein schäbiger kleiner Kerl, vor dem alle ausspucken.
and now is he only a shabby little chap for whom all spit

Nein, bei ihm haben die Schläge geholfen, nun wird alles anders.
No with him have the blows helped now becomes everything different

Und während er sich dieses Anderssein ausmalt, schläft er ein.
And while he himself this different being out-paints sleeps he in
imagines

Um diese Zeit schlafen auch alle Persickes, es schlafen Frau Gesch und
At this time sleep also all Persickes -it- sleep Mrs Gesch and

Frau Kluge, es schläft das Ehepaar Borkhausen – er hat der Otti
Mrs Kluge -it- sleeps the married couple Borkhausen he has the Otti

wortlos erlaubt, zu ihm ins Bett zu kriechen.
wordless allowed to him in the bed to crawl

Es schläft geängstigt, schwer atmend, Frau Rosenthal. Auch die kleine
It sleeps scared heavy breathing Mrs Rosenthal Also the little

Trudel Baumann schläft. Sie hat am Nachmittag einem ihrer
Trudel Baumann sleeps She has at the afternoon one of her

Verschworenen zuflüstern können, daß sie unbedingt etwas mitteilen
conspiracy (partners) whisper been able that she absolutely something communicate

müsse und daß sie sich alle am nächsten Abend im Elysium treffen
must and that she herself all at the next evening in the elysium meet

müssen, möglichst unauffällig. Sie hat ein wenig Angst, weil sie nun
must as possible inconspicuous She has a little fear because she now

ihre Schwatzhaftigkeit gestehen muß, aber jetzt ist sie doch eingeschlafen.
her talkativeness confess must but now is she indeed slept in
(asleep fallen)

Frau Anna Quangel liegt im Dunkeln im Bett, während ihr Mann wie
Mrs Anna Quangel lies in the dark in the bed while her husband as

immer um diese Nachtzeit in seiner Werkstatt steht und aufmerksam jeden
ever for this night time in his workshop stands and attentively every

Arbeitsgang verfolgt. Sie haben ihn nicht zur technischen Leitung
operation follows They have him not to the technical management

wegen Verbesserung der Fabrikation gerufen. Um so besser!
because of improvement of the fabrication called For so better

Anna Quangel, die im Bett liegt, aber noch nicht schlafen kann, hält
Anna Quangel who in the bed lies but still not sleep can holds

noch immer ihren Mann für völlig kalt und herzlos. Wie er die
still always her husband for totally cold and heartless How he the

Nachricht von Ottochens Tode aufnahm, wie er die arme Trudel und
message from (the) little Otto's death took up how he the poor Trudel and

die Frau Rosenthal aus der Wohnung gesetzt hat: kalt, herzlos, immer nur
the Mrs Rosenthal from the house set has cold heartless always only

an sich denkend. Sie wird ihm nie wieder so gut sein können wie
on himself thinking She will him never again so good be be able as

früher, als sie dachte, er hätte wenigstens für sie was über. Das hat sie
before as she thought he had at least for her what over That has she

nun gesehen. Nur beleidigt über das vorschnell herausgefahrene Wort »Du
now seen only offended over the hastily pulled out word You

und dein Führer«, nur gekränkt. Nun wird sie ihn nicht so leicht noch
and your leader only hurt Now will she him not so easy still

einmal kränken, nicht so leicht wird sie wieder mit ihm zu reden
once offend not so easy will she again with him to talk

anfangen. Heute haben sie nicht ein Wort miteinander gewechselt, nicht
start Today have they not a word with each other exchanged not

einmal guten Tag haben sie sich gesagt.
once good day have they each other said
even

Der Kammergerichtsrat a. D. Fromm wacht noch, wie immer ist er in der
The chamber judge a. d. Fromm wakes still as always is he in the
former

Nacht wach. Er schreibt mit seiner kleinen gestochenen Schrift einen
night awake He writes with his small stung writing a
prickly

Brief, in dem die Anrede lautet: »Hochverehrter Herr Reichsanwalt ...«
letter in which the salutation sounds Dear Mr national attorney
reads

Unter der Leselampe erwartet ihn aufgeschlagen sein Plutarch.
Under the reading lamp awaits him struck up his Plutarch
opened

Siegestanz im Elysium
Victory dance in the Elysium

Der Saal im Elysium, dem großen Tanzlokal im Norden Berlins, bot
The hall in the Elysium the large dance hall in the north of Berlin offered

an diesem Freitagabend ein Bild, das die Augen jedes Normaldeutschen
on this Friday evening a picture that the eyes of each normal German

erfreuen mußte: Uniformen über Uniformen. Es war nicht so sehr die
delight must Uniforms over uniform It was not so much the

Wehrmacht, deren Grau oder Grün den kräftigen Untergrund zu diesem
army whose grey or green the powerful underground to this

farbenfrohen Bilde abgab, es waren in viel stärkerem Maße die
colourful picture gave off it were in much stronger measure the
presented

Uniformen der Partei und ihrer Gliederungen, die mit Braun,
uniforms of the (political) party and their outlines which with brown

Hellbraun, Goldbraun, Dunkelbraun und mit Schwarz das Bild so bunt
light brown golden brown dark brown and with black the picture so colorful

machten. Da sah man neben den Braunhemden der SA die viel
made There saw one beside the brown shirts of the SA the much

helleren Hemden der HJ, die Organisation Todt war ebenso
brighter shirts of the Hitler-jugend the organization Todt was likewise

vertreten wie der Reichsarbeitsdienst, man sah die mehr gelben Uniformen
represented as the national labor service one saw the more yellow uniforms

der Sonderführer, die Goldfasanen genannt wurden, man sah Politische
of the special leaders who golden pheasants called became one saw political

Leiter neben Luftschutzwarten. Und nicht etwa nur die Männer waren so
leaders beside air raid shelter wards And not about only the men were so
just

herzerfreuend kostümiert, auch viele junge Mädchen trugen Uniform, der
heartwarming costumed also many young girls carried uniform the

BDM, der Arbeitsdienst, die Organisation Todt, sie alle
League of German Girls the labor service the organization Todt they all
Bund Detscher Mädel

schienen ihre Führerinnen, Unterführerinnen und Geführten hierhergesandt
seemed their leaders under-leaders and followers sent here

zu haben.
to have

Die wenigen Zivilisten verloren sich vollständig in diesem Gewimmel,
The few civilians lost themselves totally in this swarming

sie waren bedeutungslos, langweilig unter diesen Uniformen, wie ja auch
they were meaningless boring under these uniforms as yes also

das zivile Volk draußen auf den Straßen und in den Fabriken nie eine
the civil people outside on the streets and in the factories never a

Bedeutung der Partei gegenüber erlangt hatte. Die Partei war
meaning the (political) party opposite acquired had The (political) party was

alles und das Volk nichts.
everything and the people nothing

So wurde auch ein Tisch am Rande des Saales fast gar nicht
So became also a table at the edge of the hall almost at all not

beachtet, an dem ein Mädchen und drei junge Männer saßen. Keine von
regarded on which a girl and three young men sat None of

den vier Personen trug eine Uniform, nicht einmal ein Parteiabzeichen
the four people carried a uniform not once a party badge
even

war zu sehen.
was to see

Ein Paar, das junge Mädchen und ein junger Mann, war zuerst gekommen;
A pair the young girl and a young man was first come

später hatte ein anderer junger Mann um die Erlaubnis gebeten, sich
later had an other young man for the permission asked himself

heransetzen zu dürfen, und schließlich hatte noch ein vierter Zivilist um
approach to may and finally had still a fourth civilian for

die gleiche Erlaubnis nachgesucht. Das junge Paar hatte auch einmal den
the same permission after-sought The young pair had also once the

Versuch gemacht, in dem Gewühl zu tanzen. In dieser Zeit waren die
try made in the throng to dance In this time were the

beiden andern Männer in ein Gespräch miteinander gekommen, in ein
both other men in a conversation with each other come in a

Gespräch, an dem sich das zerdrückt und erhitzt zurückkommende Paar
conversation on which itself the crushed and heated coming back pair

auch gelegentlich beteiligte.
also occasionally involved

Einer der Männer, anfangs der Dreißiger, mit hoher Stirn und schon
One of the men at first the thirties with high forehead and already

spärlichem Haarwuchs, hatte sich weit mit seinem Stuhl zurückgelehnt
scanty hair growth had himself far with his chair leaned back

und eine Weile schweigend das Gewühl auf der Tanzfläche und die
and a while in silence the throng on the dance floor and the

Nebentische gemustert. Nun sagte er, wobei er die andern kaum ansah:
adjacent tables inspected Now said he where-by he the others hardly looked at

»Ein schlecht gewählter Versammlungsort. Wir sind fast der einzige nur
A badly chosen meeting place We are almost the only (ones) only

mit Zivil besetzte Tisch hier im Saal. Wir fallen auf.«
with civil occupied table here in the hall We fall up
stand out

Der Kavalier des jungen Mädchens sagte lächelnd zu diesem, seine Worte
The cavalier of the young girl said smiling to this his words

waren aber für den Mann mit der hohen Stirn bestimmt: »Im
were however for the man with the high forehead meant In the

Gegenteil, Grigoleit, wir werden überhaupt nicht beachtet, höchstens
contrary Grigoleit we become at all not regarded at most

verachtet. Die Herrschaften denken nur daran, daß ihnen dieser
despised The gentlemen think only there-on that them this

sogenannte Sieg über Frankreich für ein paar Wochen Tanzerlaubnis
so-called victory over France for a few weeks dance permit

gebracht hat.«
brought has

»Keine Namen! Unter keinen Umständen!« sagte der Mann mit der hohen
No names Under no circumstances said the man with the high

Stirn scharf.
forehead sharp

Einen Augenblick schwiegen alle. Das Mädchen malte mit dem
One moment remained silent all The girl painted with the

Zeigefinger etwas auf den Tisch, es sah nicht auf, obwohl es fühlte,
index finger something on the table it saw not up although it felt
she

daß alle es ansahen.
that all it looked at
her

»Jedenfalls, Trudel«, sagte der dritte Mann mit dem Unschuldsgesicht eines
in any case Trudel said the third man with the innocent face of a

großgewordenen Säuglings, »ist jetzt der richtige Augenblick für deine
grown up infant Is now the right moment for your

Mitteilung. Was gibt's? Die Nebentische sind fast unbesetzt, alles
sharing What gives it The adjacent tables are almost vacant everything
telling is it

tanzt. Los!«
dances Away
Come on

Das Schweigen der beiden anderen Männer konnte nur Zustimmung
The silence of the both other men could only approval

bedeuten. Trudel Baumann sagte stockend, ohne hochzusehen: »Ich habe,
mean Trudel Baumann said stalling without to look up I have

glaube ich, einen Fehler begangen. Jedenfalls habe ich mein Wort nicht
believe I an error committed Anyhow have I my word not

gehalten. In meinen Augen ist es freilich kein Fehler ...«
held In my eyes is it indeed no error

»Oh, hör auf!« rief der Mann mit der hohen Stirn verächtlich. »Willst
Oh hear up called the man with the high forehead contemptuous Want
stop it

du jetzt auch in die Gewohnheiten der Gänse verfallen? Schnattere nicht,
you now also in the habits of the geese fall Chatter not

sage geradeheraus, was ist!«
say straightforward what (it) is

Das Mädchen sah hoch. Es sah langsam einen nach dem andern die
The girl saw high It looked slowly one after the other the
She

drei Männer an, die sie, wie es ihr schien, mit grausamer Kälte
three men at who her as it her seemed with cruel coldness

anblickten. In ihren Augen standen zwei Tränen. Sie wollte sprechen, sie
looked at In her eyes stood two tears She wanted to speak she

konnte es nicht. Sie suchte nach ihrem Taschentuch ...
could it not She searched after her handkerchief

Der mit der hohen Stirn lehnte sich zurück. Er ließ einen leisen,
The one with the high forehead leaned himself back He let a soft

gedehnten Pfiff ertönen. »Sie soll nicht schnattern? Sie hat ja schon
stretched whistle sound You should not chatter She has yes already

geschnattert! Seht sie bloß an!«
chattered Look her just at

Der Kavalier an Trudels Seite widersprach rasch: »Unmöglich! Die Trudel
The cavalier on Trudel's side disagreed quickly Impossible The Trudel

ist goldecht. Sage ihnen, daß du nicht geschwatzt hast, Trudel!« Und er
is real gold Say them that you not gossiped have Trudel And he

drückte ihr aufmunternd die Hand.
squeezed her cheerily the hand

Der Säugling richtete seine runden, sehr blauen Augen abwartend, fast
The infant arranged his round very blue eyes awaiting almost

ausdruckslos auf das Mädchen. Der Lange mit der hohen Stirn lächelte
expressionless at the girl The long with the high forehead smiled

verächtlich. Er drückte seine Zigarette im Aschenbecher aus und sagte
contemptuously He squeezed his cigarette in the ashtray out and said

höhnisch: »Nun, mein Fräulein?«
sneering Now my young lady

Trudel hatte sich gefaßt, sie flüsterte mutig: »Doch, er hat recht. Ich
Trudel had herself taken she whispered bravely But he has right I
is

habe geschwatzt. Mein Schwiegervater brachte mir die Nachricht vom
have blabbed My father in law brought me the message from the

Tode meines Otto. Das hat mich irgendwie umgeworfen. Ich habe ihm
death of my Otto That has me somehow knocked over I have him

gesagt, daß ich in einer Zelle arbeite.«
said that I in a cell work

»Namen genannt?« Niemand hätte geahnt, daß der harmlose Säugling so
Names named Nobody had suspected that the harmless infant so

scharf fragen könnte.
sharp ask could

»Natürlich nicht. Ich habe überhaupt nichts weiter gesagt. Und mein
Of course not I have at all nothing further said And my

Schwiegervater ist ein alter Arbeiter, der wird nie ein Wort sagen.«
father in law is an old worker that one will never a word say

»Dein Schwiegervater ist ein anderes Kapitel, du bist das erste! Du sagst,
Your father in law is an other chapter you are the first You say

du hast keine Namen genannt ...«
you have no name named

»Und du wirst mir das glauben, Grigoleit! Ich lüge nicht. Ich habe
And you will me that believe Grigoleit I lie not I have

freiwillig gestanden.«
voluntarily confessed

»Sie haben eben schon wieder einen Namen genannt, Fräulein Baumann!«
You have just already again a name named miss Baumann

Der Säugling sagte: »Aber seht ihr denn nicht ein, daß es ganz egal
The infant said But see you then not in that it completely equal

ist, ob sie jetzt Namen genannt hat oder nicht? Sie hat gesagt, daß
is whether she now names named has or not She has said that

sie in einer Zelle arbeitet, sie hat einmal geschnattert, sie wird wieder
she in a cell works she has once blabbed she will again

schnattern. Legen die bewußten Herren ihre Hand auf sie, quälen sie
blab Put the mentioned gentlemen her hand on her hurt they

sie ein bißchen, so wird sie reden, gleichgültig, wieviel sie bisher
her a bit so will she talk indifferent how much she until-here / until now

verraten hat.«
betrayed has

»Ich werde nie zu denen reden, und wenn ich sterben müßte!« rief
I will never to those talk and when / even I die must called

Trudel mit flammenden Wangen.
Trudel with flaming cheeks

»Oh!« sagte der Hochstirnige. »Sterben ist sehr einfach, Fräulein
Oh said the high-foreheaded one To die is very simple miss

Baumann, aber manchmal kommen vor dem Sterben noch recht
Baumann but sometimes come before the dying still right / truly

unangenehme Dinge!«
uncomfortable things

»Ihr seid unbarmherzig«, sagte das junge Mädchen. »Ich habe einen Fehler
You are merciless said the young girl I have an error

begangen, aber ...«
committed but

»Ich finde auch«, ließ sich der auf dem Sofa neben ihr vernehmen.
I find also let himself the one on the sofa beside her hear

»Wir werden uns Ihren Schwiegervater ansehen, und wenn er verläßlich ist
We become us her father in law look and when he reliable is

...«

»Unter den Händen von denen gibt's keine Verläßlichkeit«, sagte
Under the hands from those gives it / will there be no reliability said

Grigoleit.
Grigoleit

»Trudel«, sagte der Säugling sanft lächelnd, »Trudel, du sagtest eben, du
Trudel said the infant softly smiling Trudel you said just you

hättest noch keine Namen genannt?«
had still no name called

»Ich habe es auch nicht getan!«
I have it also not done

»Und du hast behauptet, du wärest zum Sterben bereit, ehe du so
And you have claimed you would be to the dying ready before you so

was tätest?«
what did

»Ja! Ja! Ja!« rief sie leidenschaftlich.
Yes Yes Yes called she passionately

»Nun«, sagte der Säugling und lächelte gewinnend, »nun, Trudel, wie
Now said the infant and smiled winning now Trudel how

wäre es, wenn du heute abend noch stürbest, ehe du
would be it when you today evening still died before you

weitergeplappert hast? Das würde uns eine gewisse Sicherheit geben und
babbled on have That would us a certain security give and

eine Masse Arbeit ersparen ...«
a mass (of) work spare

Eine Totenstille entstand zwischen den vieren. Das Gesicht des Mädchens
A dead silence arose between the four Ther face of the girl

war kalkig weiß. Ihr Kavalier sagte einmal »Nein« und legte seine Hand
was chalky white Her cavalier said once No and put his hand

leicht auf die ihre. Aber er nahm sie gleich wieder fort.
lightly on the hers But he took her immediately again away
it

Dann kamen die Tanzenden zurück an ihre Tische und machten für den
Then came the dancing ones back on their table and made for the

Augenblick eine Fortsetzung dieser Unterhaltung unmöglich.
moment a continuation of this conversation impossible

Der mit der hohen Stirn brannte sich wieder eine Zigarette an,
The one with the high forehead burned himself again a cigarette on
lit

der Säugling lächelte unmerklich, als er sah, wie dem andern die Hand
the infant smiled imperceptibly as he saw how the other the hand

zitterte. Dann sagte er zu dem Dunklen neben dem schweigenden, bleichen
trembled Then said he to the dark one beside the silent pale

Mädchen: »Sie sagen nein. Aber warum eigentlich? Es ist eine fast
girl You say no But why actually It is an almost

befriedigende Lösung der Aufgabe und eine Lösung, die, soviel ich
satisfactory solution of the task and a solution the so much I

verstanden habe, von Ihrer Nachbarin selbst vorgeschlagen wurde.«
understood have from your neighbor herself suggested has been
        by

»Die Lösung ist unbefriedigend«, sagte der Dunkle langsam. »Es wird
The solution is unsatisfactory said the dark one slowly It becomes
                                                              There

schon zuviel gestorben. Wir sind nicht dafür da, daß die Zahl
already too much died We are not therefore there that the number

der Toten sich erhöht.«
of the dead itself elevates

»Ich hoffe«, sagte der Hochstirnige, »Sie denken an diesen Satz,
I hope said the high-foreheaded (one) You think at this sentence

wenn der Volksgerichtshof Sie und mich und diese da ...«
when the people's court you and me and this one there

»Still!« sagte der Säugling. »Gehen Sie doch einen Augenblick tanzen. Das
Quiet said the infant Go you indeed a moment dance That

scheint ein sehr netter Tanz. Sie können sich unterdes besprechen, und
seems a very nice dance You can yourself under-that discuss and
                                                    meanwhile

wir beide besprechen uns hier ...«
we both discuss us here

Widerstrebend war der junge Dunkle aufgestanden und hatte seiner Dame
Reluctantly was the young dark one gotten up and had his lady

eine leichte Verbeugung gemacht. Widerstrebend hatte sie die Hand auf
a light bow made Reluctantly had she the hand on

seinen Arm gelegt, bleich gingen sie beide im Strom der andern zur
his arm laid pale went they both in the flow of the others to the

Tanzfläche. Sie tanzten ernst, schweigend, ihm war es, als tanze er mit
dance floor They danced serious in silence him was it as dance he with

einer Toten. Ihn schauderte es. Die Uniformen um ihn, die
a dead (one) Him shivered it The uniforms around him the

Hakenkreuzbinden, die blutroten Fahnen an den Wänden mit dem
swastika bandages the blood red flags on the walls with the

verhaßten Zeichen, das mit Grün geschmückte Führerbild, die rhythmischen
hated sign the with green decorated leader picture the rhythmic

Geräusche des Swings: »Du wirst es nicht tun, Trudel«, sagte er. »Er ist
sounds of the swings You will it not do Trudel said he He is

wahnsinnig, so etwas zu verlangen. Versprich mir ...«
insane so something to desire Promise me
something like that

Sie bewegten sich fast auf der Stelle in dem immer dichter
They moved themselves almost on the spot in the always denser

werdenden Gewühl. Vielleicht weil sie in ständiger Berührung mit
becoming throng Perhaps because they in permanent touch with

anderen Paaren waren, vielleicht sprach sie darum nicht.
other pairs were perhaps spoke she therefore not

»Trudel!« bat er noch einmal. »Versprich es mir! Du kannst ja in einen
Trudel bade he still once Promise it me You can yes in an

andern Betrieb gehen, dort arbeiten, damit du denen aus den Augen
other enterprise go there work there-with you those from the eyes
company

bist. Versprich mir ...«
are Promise me

Er versuchte sie dazu zu bringen, daß sie ihn ansah, aber ihre Augen
He tried her there-to to bring that she him looked at but her eyes

sahen hartnäckig über seine Schulter fort.
saw persistently over his shoulder away

»Du bist die Beste von uns«, sagte er plötzlich. »Du bist die
You are the best from us said he suddenly You are the

Menschlichkeit, er ist bloß das Dogma. Du mußt weiterleben, gib ihm
humaneness he is just the dogma You must live on give him

nicht nach!«
not after
in

Sie schüttelte den Kopf, mochte es nun ein Ja oder ein Nein bedeuten.
She shook the head might it now a yes or a no mean

»Ich möchte zurück«, sagte sie. »Ich mag nicht mehr tanzen.«
I may back said she I may not (any)more dance
want to go want

»Trudel«, sagte Karl Hergesell hastig, als sie sich aus den Tanzenden
Trudel said Karl Hergesell hastily as she herself from the dancing ones

gelöst hatten, »dein Otto ist erst gestern gestorben, erst gestern hast du
solved had your Otto is first yesterday died first yesterday have you
only only

die Nachricht bekommen. Es ist zu früh. Aber du weißt es ja auch so,
the message become It is too early But you know it yes also so

ich habe dich immer geliebt. Ich habe nie etwas von dir erwartet,
I have you always loved I have never something from you expected

aber nun erwarte ich, daß du wenigstens lebst. Nicht für mich, nein, daß
but now expect I that you at least live Not for me no that

du lebst!«
you live

Aber wieder bewegte sie nur den Kopf, wieder blieb es ungewiß, was
But again moved she only the head again remained it uncertain what

sie zu seiner Liebe, was sie zu seinem Wunsche, sie am Leben zu
she to his love what she to his wish her at the life to
desire

sehen, meinte. Sie waren am Tisch der andern angelangt. »Nun?«
see thought They were at the table of the others arrived Now

fragte Grigoleit mit der hohen Stirn. »Wie tanzt es sich? Ein bißchen
asked Grigoleit with the high forehead How dances it itself A bit

voll, wie?«
full how
busy

Das Mädchen hatte sich nicht wieder gesetzt. Es sagte: »Ich gehe dann
The girl had himself not again set It said I go then
She

jetzt. Macht's gut. Ich hätte gerne mit euch gearbeitet ...«
now Make it well I had gladly with you worked
Be

Sie wandte sich zum Gehen.
She turned herself to the going

Jetzt aber war dieser dicke, harmlose Säugling der erste hinter ihr, er
Now however was this fat harmless infant the first behind her he

faßte sie am Handgelenk, er sagte: »Einen Augenblick noch, bitte!« Er
seized her at the wrist he said One moment still please He

sagte es vollkommen höflich, aber sein Blick drohte.
said it perfectly polite but his glance threatened

Sie kehrten an den Tisch zurück. Sie setzten sich wieder. Der
They turned to the table back They set themselves again The

Säugling fragte: »Ich verstehe doch recht, Trudel, was dein Abschied
infant asked I understand indeed right Trudel what your leave

eben bedeutete?«
just meant

»Du hast vollkommen recht verstanden«, sagte das Mädchen und sah ihn
You have perfect right understood said the girl and saw him

mit harten Augen an.
with hard eyes on

»So bitte ich dich, daß du mir erlaubst, dich für den Rest des Abends
So ask I you that you me allow you for the rest of the evening

zu begleiten.«
to accompany

Sie machte eine Bewegung entsetzter Abwehr.
She made a movement of horrified defense

Er sagte sehr höflich: »Ich will mich nicht aufdrängen, aber ich gebe zu
He said very polite I want me not impose but I give to

bedenken, daß bei der Ausführung eines solchen Vorhabens wiederum
think that at the execution of a such project again

Fehler begangen werden können.« Er flüsterte drohend: »Es liegt mir
errors committed become can He whispered menacing It lies me

nichts daran, daß irgendein Idiot dich aus dem Wasser fischt oder daß
nothing there-on that any idiot you from the water fishes or that

du morgen als gerettete Giftselbstmörderin in einem Krankenhaus liegst.
you tomorrow as saved poisonous suicide in a hospital lie

Ich will dabeisein!«

»Richtig!« sagte der Hochstirnige. »Ich stimme zu. Das gibt die einzige Gewähr ...«

»Ich werde«, sagte nachdrücklich der Dunkle, »heute und morgen und jeden folgenden Tag an ihrer Seite sein. Ich werde alles tun, um die Ausführung dieses Vorhabens zu vereiteln. Ich werde Hilfe herbeiholen, wenn ihr mich zwingt, selbst von der Polizei!«

Der Hochstirnige pfiff wieder, lang, gedehnt, leise und böse.

Der Säugling sagte: »Aha, jetzt haben wir schon den zweiten Plapperer am Tisch. Verliebt, was? Ich dachte mir so was schon immer. Kommen Sie, Grigoleit, die Zelle ist aufgelöst. Es gibt keine Zelle mehr. Und das nennt ihr Disziplin, ihr Weiberherzen!«

»Nein, nein!« rief das Mädchen. »Hören Sie nicht auf ihn! Es ist wahr, er liebt mich. Aber ich liebe ihn nicht. Ich will heute abend mit euch gehen ...«

»Nichts!« sagte der Säugling jetzt wirklich zornig. »Seht ihr denn nicht,

227

daß ihr gar nichts mehr tun könnt, da er ...« Er machte eine Kopfbewegung zu dem Dunklen hin. »Ach was!« sagte er dann kurz. »Es ist ausgespielt! Komm, Grigoleit!«

Der Hochstirnige stand schon. Gemeinsam wandten sie sich dem Ausgang zu. Plötzlich aber lag eine Hand auf dem Arm des Säuglings. Er sah in das glatte, ein wenig gedunsene Gesicht eines braun Uniformierten.

»Einen Augenblick, bitte! Was haben Sie da eben gesagt von der Auflösung der Zelle? Es würde mich doch sehr interessieren ...«

Der Säugling riß brutal seinen Arm frei. »Lassen Sie mich zufrieden!« sagte er sehr laut. »Wenn Sie wissen wollen, was wir geredet haben, fragen Sie die junge Dame dort! Gestern ist ihr Verlobter erst gefallen, heute hat sie schon wieder einen andern auf dem Korn! Verdammter Weiberkram!«

Er hatte immer mehr dem Ausgang zugedrängt, den Grigoleit schon erreicht hatte. Jetzt ging auch er hinaus. Der Fette sah ihm einen

Augenblick nach. Dann wandte er sich dem Tisch zu, an dem das Mädchen und der Dunkle noch immer mit blassen Gesichtern saßen. Das beruhigte ihn. Vielleicht habe ich doch keinen Fehler begangen, als ich ihn laufenließ. Er hat mich überrumpelt. Aber ...

Er sagte höflich: »Gestatten Sie, daß ich mich einen Augenblick zu Ihnen setze und ein paar Fragen stelle?«

Trudel Baumann antwortete: »Ich kann Ihnen nichts anderes sagen, als was der Herr eben erzählt hat. Ich habe gestern die Nachricht vom Tode meines Verlobten bekommen, und heute möchte dieser Herr sich mit mir verloben.«

Ihre Stimme klang fest und sicher. Jetzt, wo die Gefahr an ihrem Tisch saß, waren Angst und Unruhe verflogen.

»Würden Sie etwas dagegen haben, den Namen Ihres gefallenen Verlobten zu nennen? Und seine Formation?« Sie tat es. »Und nun Ihr Name? Ihre Adresse? Ihre Arbeitsstelle? Haben Sie vielleicht irgendeinen Ausweis bei sich? Ich danke! Und nun Sie, mein Herr.«

»Ich arbeite in demselben Betrieb. Ich heiße Karl Hergesell. Hier mein
I work in the same enterprise I am called Karl Hergesell Here my

Arbeitsbuch.«
workbook

»Und die beiden anderen Herren?«
And the both other gentlemen

»Wir kennen sie gar nicht. Sie haben sich an unsern Tisch gesetzt
We know them at all not They have themselves at our table set

und plötzlich in unsern Streit gemischt.«
and suddenly in our conflict mixed

»Und warum stritten Sie?«
And why argued you

»Ich will ihn nicht.«
I want him not

»Warum war dann dieser Herr so empört über Sie, wenn Sie ihn
Why was then this gentleman so outraged over you when you him

nicht wollen?«
not want

»Was weiß ich? Vielleicht glaubte er meinen Worten nicht. Es ärgerte ihn
What know I Perhaps believed he my words not It annoyed him

auch, daß ich mit ihm tanzte.«
also that I with him danced.

»Na schön!« sagte der Gedunsene, klappte das Notizbuch zu und sah
Now beautiful said the bloated (one) clapped the notebook to and saw
close

dabei von einem zum andern. Sie sahen wirklich eher verstrittenen
there-by from one to the other They looked really rather disputed

Liebenden als ertappten Verbrechern ähnlich. Schon die Art, wie sie
lovers as caught criminals like Already the way how she

ängstlich vermieden, einander anzusehen ... Und dabei lagen ihre Hände
fearfully avoided each other to look at And there-by lay her hands
anxiously

fast berührungsnah auf der Tischplatte. »Na schön. Ihre Angaben werden
almost close to the touch on the tabletop Now beautiful Your statements become

natürlich nachgeprüft werden, aber ich denke doch ... Jedenfalls noch eine
of course verified become but I think indeed Anyhow still a

bessere Fortsetzung dieses Abends ...«
better continuation of this evening

»Nicht ich!« sagte das junge Mädchen. »Nicht ich!« Sie stand gleichzeitig
Not I said the young girl Not I She stood at the same time

mit dem andern auf. »Ich gehe nach Haus.«
with the other up I go to house

»Ich bringe dich.«
I bring you

»Nein, danke, ich gehe lieber allein.«
No thanks I go rather alone

»Trudel!« bat er. »Laß mich doch noch zwei Worte mit dir reden!«
Trudel bade he Let me indeed still two words with you talk

Die Uniform sah lächelnd von einem zum andern. Sie waren wirklich
The uniform saw smiling from one to the other They were really

Verliebte. Eine flüchtige Nachprüfung der Angaben würde genügen.
in love being One fleeting verification of the statements would be enough

Plötzlich hatte sie sich entschlossen: »Nun gut, aber nur zwei Minuten!«
Suddenly had she herself decided Now good but only two minutes

Sie gingen. Endlich waren sie aus diesem entsetzlichen Saal, aus dieser
They went Finally were they out of this terrible hall from this

Atmosphäre von Gegensätzlichkeit und Haß heraus. Sie sahen sich
atmosphere from contradiction and hate out They saw themselves

um.
around

»Sie sind fort.«
They are away. «

»Wir werden sie nicht wiedersehen.«
We become them not see again

»Und du kannst leben. Nein, jetzt mußt du leben, Trudel! Ein
And you can live No now must you live Trudel One

unüberlegter Schritt von dir würde die andern in Gefahr bringen, viele
rash step from you would the others in danger bring many

andere – denke immer daran, Trudel!«
others think always there-on Trudel
of that

»Ja«, sagte sie, »jetzt muß ich leben.« Und mit einem raschen Entschluß:
Yes said she now must I live And with a quick decision

»Lebe wohl, Karl!«
Live well Karl

Einen Augenblick lehnte sie an seiner Brust, ihr Mund streifte den seinen.
One moment leaned she on his breast her mouth touched the his

Ehe er sich noch entschlossen hatte, lief sie schräg über die Fahrbahn
Before he himself still decided had ran she aslant over the roadway

auf eine haltende Elektrische zu. Der Wagen fuhr an.
on a holding electrical towards The wagon drove on
stopping tram

Er machte eine Bewegung, als wollte er ihr nachlaufen. Aber er besann
He made a movement as wanted he her run after But he re-thought

sich.
himself

Ich werde sie dann und wann im Betrieb sehen, dachte er. Ein ganzes
I will her then and when in the enterprise see thought he A whole

Leben liegt vor uns. Ich habe Zeit. Jetzt weiß ich doch, daß sie mich
life lies before us I have time Now know I indeed that she me

liebt.
loves

Sonnabend: Unruhe bei Quangels
Sunday evening: Unrest at the Quangels

Auch den ganzen Freitag hatten die Eheleute Quangel kein Wort
Also the whole Friday had the spouses Quangel no word
Thus

miteinander gesprochen – drei Tage Schweigen unter ihnen, nicht einmal
with each other spoken three days silence under them not once

Bieten der Tageszeiten, das war in ihrer ganzen Ehe noch nicht
offer the times of day that was in their whole marriage still not

vorgekommen. So wortkarg Quangel auch gewesen war, er hatte doch hin
occurred So taciturn Quangel also been was he had indeed away

und wieder einen Satz gesprochen, etwas über einen Arbeiter in der
and again a sentence spoken something about a worker in the

Werkstatt oder wenigstens über das Wetter, oder daß ihm heute das
workshop or at least over the weather or that him today the

Essen besonders gut geschmeckt habe. Und nun nichts!
food particularly good tasted have And now nothing

Anna Quangel spürte es je länger je stärker, daß die tiefe Trauer, die
Anna Quangel felt it the longer the stronger that the deep mourning that

sie um den verlorenen Sohn empfand, sich zu zerstreuen anfing vor der
she for the lost son felt itself to disperse began before the

Unruhe über den so veränderten Mann. Sie wollte nur an den Jungen
unrest over the so changed husband She wanted only on of the boy

denken; aber sie konnte es nicht mehr, wenn sie diesen Mann
think but she could it not (any)more when she this man

beobachtete, ihren langjährigen Ehemann Otto Quangel, immerhin den Mann,
observed her longstanding husband Otto Quangel after all the man

dem sie die meisten und besten Jahre ihres Lebens gewidmet hatte. Was
who she the most and best years of her life dedicated had What

war in diesen Mann gefahren? Was war los mit ihm? Was hatte ihn so
was in this man driven What was loose with him What had him so

verändert?
changed

Am Freitag um die Mittagszeit war bei Anna Quangel aller Zorn und
At the Friday for the lunch time was at Anna Quangel all anger and

aller Vorwurf gegen Otto vergangen. Hätte sie sich den geringsten
all accusation against Otto gone away Had she herself the least

Erfolg davon versprochen, so hätte sie ihn wegen ihres vorschnellen
success there-from promised so had she him because of of her too fast

Wortes »Du und dein Führer« um Verzeihung gebeten. Aber es war klar
words You and your leader for forgiveness asked But it was clear

zu sehen, daß Quangel nicht mehr an diesen Vorwurf dachte, ja,
to see that Quangel not (any)more on this accusation thought yes

anscheinend dachte er auch nicht mehr an sie. Er sah an ihr vorbei,
apparently thought he also not (any)more on her He saw on her past

er sah durch sie hindurch, er stand am Fenster, die Hände in den
he saw through her to-through he stood at the window the hands in the

Taschen seines Arbeitsrocks und pfiff langsam, nachdenklich, mit großen
pockets of his work dress and whistled slowly thoughtfully with large

Pausen dazwischen, vor sich hin, was er sonst nie getan hatte.
pauses in between before himself away what he otherwise never done had

An was dachte der Mann? Was machte ihn innerlich so erregt? Sie
On what thought the man What made him internally so excited She

setzte ihm das Essen auf den Tisch, er fing an zu löffeln. Einen
set him the food on the table he caught on to spoon One

Augenblick beobachtete sie ihn so von der Küche aus. Sein scharfes
moment observed she him so from the kitchen out His sharp

Gesicht war über den Teller geneigt, aber den Löffel führte er ganz
face was over the plate inclined but the spoon led he completely

mechanisch zum Munde, seine dunklen Augen blickten auf etwas, das
mechanically to the mouth his dark eyes looked on something that

nicht da war.
not there was

Sie wandte sich, in die Küche zurück, einen Rest Kohl zu wärmen.
She turned herself in the kitchen back a rest (of) cabbage to warm

Gewärmten Kohl aß er gerne. Sie war nun fest entschlossen, ihn
Heated up cabbage ate he gladly She was now firmly decided him

gleich jetzt anzusprechen, wenn sie mit dem Kohl hereinkam. Er
immediately now to speak to when she with the cabbage came in He

mochte ihr noch so scharf antworten, sie mußte dieses unheilvolle
might her still so sharp answer she must this ominous

Schweigen brechen.
silence break

Aber als sie mit dem gewärmten Kohl wieder in die Stube kam, war
But as she with the warmed cabbage again in the room came was

Otto gegangen, der Teller stand halb leer gegessen auf dem Tisch.
Otto gone the plate stood half empty eaten on the table

Entweder hatte Quangel ihre Absicht gemerkt und sich fortgeschlichen
Either had Quangel her intention noticed and himself crept away

wie ein Kind, das weiter trotzen will, oder er hatte über dem, das ihn
as a child that further defy wants or he had over that that him

innerlich so unruhig machte, das Weiteressen einfach vergessen. Jedenfalls
internally so restless made the further eating simply forgotten Anyhow

war er fort, und sie mußte bis in die Nacht auf ihn warten.
was he away and she must until in the night on him wait

Aber in der Nacht vom Freitag zum Sonnabend kam Otto so spät von
But in the night from the Friday to the Saturday came Otto so late from

der Arbeit, daß sie trotz all ihrer guten Vorsätze schon eingeschlafen
the work that she despite all her good resolutions already slept infallen asleep

war, als er sich ins Bett legte. Sie wachte erst später auf von seinem
was as he himself in the bed put She awoke first later up from his

Husten; sie fragte behutsam: »Otto, schläfst du schon?«
coughing she asked carefully Otto sleep you already

Der Husten hörte auf, er lag ganz still. Noch einmal fragte sie:
The coughing heard up he lay completely quiet Still once asked she
stopped

»Otto, schläfst du schon?«
Otto sleep you already

Und nichts, keine Antwort. So lagen sie beide sehr lange still. Jeder
And nothing no answer So lay they both very long quiet Each

wußte von dem andern, er schlief noch nicht. Sie wagten nicht, ihre
knew from the other he slept still not They dared not their

Stellung zu ändern, um sich nicht zu verraten. Endlich schliefen sie
position to change for themselves not to betray Finally slept they

beide ein.
both in

Der Sonnabend ließ sich noch schlimmer an. Otto Quangel war
The Sunday evening let itself still worse on Otto Quangel was
was even worse

ungewohnt früh aufgestanden. Ehe sie ihm noch seinen Muckefuck auf
unusually early gotten up Before she him still his breakfast on

den Tisch setzen konnte, war er schon wieder fortgelaufen zu einem jener
the table set could was he already again walked away to one that

hastigen, unbegreiflichen Gänge, die er früher nie unternommen hatte. Er
hasty incomprehensible walks that he before never undertaken had He

kam zurück, von der Küche her hörte sie ihn in der Stube auf und ab
came back from the kitchen away heard she him in the room on and off

gehen. Als sie mit dem Kaffee hereinkam, faltete er sorgfältig ein großes
go As she with the coffee came in folded he carefully a large

weißes Blatt, in dem er am Fenster gelesen, zusammen und steckte es
white leaf in which he at the window read together and stuck it
page

ein.
a

Anna war sicher, daß es keine Zeitung gewesen war. Es war zuviel
Anna was sure that it no newspaper been was It was too much

Weiß auf dem Blatt, und die Schrift war größer als in einer Zeitung gewesen. Was konnte der Mann gelesen haben?

Sie ärgerte sich wieder über ihn, seine Heimlichtuerei, all dies Verändertsein, das so viel Unruhe und neue Sorgen brachte, zu all den alten hinzu, die doch schon gereicht hatten. Trotzdem sagte sie:

»Kaffee, Otto!«

Bei dem Klang ihrer Stimme wendete er sein Gesicht und sah sie an, ganz als sei er verwundert, daß er nicht allein sei in dieser Wohnung, verwundert, wer da mit ihm sprach. Er sah sie an, und er sah sie doch wieder nicht an. Es war nicht seine Ehegefährtin Anna Quangel, die er so ansah, sondern jemand, den er einmal gekannt hatte und dessen er sich mühsam erinnern mußte. Ein Lächeln lag auf seinem Gesicht, in den Augen; über die ganze Fläche des Gesichts war dieses Lächeln ausgebreitet, wie sie es noch nie bei ihm gesehen hatte. Sie war im Begriff zu rufen: Otto, ach Otto, geh doch nun nicht

auch   du   von   mir!
also   you   from   me

Aber   ehe   sie   sich   noch   recht   entschlossen   hatte,   war   er   an   ihr
But   before   she   herself   still   right   decided   had   was   he   on   her

vorübergegangen   und   aus   der   Wohnung   fort.   Wiederum   ohne   Kaffee,
passed   and   from   the   house   away   Again   without   coffee

wieder   mußte   sie   ihn   zum   Wärmen   in   die   Küche   tragen.   Sie   schluchzte
again   must   she   him   to the   warming   in   the   kitchen   carry   She   sobbed

leise   dabei: Was   für   ein   Mann!   Sollte   ihr   denn   gar   nichts   bleiben?
softly   there-by   What   for   a   man   Should   her   then   at all   nothing   remain

Nach   dem   Sohne   auch   der   Vater   verloren?
After   the   son   also   the   father   lost

Quangel   ging   unterdes   eilig   auf   die   Prenzlauer   Allee   zu.   Ihm   war
Quangel   went   under-that   hurriedly   on   the   Prenzlauer   avenue   towards   Him   was
meanwhile

eingefallen,   daß   er   sich   besser   vorher   solch   ein   Haus   einmal   ansah,
occurred   that   he   himself   better   before   such   a   house   once   looked at
first

ob   seine   Idee   von   einem   solchen   Hause   auch   richtig   war?   Sonst
whether   his   idea   from   a   such   house   also   right   was   Otherwise

mußte   er   sich   was   anderes   ausdenken.
must   he   himself   what   else   think out
something

In   der   Prenzlauer   Allee   ging   er   langsamer,   sein   Auge   streifte   die   Schilder
In   the   Prenzlauer   avenue   went   he   slower   his   eye   touched   the   signs

an   den   Haustüren,   als   suchten   sie   etwas   Bestimmtes.   An   einem
on   the   front doors   as   searched   she   something   certain   On   a
it

Eckhaus   sah   er   die   Schilder   von   zwei   Rechtsanwälten   und   einem   Arzt
corner house   saw   he   the   signs   from   two   lawyers   and   a   doctor

neben   vielen   Geschäftsschildern.
beside   many   business signs

Er   drückte   gegen   die   Haustür.   Sie   öffnete   sich   sofort.   Richtig: kein
He   squeezed   against   the   house door   She   opened   itself   immediately   Right   no
It

Portier in solch einem viel begangenen Hause. Er stieg langsam, die Hand auf dem Geländer, die Stufen der Treppe empor, eine ehemals »hochherrschaftliche« Treppe mit Eichenparkett, von der aber viel Benutzung und Krieg jede Spur des Hochherrschaftlichen genommen hatten. Jetzt sah sie nur schmierig und abgetreten aus, die Läufer waren schon längst verschwunden, wahrscheinlich bei Kriegsausbruch eingezogen.

Otto Quangel passierte ein Anwaltsschild im Hochparterre, er nickte, langsam stieg er weiter. Es war nicht so, daß er etwa allein dies Treppenhaus benutzt hätte, nein, immerzu eilten Leute an ihm vorüber, ihm entgegenkommend oder ihn überholend. Immer hörte er Klingeln gehen, Türen schlagen, Telefone läuten, Schreibmaschinen klappern, Stimmen sprechen.

Aber dazwischen kam immer wieder ein Augenblick, da Otto Quangel das Treppenhaus ganz für sich allein hatte, oder doch seinen Treppenabschnitt für sich allein, wo alles Leben sich in die Büroräume

zurückgezogen zu haben schien. Das wäre dann der richtige Augenblick
withdrawn to have seemed That would be then the right moment

gewesen, es zu tun. Es war überhaupt alles richtig, genau wie er es
been it to do It was at all everything right exactly as he it

sich gedacht hatte. Eilige Menschen, die einander nicht ins Gesicht
himself thought had Hurried people who each other not in the face

sahen, schmutzige Fensterscheiben, durch die nur ein graues Tageslicht
saw dirty window panes through which only a grey daylight

sickerte, kein Portier, überhaupt niemand, der an dem andern Interesse
oozed no porter at all nobody who on the other (one) interest

nahm.
took

Als Otto Quangel im ersten Stockwerk das Schild des zweiten Anwalts
As Otto Quangel in the first floor the sign of the second lawyer

gelesen hatte und durch eine deutende Hand dahin belehrt worden war,
read had and through a pointing hand there to instructed become was
                                                   in this

der Arzt wohne noch eine Treppe höher, nickte er zustimmend. Er
the doctor live still a stairs higher nodded he agreeing He

machte kehrt, er kam eben gerade vom Anwalt, er ging aus dem
made turn he came just right from the lawyer he went from the

Haus. Unnötig, sich dort weiter umzusehen, genau das Haus, wie er
house Unnecessary himself there further around to look exactly the house as he

es brauchte, und von solchen Häusern gab es Tausende in Berlin.
it needed and from such houses gave it thousands in Berlin
                                          were there

Der Werkmeister Otto Quangel steht wieder auf der Straße. Ein dunkler
The work-master Otto Quangel stands again on the street A dark
    foreman

junger Mann mit sehr weißer Gesichtshaut tritt auf ihn zu.
young man with very white facial skin steps on him to
                                              up to him

»Herr Quangel, nicht wahr?« fragt er. »Herr Otto Quangel aus der
Mr Quangel not true asks he Mr Otto Quangel from the

Jablonskistraße, nicht wahr?«
Jablonskistreet not true

Quangel knurrt ein abwartendes »Nu?«, ein Laut, der beides, Zustimmung
Quangel growls a waiting Well a sound which both approval

wie Ablehnung, bedeuten kann.
as rejection mean can

Der junge Mann nimmt ihn für Zustimmung. »Ich soll Sie von der
The young man takes him it for approval I should you from the

Trudel Baumann bitten«, sagt er, »daß Sie sie ganz vergessen. Ihre
Trudel Baumann ask says he that you her completely forget Your

Frau möchte die Trudel auch nicht mehr besuchen. Es ist nicht
wife may the Trudel also not (any)more visit It is not

nötig, Herr Quangel, daß ...«
necessary Mr Quangel that

»Bestellen Sie«, sagt Otto Quangel, »daß ich keine Trudel Baumann kenne
Order / Understand you says Otto Quangel that I no Trudel Baumann know

und nicht angequatscht zu werden wünsche ...«
and not chattered to become desire

Seine Faust trifft den jungen Mann direkt an der Kinnspitze, der sackt
His fist meets / hits the young man directly on the chin tip that one sags

zusammen wie ein nasser Lappen. Quangel geht achtlos durch die Leute,
together as a wet rag Quangel goes heedless through the people

die zusammenzulaufen beginnen, hindurch, direkt an einem Schupo
who run together begin through directly on a bobby / Schutz Polizei

vorbei, auf die Haltestelle der Elektrischen zu. Die Bahn kommt, er steigt
past on the bus stop of the electrical streetcar to The track / tram comes he rises / goes

ein, fährt zwei Haltestellen weit. Dann fährt er in der Gegenrichtung
in drives / goes two stops far Then drives / goes he in the opposite direction

zurück, diesmal auf der Vorderplattform des Anhängers. Es ist, wie er
back this time on the front platform of the trailer It is as he

gedacht: der größte Teil der Menschen hat sich in der Zwischenzeit
thought the greatest part of the people has itself in the meantime

verlaufen, zehn, zwölf Neugierige stehen noch vor einem Café, in
run their course ten twelve curious ones stand still before a coffee shop in

das man den Angeschlagenen wohl geschafft hat.
which one the battered one well managed has

Er ist schon wieder bei Besinnung. Zum zweitenmal innerhalb zweier
He is already again at sense(s) For the second time within (of) two

Stunden hat Karl Hergesell sich einer amtlichen Person gegenüber
hours has Karl Hergesell himself an official person opposite

auszuweisen.
out-to-show
to explain

»Es war wirklich nichts, Herr Wachtmeister«, versicherte er. »Ich habe ihn
It was really nothing Mr constable assured he I have him

wohl unachtsam auf den Fuß getreten, und er schlug gleich zu. Keine
well careless on the foot stepped and he struck immediately -to- No

Ahnung, wer das war, ich hatte meine Entschuldigung noch nicht raus,
idea who that was I had my apology still not out

da schlug er schon zu.«
there struck he already -to-

Wieder darf Karl Hergesell unangefochten gehen, kein Verdacht besteht
Again may Karl Hergesell unchallenged go no suspicion exists

gegen ihn. Aber er ist sich klar darüber, daß er sein Glück so nicht
against him But he is himself clear there-about that he his fortune so not
about it

weiter auf die Probe stellen darf. Er ist zu diesem Ex-Schwiegervater Otto
further on the test place may He is to this ex-father-in-law Otto

Quangel auch nur deswegen gegangen, um wegen Trudels Sicherheit
Quangel also only because of that gone for because of Trudel's security

klarzusehen. Nun, was diesen Otto Quangel angeht, so darf er wohl
to see clearly Now what this Otto Quangel concerns so may he well

unbesorgt sein. Ein harter Vogel das, und ein böser dazu. Und gewiß
unconcerned be A hard bird that and an angry there-to And certainly
as well

kein geschwätziger, trotz seines großen Schnabelhakens. Diese Art, wie er
no talkative one despite of his large beak hook This way how he

rasch und böse zuschlug!
quickly and angry to-hit
struck

Und weil ein solcher Mensch vielleicht plappern konnte, war die Trudel
And because one such human perhaps babble could was the Trudel

beinahe in den Tod gehetzt worden. Der plapperte nie – auch vor
almost in the death urged become That one babbled never – also before

denen nicht! Und um Trudel würde er sich auch kaum kümmern, er
those not And for Trudel would he himself also hardly care he

schien von der Trudel nicht mehr viel wissen zu wollen. Was solch
seemed from the Trudel not (any)more much know to want What such

ein rascher Kinnhaken einem doch manchmal für Aufklärung bringen kann!
a fast chin hook one indeed sometimes for up-clearing bring can
a person explanation

Karl Hergesell geht nun völlig unbesorgt in die Fabrik, und als er dort
Karl Hergesell goes now totally unconcerned in the factory and as he there

durch vorsichtige Umfrage erfährt, daß Grigoleit und der Säugling
through careful questioning around experiences that Grigoleit and the infant

in den Sack gehauen haben, atmet er auf. Nun ist alles sicher.
in the bag chopped have breathes he up Now is everything sure
quit

Es gibt keine Zelle mehr, aber er bedauert das nicht einmal sehr.
It gives no cell (any)more but he regrets that not once much
There is even

Dafür wird Trudel leben!
Therefore will Trudel live

Im Grunde hat er sich nie so sehr für die politische Arbeit
In the ground has he himself never so much for the political work

interessiert, dafür um so mehr für die Trudel!
interested therefore for so more for the Trudel

Quangel fährt auf der Elektrischen wieder seiner Wohnung zu, aber als
Quangel drives on the electrical again his house towards but as
goes

er aussteigen müßte, fährt er an der Jablonskistraße vorüber. Sicher ist
he rise-out must drives he on the Jablonskistreet past Sure is
get out goes

sicher, falls wirklich noch ein Verfolger an seinen Hacken hängt, will er
sure — if — really — still — a — pursuer — on — his — heel — hangs — wants — he

sich mit ihm allein auseinandersetzen, ihn nicht in die Wohnung ziehen.
himself — with — him — alone — deal with — him — not — in — the — house — pull

Anna ist jetzt nicht in der richtigen Verfassung, mit einer unangenehmen
Anna — is — now — not — in — the — true — condition — with — an — uncomfortable

Überraschung fertig zu werden. Er muß erst mit ihr reden. Gewiß, er
surprise — ready — to — become — He — must — first — with — her — talk — Certainly — he

wird das tun, Anna spielt eine große Rolle bei dem, was er vorhat. Aber
will — that — do — Anna — plays — a — great — role — at — that — what — he — intends — But

erst muß er anderes erledigen.
first — must — he — other (stuff) — take care of

Quangel hat sich entschlossen, heute vor der Arbeit überhaupt nicht
Quangel — has — himself — decided — today — before — the — work — at all — not

mehr nach Haus zu kommen. Er wird eben auf Kaffee und Mittagessen
(any)more — to — house — to — come — He — will — just — on — coffee — and — lunch

verzichten. Anna wird ein bißchen unruhig sein, aber sie wird schon
dispense — Anna — will — a — bit — restless — be — but — she — will — already

warten und nichts Voreiliges tun. Er muß heute was erledigen. Morgen
wait — and — nothing — hasty — do — He — must — today — what / something — take care of — Tomorrow

ist Sonntag, da muß alles da sein.
is — sunday — there — must — everything — there — be

Er steigt wieder um und fährt in die Stadt hinein. Nein, wegen
He — rises — again — around / changes streetcars — and — drives / goes — in — the — city — inside — No — because of

dieses jungen Menschen eben, dem er so rasch mit einem Faustschlag
this — young — person — just (now) — which — he — so — quickly — with — a — punch

den Mund gestopft hat, macht sich Quangel keine großen Sorgen. Er
the — mouth — stuffed — has — makes — himself — Quangel — no — great — worry — He

glaubt auch nicht so recht an weitere Verfolger, er glaubt vielmehr
believes — also — not — so — right — on — further — pursuers — he — believes — much more

daran, daß dieser Mann wirklich von der Trudel kam. Sie hat ja schon
there-on to it — that — this — man — really — from — the — Trudel — came — She — has — yes — already

so was angedeutet, sie müsse gestehen, daß sie ihren Schwur
so what indicated she must confess that she her oath
something like that

gebrochen habe. Daraufhin haben die ihr natürlich allen Umgang mit ihm
broken have There-on-to have they her of course all dealing with him
Thereupon

verboten, und sie hat diesen jungen Burschen als Boten abgesandt. All
forbidden and she has this young lad as messenger sent All

das ganz ungefährlich. Die reine Kinderei das, wirklich Kinder, die
that completely harmless The pure childishness that really children who

sich in ein Spiel eingelassen haben, von dem sie nicht das geringste
themselves in a game let in have from which they not the least

verstehen. Er, Otto Quangel, versteht ein wenig mehr davon. Er weiß,
understand He Otto Quangel understands a little more there-from He knows

in was er sich da einlassen wird. Aber er wird dieses Spiel nicht wie
in what he himself there let in will But he will this game not as

ein Kind spielen, er wird sich jede Karte überlegen.
a child play he will himself each card consider

Er sieht die Trudel wieder vor sich, wie sie da in diesem zugigen
He sees the Trudel again before himself as she there in this drafty

Gang gegen das Plakat des Volksgerichtshofes lehnte - ahnungslos. Er
hallway against the poster of the people's court leaned - clueless He

empfindet wieder dieses unruhige Gefühl, als der Kopf des Mädchens von
experiences again this restless feeling as the head of the girl from
by

der Überschrift »Im Namen des deutschen Volkes« gekrönt war, er liest
the heading In the name of the German people crowned was he reads

wieder statt der fremden die eigenen Namen - nein, nein, dies ist eine
again instead of the strange the own name - no no this is a

Sache für ihn allein. Und für Anna, für die Anna natürlich auch. Er wird
thing for him alone And for Anna for the Anna of course also He will

ihr schon zeigen, wer »sein« Führer ist!
her already show who his leader is

In der Innenstadt angekommen, erledigt Quangel erst einige Einkäufe. Er
In the inner-city arrived finishes Quangel first some in-buys He
groceries

kauft nur für Pfennigbeträge, ein paar Postkarten, einen Federhalter, ein
buys only for penny amounts a few postcards a penholder a

paar Stahlfedern, ein Fläschchen Tinte. Und auch diese Einkäufe verteilt
few steel springs a vial (of) ink And also these in-buys distributes
groceries

er noch auf ein Warenhaus, eine Woolworth-Niederlage und auf ein
he still on a department store a Woolworth-franchise and on a

Schreibwarengeschäft. Schließlich, nach langem Überlegen, ersteht er noch
stationery store Finally after long consideration purchases he still

ein Paar ganz einfache, dünne Stoffhandschuhe, die er ohne
a few completely simple thin fabric gloves which he without

Bezugschein bekommt.
reference slip gets

Dann sitzt er in einem dieser großen Bierrestaurants am Alexanderplatz,
Then sits he in one of these large beer restaurants at the Alexanderplatz

er trinkt ein Glas Bier, er bekommt auch noch markenfrei zu essen.
he drinks a glass (of) beer he gets also still stamp-free to eat
without food stamps

Wir schreiben 1940, die Ausplünderung der überfallenen Völker hat
We write 1940, the pillaging (of) the overfallen people has
conquered

begonnen, das deutsche Volk hat keine großen Entbehrungen zu tragen.
begun the German people have no large hardships to carry

Eigentlich ist noch fast alles zu haben, und noch nicht einmal
Actually is still almost everything to have and still not once
even

übermäßig teuer.
excessively expensive

Und was den Krieg selbst angeht, so wird er in fremden Ländern fern
And what the war itself concerns so will he in foreign countries far

von Berlin ausgetragen. Ja, es erscheinen schon dann und wann englische
from Berlin carried out Yes it appear already then and when English
there

Flugzeuge über der Stadt. Dann fallen ein paar Bomben, und die
planes over the city Then fall a few bombs and the

Bevölkerung macht am nächsten Tage lange Wanderungen, um die
population makes at the next days long hikes for the

Zerstörungen zu besichtigen. Die meisten lachen dann und sagen: »Wenn
destruction to visit The most laugh then and say If

die uns so erledigen wollen, brauchen sie hundert Jahre dazu, und
those us so take care of want need they hundred years there-to and

dann ist noch immer nicht viel davon zu merken. Unterdes radieren
then is still always not much there-from to notice Under-that erase
Meanwhile

wir ihre Städte vom Erdboden weg!«
we their cities from the earth-floor away
ground

So reden die Leute, und seit jetzt Frankreich um Waffenstillstand bat, hat
So talk the people and since now France for armistice bade has

sich die Zahl derer, die so reden, stark vergrößert. Die meisten
itself the number of those who so talk strongly enlarged The most

Menschen laufen dem Erfolg nach. Ein Mann wie Otto Quangel, der
people run the success after A man like Otto Quangel who

mitten im Erfolg aus der Reihe tritt, ist eine Ausnahme.
middle in the success from the row steps is an exception

Er sitzt da. Er hat noch Zeit, noch muß er nicht in die Fabrik. Aber
He sits there He has still time still must he not in the factory But

jetzt ist die Unruhe der letzten Tage von ihm gefallen. Seit er dieses
now is the unrest the last days from him fallen Since he this

Haus besichtigt, seit er diese paar kleinen Einkäufe erledigt hat, ist
house visited since he these few small in-buys finished has is
groceries

alles entschieden. Er braucht nicht einmal mehr groß nachzudenken
everything decided He needs not once (any)more large after-to-think
to think

über das, was er noch zu tun hat. Das tut sich jetzt von allein, der
over that what he still to do has That does itself now from alone the

Weg liegt klar vor ihm. Er braucht ihn nur weiterzugehen, die ersten
road lies clear before him He needs him only to continue the first
it

entscheidenden Schritte in ihn hinein sind schon getan.
decisive steps in him inside are already done

Dann, als seine Zeit gekommen ist, zahlt er und macht sich auf den
Then as his time come is pays he and makes himself on the

Weg in die Fabrik. Obwohl es ein weiter Weg ist vom Alexanderplatz
way in the factory Although it a further way is from the Alexanderplatz

aus, geht er ihn zu Fuß. Er hat heute schon genug Geld ausgegeben,
out goes he him to foot He has today already enough money spent
on

für Fahrerei, für die Einkäufe, das Essen. Genug? Viel zuviel! Trotzdem
for driving for the in-buys the food Enough Much too much Although
groceries

Quangel sich jetzt für ein ganz anderes Leben entschlossen hat, wird
Quangel himself now for a completely other life decided has will

er an den bisherigen Gewohnheiten nichts ändern. Er wird weiter sparsam
he on the previous habits nothing change He will further sparingly

bleiben und sich die Menschen vom Leibe halten.
remain and himself the people from the body hold

Schließlich steht er wieder in seiner Werkstatt, aufmerksam und wach,
Finally stands he again in his workshop attentive and awake

wortlos und abweisend, ganz wie immer. Ihm ist nichts anzusehen von
wordless and dismissive completely as always Him is nothing to look at from
not talkative

dem, was in ihm vorgegangen ist.
that what in him proceeded is
happened

Enno Kluge arbeitet wieder
Enno Kluge works again

Als Otto Quangel seine Arbeit in der Tischlerwerkstatt begann, stand Enno
As Otto Quangel his work in the carpenter workshop began stood Enno

Kluge schon seit sechs Stunden an einer Drehbank. Ja, es hat den
Kluge already since six hours on a lathe Yes it has the

kleinen Mann nicht mehr in seinem Bett gelitten, trotz seiner
small man not (any)more in his bed suffered despite his
pleased

Schwäche und seiner Schmerzen ist er in die Fabrik gefahren. Der
weakness and his pain is he in the factory driven The
gone

Empfang dort war freilich nicht sehr freundlich, aber das war kaum
reception there was indeed not very friendly but that was hardly

anders zu erwarten.
different to expect

»Na, bist du auch mal wieder bei uns zu Besuch, Enno?« hatte ihn der
Now are you also once again at us to visit Enno had him the

Meister gefragt. »Wie lange willste denn diesmal wieder mitmachen, eine
master asked How long want-you then this time again participate one

oder zwei Wochen?«
or two weeks

»Ich bin jetzt wieder ganz gesund, Meister«, versicherte Enno Kluge
I am now again completely healthy master assured Enno Kluge

eifrig. »Ich kann wieder arbeiten, und ich werd auch arbeiten, das sollst
zealously I can again work and I will also work that will

du schon sehen!«
you already see

»Na, na!« meinte der Meister ziemlich ungläubig und wollte wieder gehen.
Now now thought the master rather incredulous and wanted again go

249

Aber er blieb noch einmal stehen, betrachtete nachdenklich Ennos
But he remained still once stand regarded thoughtful Enno's

Gesicht und fragte: »Und was haste denn mit deiner Visage gemacht,
face and asked And what have you then with your face made / done

Enno? Ein bißchen in die Heißmangel gekommen, was?«
Enno A bit in the hot press come what

Enno hat den Kopf auf sein Werkstück gesenkt, er sieht den Meister
Enno has the head on his workpiece lowered he sees / looks the master

auch nicht an, als er schließlich antwortet: »Jawohl, Meister, durch die
also not on / at as he finally answers Yes master through the

Mangel gedreht ...«
presser turned

Der Meister bleibt nachdenklich vor ihm stehen und betrachtet ihn
The master remains thoughtful before him stand and considers him

immer weiter. Schließlich glaubt er sich einen Vers auf die Sache
always further Finally believes he himself a verse on the thing

machen zu können und sagt: »Na, vielleicht hat's wirklich geholfen,
make to be able and says Now perhaps had it really helped

vielleicht hast du nun wirklich Trieb zur Arbeit, Enno!«
perhaps have you now really drive to the work Enno

Damit ging der Meister, und Enno Kluge war froh, daß die Schläge so
There-with went the master and Enno Kluge was happy that the blows so

verstanden worden waren. Sollte der nur ruhig denken, er war wegen
understood become were Should that one only calm think he was because of

seiner Arbeitsscheu so abgerollt worden, um so besser! Darüber wollte
his work-shyness so unrolled become for so better There-about wanted

er mit keinem reden. Und wenn sie hier so dachten, würden sie ihn
he with no one talk And when they here so thought would they him

mit allen Fragen verschonen. Sie würden höchstens hinter seinem Rücken
with all questions spare They would at most behind his back

über ihn lachen, und das sollten sie ruhig, das war ihm egal. Er wollte
over him laugh and that should they calmly / surely that was him equal He wanted

jetzt arbeiten, wundern sollten sich die über ihn!
now work wonder should themselves they about him

Bescheiden lächelnd und doch nicht ohne Stolz ließ sich Enno Kluge
Modest smiling and indeed not without pride let himself Enno Kluge

für die freiwillige Sonntagsschicht aufschreiben. Ein paar ältere
for the volunteer sunday shift write down A few older

Arbeitskollegen, die ihn noch von früher her kannten, machten spöttische
work colleagues who him still from before away knew made mocking

Bemerkungen. Er lachte einfach mit und sah es gerne, daß auch der
remarks He laughed simply along and saw it gladly that also the

Meister grinste.
master grinned

Übrigens hatte ihm die irrtümliche Annahme des Meisters, er habe die
By the way had him the erroneous assumption of the master he have the

Schläge wegen seiner Arbeitsscheu bezogen, sicher auch bei der
blows because of his work-shyness drawn sure also at the
begotten

Direktion genützt. Dorthin war er gleich nach der Mittagspause
management used There-to was he immediately to the lunch break

gerufen worden. Wie ein Angeklagter stand er dort, und daß von seinen
called become As an accused stood he there and that from his

Richtern einer in Wehrmachtsuniform, einer in SA-Uniform steckte, während
judges one in armed forces uniform one in SA uniform stuck while

nur einer Zivil trug, freilich auch mit dem Hoheitszeichen
only one civil (clothing) carried indeed also with the highness sign
wore

geschmückt, das erhöhte noch seine Angst.
decorated that heightened still his fear

Der Wehrmachtsoffizier blätterte in einem Aktenstück und hielt Enno Kluge
The armed forces officer leafed in a file and held Enno Kluge
read

mit einer ebenso gleichgültigen wie angeekelten Stimme seine Sünden
with a likewise certain as disgusted voice his sins

vor. Den und den Tag von der Wehrmacht zur Rüstungsindustrie
-before- That and that day from the army to the defense industry

entlassen, dann und dann erst Meldung in dem zugewiesenen Betrieb, elf Tage gearbeitet, krank geschrieben wegen Magenblutungen, drei Ärzte, zwei Krankenhäuser in Anspruch genommen. Dann und dann arbeitsfähig gesund geschrieben, fünf Tage gearbeitet, drei Tage blau gemacht, einen Tag gearbeitet, wieder Magenblutungen usw. Der Wehrmachtsoffizier legte das Aktenstück weg, er sah angeekelt den Kluge an, das heißt, er richtete seinen Blick etwa auf den obersten Knopf von Ennos Jackett und sagte mit erhobener Stimme: »Was denkst du dir eigentlich, du Schwein?« Plötzlich schrie er, aber man sah es ihm an, daß er ganz gewohnheitsmäßig schrie, ohne jede innere Erregung. »Denkst du, du kannst hier einen einzigen mit deinen dußligen Magenblutungen an der Nase rumführen? Ich werde dich zu einer Strafkompanie schicken, da werden sie dir deine stinkenden Gedärme aus dem Leibe reißen, da sollst du lernen, was Magenblutungen sind!« So schrie der Offizier noch eine ganze Weile. Enno war das vom Militär her gewohnt, es konnte ihn nicht besonders schrecken. Er hörte

sich diese Strafpredigt an, die Hände vorschriftsmäßig an die
himself this punishment preaching on the hands according to regulations on the

Naht seiner Zivilhose gelegt, das Auge aufmerksam auf den Scheltenden
seam of his civil pants laid the eye attentive on the scolding

geheftet. Mußte der Offizier einmal Luft holen, so sagte Enno im
stapled focused Must the officer once air get so said Enno in the

vorgeschriebenen Ton, klar und deutlich, aber weder demütig noch frech,
prescribed tone clear and clearly but neither humble nor fresh cheeky

sondern sachlich: »Jawohl, Herr Oberleutnant! Zu Befehl, Herr
but businesslike Yes Mr over-lieutenant To order Mr

Oberleutnant!« An einer Stelle gelang es ihm sogar, freilich ohne jede
first lieutenant! On one spot succeeded it him even indeed without each

sichtbare Wirkung, den Satz einzuschieben: »Melde mich gehorsamst
visible effect the sentence to insert Report me obediently

gesund, Herr Oberleutnant! Melde gehorsamst, werde arbeiten!«
healthy Mr over-lieutenant Report obediently will work

Ebenso plötzlich, wie er mit dem Schreien begonnen hatte, hörte der
Likewise suddenly as he with the shouting begun had heard the stopped

Offizier wieder damit auf. Er machte den Mund zu, nahm den Blick
officer again there-with -on- He made the mouth to took the glance did close

von dem obersten Rockknopf Kluges und richtete ihn auf seinen Nachbar
from the highest rock button of Kluge and directed him on his neighbor

in Braun. »Sonst noch was?« fragte er angeekelt.
in brown Otherwise still what asked he disgusted

Jawohl, auch dieser Herr hatte noch etwas zu sagen oder vielmehr
Yes also this gentleman had still something to say or much more

zu schreien – alle diese Herren Vorgesetzten schienen ja nur mit
to shout all these gentlemen supervisors seemed yes only with indeed

ihren Leuten schreien zu können. Dieser schrie von Volksverrat und
their people to shout to be able This one shouted from people-betray and treason

Arbeitssabotage, vom Führer, der keine Verräter in den eigenen Reihen
work-sabotage / sabotage — from the — leader — who — no — traitor — in — the — own — ranks

duldete, und von den KZs, wo ihm schon sein Recht
tolerated — and — from — the — concentration camps — where — him — already — his — right / just punishment

werden solle.
become — should

»Und wie kommst du zu uns?« schrie der Braune plötzlich. »Wie
And — how — come — you — to — us — shouted — the — brown (one) — suddenly — How

haste dich zugerichtet, du Schwein, du? Mit solcher Fresse kommst
have-you — yourself — prepared — you — swine — you — With — such — (a) mug — come

du zur Arbeit? Bei den Weibern haste rumgehurt, du Hurenbock!
you — to the — work — At — the — women — have-you — whored around — you — whore buck

Da läßte deine Kraft, und wir dürfen dich hier bezahlen! Wo
There — left-you — your — strength — and — we — may — you — here — pay — Where

biste gewesen, wo haste dich so zugerichtet, du elender Zuhälter,
were-you / have you — been — where — have-you — yourself — so — prepared / beaten up — you — miserable — pimp

du?«
you

»Mich haben sie durch die Rolle gedreht«, sagte Enno, verschüchtert
Me — have — they — through — the — roll press — turned — said — Enno — intimidated

unter dem Blick des andern.
under — the — glance — of the — other (one)

»Wer, wer hat dich so zugerichtet, ich will's wissen!« schrie das
Who — who — has — you — so — prepared / beaten up — I — want it — know — shouted — the

Braunhemd. Und er fuchtelte mit der Faust unter der Nase des andern
brown shirt — And — he — waved — with — the — fist — under — the — nose — of the — other

und stampfte mit dem Fuß auf.
and — stamped — with — the — foot — -on-

Hier war der Augenblick gekommen, wo jeder eigene Gedanke den
Here — was — the — moment — come — where — each — own — thought — the

Schädel Enno Kluges verließ. Unter der Bedrohung mit neuen Schlägen
skull (of) Enno Kluge left Under the threat with new beatings
of

entliefen ihm Vorsatz wie Vorsicht, er flüsterte angstvoll: »Melde
escaped him intent as carefulness he whispered fearfully Report

gehorsamst, die SS hat mich so zugerichtet.«
obediently the SS has me so prepared
beaten up

In der sinnlosen Angst dieses Mannes lag etwas so Überzeugendes, daß
In the senseless fear of this man lay something so convincing that

die drei Männer am Tisch ihm sofort Glauben schenkten. Ein
the three men at the table him immediately believe gifted An
believed

verständnisvolles, billigendes Lächeln trat auf ihre Gesichter. Der
understanding approving smile stepped on her faces The
came

Braune schrie noch: »Zugerichtet nennst du das? Gezüchtigt heißt das,
brown (one) cried still Prepared call you that Chastised is called that
Beaten up

zu Recht bestraft! Wie heißt das?«
to right punished How is called that

»Melde gehorsamst, es heißt: zu Recht bestraft!«
Report obediently it is called to right punished

»Na, ich hoffe, du wirst es dir merken. Das nächste Mal kommst du
Now I hope you will it yourself notice The next time come you

nicht so billig weg! Abtreten!«
not so cheap away Off-step
Dismissed

Noch eine halbe Stunde danach zitterte Enno Kluge so stark, daß er
Still a half hour afterwards trembled Enno Kluge so strong that he

seine Arbeit an der Drehbank nicht verrichten konnte. Er drückte sich
his work on the lathe not execute could He squeezed himself

auf dem Abtritt herum, wo ihn der Meister schließlich aufstöberte und
on the off-step around where him the master finally unearthed and
exit

scheltend an die Arbeit jagte. Der Meister stellte sich dann daneben
scolding on the work chased The master set himself then there next

und sah schimpfend zu, wie Enno Kluge ein Werkstück nach dem andern
and saw cursing -to- how Enno Kluge one workpiece after the other

verdarb. In dem Kopf des kleinen Kerls drehte sich noch alles:
spoiled In the head of the small guy turned itself still everything

vom Meister beschimpft, von den Arbeitskollegen verspottet, von
from the master insulted from the work colleagues ridiculed from

Konzentrationslager und Strafkompanie bedroht, vermochte er nichts
concentration camp and criminal company threatened could he nothing

mehr klar zu sehen. Die sonst so geschickten Hände verweigerten
(any)more clear to see The otherwise so suited hands refused

ihm den Dienst. Er konnte nicht, und doch mußte er, sonst war er
him the service He could not and indeed must he otherwise was he

ganz verloren.
completely lost

Schließlich sah es selbst der Meister ein, daß hier nicht übler Wille und
Finally saw it himself the master in that here not bad will and

Arbeitsscheu vorlagen. »Wenn du nicht gerade krank gewesen wärst, würde
work-shyness before lay If you not just sick been were would

ich sagen, leg dich erst ein paar Tage ins Bett und kurier dich
I say lay yourself first a few days in the bed and cure yourself

gesund.« Mit diesen Worten verließ ihn der Meister. Und er setzte
healthy With these words left him the master And he set

hinzu: »Aber du weißt ja wohl, was dir dann passiert!«
there-to But you know yes well what yourself then happens
                            indeed

Ja, er wußte es. Er machte immer weiter, versuchte, nicht an die
Yes he knew it He made always further tried not on the
               did   of

Schmerzen, an den unerträglichen Druck in seinem Kopf zu denken. Eine
pain on the intolerable press in his head to think A
     of

Weile zog ihn das sich schimmernd drehende Eisen magisch an. Er
while pulled him the itself shimmering rotating iron magically on He

brauchte nur den Finger dazwischen zu halten, und er hatte Ruhe, kam
needed only the finger in between to hold and he had rest came

in ein Bett, konnte liegen, ausruhen, schlafen, vergessen! Aber gleich
in a bed could lie rest sleep forget But immediately

dachte er wieder daran, daß mit dem Tode bestraft wird, wer sich
thought he again there-on that with the death punished becomes who himself
to it

mutwillig selbst verstümmelt, und die Hand zuckte zurück ...
wantonly himself mutilates and the hand jerked back

Und so war es: Tod in der Strafkompanie, Tod in einem KZ,
And so was it death in the criminal company death in a concentration camp
(konzentrationslager)

Tod auf einem Gefängnishof, das waren die Dinge, die ihn täglich
death on a prison yard that were the things which him daily

bedrohten, die er von sich abwenden mußte. Und er hatte so wenig
threatened which he from himself turn away must And he had so little

Kraft ...
strength

Irgendwie ging dieser Nachmittag hin, irgendwie war er kurz nach fünf
Somehow went this afternoon away somehow was he short after five

auch im Strome der Heimkehrenden. Er hatte sich so nach Ruhe
also in the flow of those returning home He had himself so after rest

und Schlaf gesehnt; als er dann aber in seinem engen Hotelzimmerchen
and sleep longed as he then however in his narrow hotel room

stand, brachte er es nicht über sich, ins Bett zu gehen. Er lief wieder
stood brought he it not over himself in the bed to go He ran again
managed

los, er kaufte sich ein wenig Essen ein.
loose he bought himself a little food in

Und wieder im Zimmer, die Eßwaren auf dem Tisch vor sich, das
And again in the room the foodwares on the table before himself the

Bett neben sich – aber er konnte hier einfach nicht bleiben. Er war
bed beside himself but he could here simply not stay He was

wie gehetzt, es litt ihn nicht in diesem Zimmer. Er mußte sich
like rushed it suffered him not in this room He must himself
chased stood out

noch ein bißchen Waschzeug kaufen, auch sehen, daß er bei einem
still a bit wash stuff buy also see that he at a

Trödler eine blaue Bluse kaufen konnte.
dawdler a blue blouse buy could

Lief wieder los, und als er in einer Drogerie stand, fiel ihm ein, daß er
Ran again loose and as he in a drugstore stood fell him in that he

noch einen ganz schweren Handkoffer mit all seinen Besitztümern bei
still a completely heavy suitcase with all his possessions at

der Lotte zu stehen hatte, deren auf Urlaub kommender Mann ihn so roh
the Lotte to stand had whose on leave coming man him so raw

hinausgeworfen hatte. Er rannte aus der Drogerie, er stieg auf eine
thrown out had He ran from the drugstore he rose got on an

Elektrische; er riskierte es: er fuhr einfach zu ihr. Er konnte doch nicht
electrical tram he risked it he drove simply to her He could indeed not

alle seine Sachen preisgeben! Vor einer Wucht Prügel graute es
all his things reveal Before a force (of) beatings became grey it (dawned)

ihn, aber es trieb ihn, er mußte zur Lotte.
him but it drove him he must to the Lotte

Und er hatte Glück, er fand die Lotte zu Haus, der Mann war nicht
And he had fortune he found the Lotte at house the man was not

da. »Deine Sachen, Enno?« fragte sie. »Ich habe sie gleich in den
there Your things Enno asked she I have them immediately in the

Keller gesetzt, damit er sie nicht findet. Warte, ich hole den
basement set there-with he them not finds Wait I get the

Schlüssel!«
key

Aber er hielt sie umfaßt, er lehnte den Kopf gegen ihre starke Brust. Die
But he held her hugged he leaned the head against her robust breast The

Anstrengungen der letzten Wochen waren zuviel für ihn gewesen, er
efforts of the last weeks were too much for him been he

weinte einfach los.
cried simply away

»Ach, Lotte, Lotte, ich halt es ohne dich nicht aus! Ich hab solche
Oh Lotte Lotte I hold it without you not out I have such

Sehnsucht   nach   dir!«
desire   after   you

Sein   ganzer   Körper   bebte   vor   Schluchzen.   Sie   war   ordentlich   erschrocken.
His   whole   body   shook   for   sobbing   She   was   properly   frightened
                                        of

Sie   war   den   Umgang   mit   Männern   gewohnt,   auch   den   mit   flennenden,
She   was   the   dealing   with   men   used   also   that   with   crying

aber   dann   waren   sie   betrunken,   und   dieser   hier   war   nüchtern   ...   Und
but   then   were   they   drunk   and   this one   here   was   sober   And

dann   dieses   Gerede   von   Sehnsucht   nach   ihr   und   nicht   ohne   sie
then   this   talk   from   desire   after   her   and   not   without   her

auskommen,   das   war   Ewigkeiten   her,   daß   jemand   so was   zu   ihr
come out   that   was   ages   away   that   someone   so   what   to   her
                                                                something like that

gesagt   hatte!   Wenn   es   überhaupt   je   jemand   zu   ihr   gesagt   hatte!
said   had   When   it   at all   even   someone   to   her   said   had

Sie   beruhigte   ihn,   so   gut   sie   konnte.   »Er   bleibt   ja   nur   drei   Wochen
She   calmed down   him   so   good   (as) she   could   He   stays   yes   only   three   weeks

auf   Urlaub,   dann   kannste   wieder   bei   mir,   Enno!   Nimm   dich   jetzt
on   leave   then   can-you   again   at   me   Enno   Take   yourself   now

zusammen,   hol   deine   Sachen,   eh   er   kommt.   Du   weißt   doch!«
together   get   your   things   before   he   comes   You   know   indeed

Oh,   wie   er   wußte,   wie   genau   er   wußte,   was   alles   ihn   bedrohte!
Oh   how   he   knew   how   exactly   he   knew   what   everything   him   threatened

Sie   setzte   ihn   noch   in   seine   Elektrische,   half   ihm   mit   dem   Handkoffer.
She   set   him   still   in   his   electrical   helped   him   with   the   suitcase
                                         tram

Enno   Kluge   fuhr   in   sein   Hotel,   doch   ein   wenig   erleichtert.   Nur   noch
Enno   Kluge   drove   in   his   hotel   indeed   a   little   lightened   Only   still

drei   Wochen,   von   denen   vier   Tage   schon   rum   waren.   Dann   ging   der
three   weeks   from   which   four   days   already   around   were   Then   went   that one
                                                       over

wieder   an   die   Front,   und   er   konnte   sich   in   sein   Bett   legen!   Enno   hatte
again   on   the   front   and   he   could   himself   in   his   bed   put   Enno   had
         to

gedacht, er hielte es ganz ohne Weiber aus, aber das ging nicht,
thought he would hold it completely without women out but that went not

er konnte es einfach nicht. Er würde bis dahin auch noch einmal nach
he could it simply not. He would until there-to also still once to
                                                  then

der Tutti sehen; er sah doch jetzt, wenn man ihnen nur was vorweinte,
the tutti see he saw indeed now when one them only what before cried
       visit

dann waren sie gar nicht so schlimm. Dann halfen sie einem gleich!
then were they at all not so bad Then helped they one immediately
                                          you

Er konnte vielleicht die drei Wochen bei der Tutti bleiben, das einsame
He could perhaps the three weeks at the Tutti stay the lonely

Hotelzimmer war zu schlimm.
hotel room was too bad

Aber trotz der Weiber würde er arbeiten, arbeiten, arbeiten! Er würde
But despite the women would he work work work He would

keine Zicken machen, er nicht, nie wieder! Er war geheilt!
no nonsense make he not never again He was healed

Das Ende der Frau Rosenthal
The end of Mrs Rosenthal

Am Sonntagmorgen wachte Frau Rosenthal mit einem Schreckensschrei
At the Sunday morning awoke Mrs Rosenthal with a scream of horror

aus tiefem Schlaf auf. Sie hatte wieder etwas Grausiges von dem
from deep sleep up She had again something gruesome from that

geträumt, was sie jetzt fast in jeder Nacht heimsuchte: sie war mit
dreamed what her now almost in each night haunted she was with

Siegfried auf der Flucht. Sie versteckten sich, die Verfolger gingen an
Siegfried on the flight They hid themselves the pursuers went on
fleeing

ihnen vorüber, wobei sie die so schlecht Versteckten aus den
them past where-by they the so badly hidden from the

Augenwinkeln zu verhöhnen schienen.
eye-corners to mock seemed

Plötzlich fing Siegfried an zu laufen, sie hinter ihm drein. Sie konnte
Suddenly caught Siegfried -on- to run she behind him there-in She could
started

nicht so schnell laufen wie er. Sie rief: »Nicht so schnell, Siegfried! Ich
not so fast run as he She called Not so fast Siegfried I

komme nicht mit! Laß mich nicht allein!«
come not along Leave me not alone

Er hob sich von der Erde, er flog. Flog erst ein wenig über dem
He lifted himself from the earth he flew Flew first a little over the

Pflaster, dann hob er sich immer höher, nun entschwand er über den
pavement then lifted he himself always higher now disappeared he over the

Dächern. Sie stand allein auf der Greifswalder Straße. Ihre Tränen liefen.
roofs She stood alone on the Greifswalder street Her tears ran

Eine große, riechende Hand legte sich erdrückend vor ihr Gesicht, eine
A great smelling hand put itself pressing before her face a

Stimme flüsterte an ihrem Ohr: »Olle Judensau, hab ich dich
voice whispered on her ear Old Jewish-female pig have I you

endlich?«
finally

Sie starrte nach der Verdunkelung vor den Fenstern, an den Spalten
She stared after the blackout (cloth) before the windows on the columns

sickerte Tageslicht hinein. Die Schrecken der Nacht entwichen vor
oozed daylight inside The fright of the night escaped before

denen des Tages, der ihr bevorstand. Es war schon wieder Tag! Wieder
that of the day which her was imminent It was already again day Again

hatte sie den Kammergerichtsrat verschlafen, den einzigen Menschen, mit
had she the chamber judge overslept the single person with

dem sie sprechen konnte! Sie hatte sich fest vorgenommen, wach zu
who she speak could She had herself firmly taken in front awake to
decided

bleiben, und nun war sie doch wieder eingeschlafen! Wieder einen Tag
remain and now was she indeed again slept inasleep fallen Again a day

allein, zwölf Stunden, fünfzehn Stunden! Oh, sie hielt das nicht mehr
alone twelve hours fifteen hours Oh she held that not (any)more

aus! Die Wände dieses Zimmers stürzten über ihr zusammen, immer das
out The walls of this room fell over her together always the

gleiche bleiche Gesicht im Spiegel, stets wieder dasselbe Geld zählen
same pale face in the mirror all the time again the same money count

– nein, so ging es nicht weiter. Das Schlimmste war nicht so schlimm
no so went it not further The worst was not so bad

wie dieses tatenlose Eingesperrtsein.
as this inactive to be locked in

Hastig kleidet sich Frau Rosenthal an. Dann geht sie an die Tür, sie
Hastily dressed herself Mrs Rosenthal -on- Then goes she on the door she

dreht den Riegel, öffnet leise und späht auf den Flur hinaus. Alles ist
turns the bolt opens softly and peeks on the hall out Everything is

still in der Wohnung, auch im Hause ist noch alles still. Die
quiet in the house also in the house is still everything quiet The

Kinder lärmen noch nicht auf der Straße – es muß noch sehr früh sein.
children noise still not on the street it must still very early be
make noise

Vielleicht ist der Rat noch in seinem Bücherzimmer? Vielleicht kann
Perhaps is the counselor still in his bookroom Perhaps can
study

sie ihm noch guten Morgen sagen, zwei, drei Sätze mit ihm wechseln,
she him still good morning say two three sentences with him exchange

die ihr Mut machen werden, einen endlosen Tag zu ertragen?
which her courage make will an endless day to endure

Sie wagt es, gegen sein Verbot wagt sie es. Sie geht rasch über den
She dares it against his prohibition dares she it She goes quickly over the

Flur und tritt in sein Zimmer ein. Sie schreckt etwas vor der
hall and steps in his room in She frightens somewhat before the

Helle zurück, die durch die geöffneten Fenster hereinströmt, vor
brightness back which through the opened window flows in before

der Straße, der Öffentlichkeit, die mit dieser Luft zusammen hier jetzt
the street the openness which with this air together here now

herrschen. Aber noch mehr erschrickt sie vor einer Frau, die mit einem
rule But still more startles she for of a woman who with a

Teppichroller den Zwickauer Teppich reinigt. Sie ist eine dürre, ältere
carpet roller the from Zwickau carpet cleans She is a dried out older

Frau; das Tuch um den Kopf, der Teppichroller bestätigen, daß sie hier
woman the cloth around the head the carpet roller confirm that she here

die Reinemachefrau ist.
the cleaning woman is

Beim Eintritt von Frau Rosenthal hat diese Frau die Arbeit unterbrochen.
At the entry from Mrs Rosenthal has this woman the work interrupted

Sie starrt erst einen Augenblick die unerwartete Besucherin an, wobei sie
She stares first a moment the unexpected visitor on where-by she

die Augenlider rasch hintereinander ein paarmal zukneift, als könne sie
the eyelids quickly behind each other a few times pinches as could she

den Anblick da nicht für ganz wirklich nehmen. Dann lehnt sie
the sight there not for completely real take Then declines she

263

den Teppichroller gegen den Tisch und fängt an, mit Händen und Armen
the carpet roller against the table and catches on with hands and poor

abwehrende Bewegungen zu machen, wobei sie von Zeit zu Zeit ein
defensive movements to make where-by she from time to time a
deprecating

scharfes »Sch! Sch!« ausstößt, als scheuchte sie Hühner.
pungent Shoo Shoo utters as shooed she chickens

Frau Rosenthal, schon im Rückzug, sagt flehend:
Mrs Rosenthal already in the retreat says pleading

»Wo ist der Kammergerichtsrat? Ich muß ihn einen Augenblick sprechen!«
Where is the chamber judge I must him a moment speak

Die Frau kneift die Lippen eng zusammen und schüttelt heftig den
The woman pinches the lips close together and shakes vehemently the

Kopf. Dann beginnt sie wieder mit ihren Scheuchbewegungen und dem
head Then begins she again with her shooing movements and the

»Sch! Sch!«, bis Frau Rosenthal ganz in ihr Zimmer zurückgewichen
Shoo Shoo until Mrs Rosenthal completely in her room backed away

ist. Dort sinkt sie, während die Reinemachefrau leise die Tür schließt, an
is There sinks she while the cleaning woman softly the door closes on

ihrem Tisch in den Sessel und bricht fassungslos in Tränen aus. Alles
her table in the seat and breaks stunned in tears out Everything

umsonst! Wieder ein Tag, der sie nur zum einsamen, sinnlosen Warten
for nothing Again a day which she only to the lonely senseless waiting

verurteilt! Viel geschieht in der Welt, vielleicht stirbt jetzt gerade Siegfried
condemned Much happens in the world perhaps dies now just Siegfried

oder eine deutsche Fliegerbombe tötet ihr die Eva – sie aber muß hier
or a German air bomb kills her the Eva she however must here

immer weiter im Dunkeln sitzen und nichts tun.
always further in the dark sit and nothing do

Sie schüttelt unwillig den Kopf: Sie macht dies einfach nicht mehr
She shakes unwilling the head She makes this simply not (any)more
will go with

mit. Sie macht es nicht! Wenn sie unglücklich sein soll, wenn sie denn
with She makes it not When she unhappy be should when she then
along can't do it

ewig gehetzt und in Angst leben soll, so will sie dies auf ihre Art
eternally rushed and in fear live should so wants she this on her way

tun. Möge sich denn diese Tür für immer hinter ihr schließen, sie kann
do May itself then this door for always behind her close she can

es nicht hindern. Sie war gut gemeint, diese Gastfreundschaft, aber sie
it not prevent She was good meant this hospitality but she
It it

tut ihr nicht gut.
does her not good

Als sie wieder an der Tür steht, besinnt sie sich. Sie geht wieder an
As she again on the door stands rethinks she herself She goes again on
to

den Tisch zurück und nimmt das dicke, goldene Armband mit den
the table back and takes the thick golden bracelet with the

Saphiren. Vielleicht so ...
sapphires Perhaps so
like this

Doch in dem Arbeitszimmer ist die Frau nicht mehr, die Fenster sind
Indeed in the workspace is the woman not (any)more the windows are

schon wieder geschlossen. Frau Rosenthal steht abwartend auf dem Flur,
already again closed Mrs Rosenthal stands awaiting on the hall

nahe der Ausgangstür. Dann hört sie Tellergeklapper, und sie folgt
close of the exit door Then hears she rattle of plates and she follows

diesem Geräusch, bis sie die Frau in der Küche beim Abwaschen findet.
this sound until she the woman in the kitchen at the wash up finds

Sie hält ihr flehend das Armband hin und sagt stockend: »Ich muß
She holds her pleading the bracelet towards and says hesitating I must

den Kammergerichtsrat wirklich sprechen. Bitte, bitte doch!«
the chamber judge really speak Please please then

Die Bedienerin hat bei der neuerlichen Störung die Stirn gerunzelt.
The servant girl has at the new disturbance the forehead wrinkled

Nur einen flüchtigen Blick wirft sie auf das hingehaltene Armband. Dann
Only a fleeting glance throws she on the held out bracelet Then

beginnt sie wieder zu scheuchen, mit rudernden Armbewegungen und
begins she again to scare away with rowing arm movements and

Sch!«, und vor diesem Scheuchen flieht Frau Rosenthal in ihr Zimmer.
Shoo and before this scaring away flees Mrs Rosenthal in her room

Sie stürzt geradezu auf ihren Nachttisch zu, sie nimmt aus der Lade
She crashes almost on her bedside table towards she takes from the drawer

das ihr vom Kammergerichtsrat verordnete Schlafmittel.
the her from the chamber judge prescribed sleep-means
sleeping pill

Sie hat bisher diese Schlafmittel nie gebraucht. Nun schüttet sie alle,
She has until-here this sleep-means never used Now pours she all
until now sleeping pill

zwölf oder vierzehn an der Zahl, in ihre hohle Hand, geht zum
twelve or fourteen on the number in her hollow hand goes to the

Waschtisch und spült sie mit einem Glas Wasser hinunter. Sie muß
vanity and washes them with a glass water down She must

heute schlafen, sie will heute den Tag verschlafen … Dann wird sie
today sleep she wants today the day oversleep Then will she

abends den Kammergerichtsrat sprechen und hören, was zu tun ist.
in the evening the chamber judge speak and hear what to do is

Sie legt sich angekleidet auf das Bett, zieht die Decke nur leicht über
She lays herself dressed on the bed pulls the cover only lightly over

sich. Still auf dem Rücken liegend, die Augen zur Decke gerichtet,
herself Quiet on the back lying the eyes to the ceiling directed

wartet sie auf den Schlaf.
waits she on the sleep

Und er scheint wirklich zu kommen. Die quälenden Gedanken, die immer
And he seems really to come The agonizing thoughts which always

gleichen Schreckbilder, die von der Angst in ihrem Hirn geboren werden,
(the) same horror pictures which from the fear in her brain born become

sie verschwimmen. Sie schließt die Augen, ihre Glieder entspannen
they blur She closes the eyes her members relax

sich, werden schlaff, sie hat sich schon fast hinübergerettet in
themselves become limp she has herself already almost saved over in

ihren Schlaf …
her sleep

Da ist es, als hätte sie auf der Schwelle zu diesem Schlaf eine Hand
There is it as had her on the threshold to this sleep a hand

zurückgestoßen ins Wachen. Sie ist förmlich zusammengeschreckt, solch
pushed back into the waking She is formally startled such

einen Ruck hat es ihr gegeben. Ihr Körper ist zusammengezuckt wie in
a jerk has it her given Her body is together winced as in

einem plötzlichen Krampf ...
a sudden cramp

Und wieder liegt sie, die Decke anstarrend, auf dem Rücken, die ewig
And again lies she the ceiling staring at on the back the eternally

gleiche Mühle dreht die ewig gleichen Qualgedanken und Angstbilder in
same mill turns the eternally same agonized thoughts and images of fear in

ihr. Dann – allmählich – wird das schwächer, die Augen schließen
her Then gradually becomes it weaker the eyes close

sich, der Schlaf ist nahe. Und wieder auf seiner Schwelle der Stoß,
themselves the sleep is close And again on his threshold the shock

der Ruck, der Krampf, der ihren ganzen Körper zusammenzieht. Wieder
the jerk the cramp which her whole body together-pulls Again
contracts

ist sie vertrieben aus der Ruhe, dem Frieden, dem Vergessen ...
is she expelled from the rest the peace the forgetting

Als sich das drei- oder viermal wiederholt hat, gibt sie es auf, den
As itself that three or four times repeated has gives she it up the

Schlaf zu erwarten. Sie steht auf, geht langsam, ein wenig taumelig, mit
sleep to expect She stands up goes slowly a little wobbly with

hängenden Gliedern an den Tisch und setzt sich. Sie starrt vor sich
hanging members on the table and sets herself She stares before herself
(arms) to

hin. Sie erkennt in dem Weißen, das vor ihr liegt, den Brief an
away She recognizes in the white that before her lies the letter on
to

Siegfried, den sie vor drei Tagen begann, der nicht über die ersten
Siegfried which she before three days began which not over the first

Zeilen hinauskam. Sie sieht weiter: sie erkennt die Scheine, die
lines got out She sees further she recognizes the shine the

Schmucksachen. Dort hinten steht auch das Tablett mit dem ihr
jewelry   There in the back stands also the tray with the (for) her

bestimmten Essen. Sonst hat sie sich morgens völlig ausgehungert
determined food Otherwise has she herself in the morning totally starved

darübergestürzt, jetzt mustert sie es mit gleichgültigem Blick. Sie mag
fallen over it   now inspects she it with indifferent glance She may
                                                                   can

nicht essen ...
not   eat

Während sie dort so sitzt, ist ihr dunkel bewußt, daß die Schlafmittel
While she there so sits, is (to) her darkly conscious that the sleep-means
                                                                sleeping pill

doch eine Veränderung in ihr hervorgerufen haben: wenn sie ihr auch
indeed a change   in her evoked have when she her also

keinen Schlummer schenken konnten, so haben sie ihr doch die jagende
no   slumber   give   could so have they her indeed the hunting

Unruhe des Morgens genommen. Sie sitzt nur so da, manchmal ist sie
unrest of the morning taken She sits only so there sometimes is she

auch im Sessel beinahe eingenickt, dann fährt sie wieder hoch. Einige
also in the seat almost dozed off then drives she again high Some
                                              goes

Zeit ist vergangen, ob viel oder wenig, das weiß sie nicht, aber
time is gone away whether much or little that knows she not but

einige Zeit von diesem Schreckenstag ist doch wohl fort ...
some time from this horror day is indeed well away

Dann, später, hört sie einen Schritt auf der Treppe. Sie fährt zusammen
Then later hears she a step on the stairs She drives together
                                                      goes

– in einem Augenblick der Selbstbeobachtung sucht sie sich darüber
in a moment of the introspection searches she herself about it

klarzuwerden, ob sie von diesem Zimmer aus überhaupt hören kann,
to get clear whether she from this room out at all hear can

wenn jemand auf der Treppe geht. Aber diese kritische Minute ist schon
when someone on the stairs goes But this critical minute is already

wieder vorbei, und sie lauscht nur angespannt auf den Schritt im
again past and she listens only tense on the step in the
                                        for

Treppenhaus, den Schritt eines Menschen, der sich mühsam treppauf
stairwell the step of a person who himself tediously up the stairs

schleppt, immer wieder innehaltend, dann, nach einem Hüsteln, sich
drags always again pausing then after a coughing himself

wieder am Treppengeländer hochziehend.
again at the stair platforms pulling up

Jetzt hört sie nicht nur, jetzt sieht sie auch. Sie sieht Siegfried ganz
Now hears she not only now sees she also She sees Siegfried completely

deutlich, wie er sich da durch das noch stille Treppenhaus in ihre
clearly as he himself there through the still quiet stairwell in her

Wohnung hinaufschleicht. Sie haben ihn natürlich wieder mißhandelt, um
house creeps up They have him of course again mistreated for

seinen Kopf liegen ein paar hastig geschlungene Binden, die schon
his head lie a few hastily looped bandages which already

wieder durchblutet sind, und sein Gesicht ist wund und fleckig von
again through-blooded are and his face is sore and blotchy from
bloodied

ihren Faustschlägen. So schleppt sich Siegfried mühselig die Treppen
their punches So drags himself Siegfried laborious the stairs

hinauf. In seiner Brust krächzt und orgelt es, in dieser Brust, die von
up In his breast croaks and toggles it in this breast which from

ihren Fußtritten verletzt ist. Sie sieht Siegfried um den Treppenabsatz
their kicks injured is She sees Siegfried around the landing

herum entschwinden ...
around disappear

Eine Weile sitzt sie noch so da. Bestimmt denkt sie an gar nichts,
A while sits she still so there Definitely thinks she on at all nothing

auch nicht an den Kammergerichtsrat und das mit ihm Vereinbarte.
also not on the chamber judge and the with him agreed

Sondern sie muß da oben in die Wohnung – was soll Siegfried
But she must there above in the house – what should Siegfried

denken, wenn er sie leer findet? – Aber sie ist so schrecklich müde,
think when he her empty finds But she is so terribly tired
it

und es ist fast unmöglich, aus dem Sessel hochzukommen!
and it is almost impossible from the seat to come up

Dann steht sie doch wieder da. Sie nimmt das Schlüsselbund aus der
Then stands she indeed again there She takes the keychain from the

Handtasche, greift nach dem Saphirarmband, als sei es ein Talisman, der
handbag grabs to the sapphire bracelet as be it a talisman which

sie beschützen kann – und langsam und taumelig geht sie aus der
her protect can and slowly and wobbly goes she from the

Wohnung. Die Tür fällt hinter ihr zu.
house The door falls behind her to
shut

Der nach langem Bedenken von seiner Bedienerin doch endlich geweckte
The after long thinking from his servant girl indeed finally awakened

Kammergerichtsrat kommt zu spät, um seinen Gast von diesem Ausflug in
chamber judge comes too late for his guest from this excursion in

eine zu gefährliche Welt abzuhalten.
a too dangerous world to hold off

Der Rat steht einen Augenblick in der leise wieder geöffneten Tür, er
The counselor stands a moment in the softly again opened door he

lauscht nach oben, er lauscht nach unten. Er hört nichts. Dann, als er
listens to above he listens to under He hears nothing Then as he

doch etwas hört, nämlich den raschen, energischen Schritt von Stiefeln,
indeed something hears namely the quick energetic step from boots

zieht er sich wieder in seine Wohnung zurück. Aber er verläßt den
pulls he himself again in his house back But he leaves the

Ausguck an der Tür nicht. Sollte es doch noch eine Möglichkeit geben,
look out on the door not Should it indeed still a possibility give

diese Unselige zu retten, er wird ihr doch noch einmal trotz aller
this unfortunate (one) to save he will her indeed still once despite all

Gefahr seine Tür öffnen.
danger his door open

Frau Rosenthal hat es gar nicht gemerkt, daß sie auf der Treppe an
Mrs Rosenthal has it at all not noticed that she on the stairs on

jemand vorüberging. Sie hat nur den einen Gedanken, möglichst rasch die
someone passed She has only the one thought as possible quickly the

Wohnung mit Siegfried zu erreichen. Aber der HJ-Führer Baldur
house with Siegfried to reach But the hitler-jugend-leader Baldur

Persicke, der eben zu einem Morgenappell will, bleibt völlig verblüfft, mit
Persicke who just to a morning roll call wants remains totally perplexed with

offenem Munde auf der Treppe stehen, als diese Frau, ihn fast
open mouth on the stairs stand as this woman him almost

anstoßend, an ihm vorüberging. Die Rosenthal, die tagelang verschwundene
on-bumping / bumping against on him passed The Rosenthal who for days disappeared

Rosenthal an diesem Sonntagmorgen unterwegs, in einer dunklen gestickten
Rosenthal on this Sunday morning on the way in a dark embroidered

Bluse ohne Judenstern, ein Schlüsselbund und ein Armband in der einen
blouse without jew-star / star of david a keychain and a bracelet in the one

Hand, mit der andern sich mühsam am Treppengeländer hochziehend –
hand with the other herself tediously at the stair platforms pulling up

so besoffen ist die Frau! Am frühen Sonntagmorgen schon so besoffen!
so drunk is the woman At the early Sunday morning already so drunk

Einen Augenblick steht Baldur noch so da, in völliger Verblüffung. Aber
A moment stands Baldur still so there in complete amazement But

als Frau Rosenthal um die Treppenkehre herum verschwunden ist, finden
as Mrs Rosenthal around the stairs turn around disappeared is find

seine Gedanken sich zurück, und sein Mund schließt sich. Er hat das
his thoughts themselves back and his mouth closes itself He has the

Gefühl, jetzt ist der richtige Augenblick gekommen, jetzt darf er nur
feeling now is the right moment come now may he only

nichts falsch machen! Nein, diesmal wird er die Sache allein erledigen,
nothing false / wrong make / do No this time will he the thing / the case alone take care of

weder die Brüder noch der Vater noch ein Borkhausen sollen sie ihm
neither the brothers nor the father nor a Borkhausen should her him (the case)

versauen.
mess up

Baldur wartet noch, bis er sicher ist, daß Frau Rosenthal jetzt schon die
Baldur waits still until he sure is that Mrs Rosenthal now already the

Quangelsche Wohnung erreicht hat, dann geht er leise in die elterliche
of Quangel house reached has then goes he softly in the parental

Wohnung. Dort schläft noch alles, und das Telefon hängt auf dem
house There sleeps still everything and the phone hangs on the

Flur. Er hebt ab und dreht die Scheibe, dann verlangt er einen
hall He lifts off and turns the disc then requires he a

bestimmten Apparat. Er hat Glück: trotz des Sonntags bekommt er die
determined machine He has fortune despite of the Sunday gets he the

Verbindung und auch den richtigen Mann. Er sagt kurz, was zu sagen ist;
connection and also the right man He says short what to say is

dann rückt er sich einen Stuhl an die Tür, öffnet sie einen Spalt und
then moves he himself a chair on the door opens her a slit and
bit

macht sich geduldig darauf gefaßt, eine halbe oder auch eine Stunde
makes himself patiently thereupon taken a half or also an hour

Wache halten zu müssen, damit der Vogel nicht wieder entwischt ...
guard hold to must there-with the bird not again escapes

Bei Quangels ist nur erst Anna wach, leise wirtschaftet sie in der
At (the) Quangels is only first Anna awake softly housekeeps she in the

Wohnung. Zwischendurch sieht sie nach Otto, er schläft noch immer
house Occasionally sees she after Otto he sleeps still always
looks at

ganz fest. Er sieht müde und gequält aus, selbst jetzt im Schlaf.
completely fast He sees tired and tormented out even now in the sleep
deep

Als ließe ihm irgend etwas keine Ruhe. Sie steht da und sieht
As lets him any something no rest She stands there and sees

nachdenklich in das Gesicht des Mannes, mit dem sie fast drei
thoughtful in the face of the man with whom she almost three

Jahrzehnte Tag für Tag zusammen gelebt hat. Sie hat sich längst an
decades day for day together lived has She has herself long on

dieses Gesicht gewöhnt, das vogelscharfe Profil, der dünne, fast stets
this face used the bird sharp profile the thin almost all the time

geschlossene Mund – das erschreckt sie nicht mehr. So sieht eben der
closed mouth that startles her not (any)more So sees just the looks

Mann aus, dem sie ihr ganzes Leben geweiht hat.
man out to whom she her whole life consecrated has

Es kommt nicht auf das Aussehen an ...
It comes not on the looks on
It's not about the looks

Aber an diesem Morgen scheint ihr doch, als sei das Gesicht noch
But on this morning seems her indeed as be the face still

schärfer geworden, der Mund noch schmaler, als hätten sich die
sharper become the mouth still narrower as had themselves the

Falten von der Nase her noch mehr vertieft. Er hat Sorgen, schwere
folds from the nose away still more deepened He has worries heavy

Sorgen, und sie hat es versäumt, rechtzeitig mit ihm darüber zu
worries and she has it missed in time with him there-about to

sprechen, ihm die Last tragen zu helfen. An diesem Sonntagmorgen, vier
speak him the load carry to help On this Sunday morning four

Tage, nachdem sie die Nachricht vom Tode des Sohnes bekommen hat,
days after she the message from the death of the son become has

ist Anna Quangel wieder fest davon überzeugt, nicht nur, daß sie bei
is Anna Quangel again firmly there-from convinced not only that she at

diesem Manne wie bisher auszuhalten hat, sondern daß sie auch im
this man as until-here to endure has but that she also in the
until now

Unrecht war, überhaupt erst mit dieser Trotzerei anzufangen. Sie hätte ihn
wrong was at all first with this defiance to start She had him

besser kennen müssen: er schwieg lieber, als daß er sprach. Sie mußte
better know must he was silent rather as that he spoke She must

ihn stets ermuntern, ihm die Zunge lösen – von selbst sprach dieser
him all the time encourage him the tongue loosen from himself spoke this

Mann nie.
man never

Nun, heute wird er sprechen. Er hatte es ihr zugesagt, heute in der
Now today will he speak He had it her promised today in the

Nacht, als er von der Arbeit heimgekommen war. Anna hatte da einen
night as he from the work come home was Anna had there a

schlimmen Tag hinter sich gebracht. Als er ganz ohne Frühstück
bad day behind herself brought As he completely without breakfast

losgelaufen war, als sie Stunden vergeblich auf ihn gewartet hatte, als er
away run was as she hours in vain on him waited had as he

auch nicht zum Mittagessen erschienen war, als ihr klarwurde, jetzt hatte
also not to the lunch appeared was as her became clear now had

seine Arbeit schon begonnen, jetzt würde er bestimmt nicht mehr
his work already begun now would he definitely not (any)more

kommen – da war sie völlig verzweifelt gewesen.
come there was she totally in doubt been

Was war in diesen Mann gefahren, seit sie jenes vorschnelle, unbedachte
What was in this man driven since she that too fast thoughtless

Wort gesagt hatte? Was trieb ihn so ruhelos um? Sie kannte ihn doch:
word said had What drove him so restless around She knew him indeed

Seitdem sie das gesagt hatte, sann er nur darauf, ihr zu zeigen,
Since she that said had contemplated he only thereupon her to show

daß der nicht »sein« Führer war. Als wenn sie es je ernstlich so
that that one not his leader was As if she it indeed seriously so

gemeint hätte! Sie hätte es ihm sagen müssen, daß sie das Wort nur
meant had She had it him say must that she the word only

im ersten trauernden Zorn gesagt hatte. Sie hätte auch ganz andere
in the first grieving anger said had She had also completely other

Dinge sagen können gegen diese Verbrecher, die sie so sinnlos des
things say been able against these criminals who her so senseless of the

Sohnes beraubt hatten – grade dieses Wort mußte ihr herausfahren!
son robbed had right this word must her drive out

Aber nun hatte sie eben grade dies gesagt, und nun lief er in der Welt
But now had she just right this said and now ran he in the world

umher und begab sich in alle möglichen Gefahren, um recht zu
around and went himself in all possible dangers for right to

behalten, um ihr das Unrecht, das sie ihm angetan, noch ganz
keep for her the wrong that she him done (had) still completely

handgreiflich zu beweisen! Womöglich kam er gar nicht wieder. Hatte
hand-grabable to prove Possibly came he at all not again Had
palpable

etwas gesagt oder getan, was die Werkleitung oder die Gestapo auf
something said or done what the plant management or the gestapo on

ihn hetzte – womöglich saß er schon im Loch! So unruhig, wie dieser
him rushed possibly sat he already in the hole So restless as this

ruhige Mann schon am frühen Morgen gewesen war!
calm man already at the early morning been was

Anna Quangel hält es nicht aus, so tatenlos kann sie nicht mehr auf
Anna Quangel holds it not out so deedless can she not (any)more on
idle

ihn warten. Sie macht ein paar Stullen zurecht und tritt den Weg
him wait She makes a few sandwiches in its right place and steps the way

zu seiner Fabrik an. Auch darin ist sie ganz sein getreues Eheweib,
to his factory on Also therein is she completely his faithful wife

daß sie selbst jetzt, wo es ihr auf jede Minute, die sie früher
that she even now where it her on each minute which she before

Gewißheit hat, ankommt, nicht die Bahn benutzt. Nein, sie geht zu Fuß –
certainty has arrives not the track uses No she goes to foot

sie spart den Groschen wie er.
she saves the dime as he

Vom Pförtner der Möbelfabrik erfährt sie dann, daß der
From the usher of the furniture factory experiences she then that the
hears

Werkmeister Quangel pünktlich wie immer auf seine Arbeitsstelle gekommen
work-master Quangel punctually as always on his place of work come
foreman

ist. Sie läßt ihm durch einen Boten die »vergessenen« Stullen
is She lets him through a messenger the forgotten sandwich
has

hineinschicken und wartet auch noch die Rückkehr des Boten ab.
send in and waits also still the return of the messenger -off-

»Nun, was hat er gesagt?«
Now what has he said

»Was soll er denn gesagt haben ...? Der sagt doch nie was!«
What should he then said have That one says indeed never what / something

Jetzt kann sie beruhigter nach Haus gehen. Es ist noch nichts geschehen
Now can she more calm to house go It is still nothing happened

trotz all seiner Unruhe am Morgen. Und heute abend wird sie mit
despite all his unrest at the morning And today evening will she with

ihm sprechen ...
him speak

Er kommt in der Nacht. Sie sieht seinem Gesicht an, wie müde er ist.
He comes in the night She sees his face on how tired he is

»Otto«, sagt sie bittend, »ich habe es doch nicht so gemeint. Nur im
Otto says she pleading I have it indeed not so meant Only in the

ersten Erschrecken ist es mir so rausgefahren. Sei nicht mehr böse!«
first scare is it me so driven out / come out Be not (any)more angry

»Ich – böse – dir? Wegen so was? Nie!«
I angry at you Because of so what / something like that Never

»Aber du willst was tun, ich spüre es! Otto, tu's nicht, stürze dich
But you want what / something do I feel it Otto do it not rush yourself

wegen so was nicht ins Unglück! Ich könnte es mir nie
because of so what / something like that not in the misfortune I could it myself never

verzeihen.«
forgive

Er sieht sie einen Augenblick an, fast lächelnd. Dann legt er beide
He sees / looks her a moment on / in the face almost smiling Then lays he both

Hände rasch auf ihre Schultern. Schon zieht er sie wieder fort, als
hands quickly on her shoulders Already pulls he her again away as

schäme er sich dieser raschen Zärtlichkeit.
shame he (of) himself (for) this quick tenderness
was ashamed

»Was ich tun werde? Schlafen werde ich! Und morgen sage ich dir, was
What I do will Sleep will I And tomorrow tell I you what

wir tun werden!«
we do will

Nun ist der Morgen gekommen, und Quangel schläft noch. Aber jetzt
Now is/has the morning come, and Quangel sleeps still But now

kommt es auf eine halbe Stunde mehr oder weniger nicht an. Er ist
comes it on a half hour (any)more or less not on He is

bei ihr, er kann nichts Gefährliches tun, er schläft.
with her he can nothing dangerous do he sleeps

Sie wendet sich ab von seinem Bett, sie macht sich wieder an ihre
She turns herself off from his bed she makes/sets herself again on her

kleinen Hausarbeiten. –
small housework

Unterdes ist Frau Rosenthal längst bei ihrer Wohnungstür
Under-that/Meanwhile is Mrs Rosenthal long at her apartment door

angekommen, so langsam sie auch treppauf ging. Sie ist nicht überrascht,
arrived, so slowly she also up the stairs went She is not surprised,

die Tür verschlossen zu finden – sie schließt sie auf. Und auch in der
the door locked to find she closes/opens her/it on/up And also in the

Wohnung drinnen sucht sie nicht erst lange nach Siegfried oder ruft
house inside searches she not first long to Siegfried or calls

nach ihm. Auch das wüste Durcheinander beachtet sie nicht, wie sie
to him. Also the wildness/mess confused regards she not as she

auch schon wieder vergessen hat, daß sie ja eigentlich dem Schritt
also already again forgotten has that she yes/indeed actually the step

ihres Mannes folgend die Wohnung betreten hat.
of her man following the house entered has

Ihre Benommenheit ist in einem langsamen, unaufhaltsamen Wachsen. Man
Her drowsiness is in a slow unstoppable/endless growing One

kann nicht sagen, daß sie schläft, aber sie ist auch nicht wach. Wie sie
can not say that she sleeps but she is also not awake As her

die schwer gewordenen Glieder nur langsam und unbeholfen bewegen
the heavy become members only slowly and awkward move

kann, weil sie wie taub sind, so ist auch ihr Gehirn wie taub. Es
can because she as deaf are so is also her brain as deaf It

kommen Bilder wie Flocken und zerrinnen auch schon wieder, ehe sie
come images as flakes and melt away also already again before she

noch recht deutlich sehen konnte. Sie sitzt in der Sofaecke, die Füße auf
still right clearly see could she sits in the sofa corner the feet on

der verschmutzten Wäsche, sie sieht sich langsam und träge um. In
the dirty wash she sees herself slowly and sluggish around In
clothing

der Hand hält sie noch immer die Schlüssel und das Saphirarmband, das
the hand holds she still always the key and the sapphire bracelet that

ihr Siegfried zu Evas Geburt schenkte. Der Gewinn einer ganzen Weißen
her Siegfried at Eva's birth gifted The profit of a whole white

Woche ... Sie lächelt ein bißchen.
week She smiles a bit

Dann hört sie, wie die Flurtür vorsichtig geöffnet wird, und sie weiß:
Then hears she how the floor door carefully opened becomes and she knows

Das ist Siegfried. Jetzt kommt er. Deswegen bin ich doch hier
That is Siegfried Now comes he Because of that am I indeed here

raufgegangen. Ich will ihm entgegengehen.
went up I want him go towards

Aber sie bleibt sitzen, ein Lächeln ausgebreitet auf dem ganzen grauen
But she remains sit a smile spreads out on the whole gray

Gesicht. Sie wird ihn hier so sitzend empfangen, als sei sie nie fort
face She will him here so sitting receive as be she never away

gewesen, habe immer hier, zu seinem Empfang, gesessen.
been have always here to his reception sat

Dann geht endlich die Tür, und statt des erwarteten Siegfried stehen
Then goes finally the door and instead of the expected Siegfried stand
opens

drei Männer in der Tür. Schon als sie unter den dreien eine verhaßte
three men in the door Already as she under the three a hated

braune Uniform sieht, weiß sie: Das ist nicht Siegfried, Siegfried ist nicht
brown uniform sees knows she That is not Siegfried Siegfried is not

dabei. Ein bißchen Angst will sich in ihr rühren, aber wirklich nur ein
there-by A bit (of) fear wants itself in her move but really only a

ganz klein bißchen. Nun ist es endlich soweit.
completely small bit Now is it finally so far

Langsam schwindet das Lächeln von ihrem Gesicht, das vom Grauen
Slowly disappears the smile from her face that from the gray

ins Gelblichgrüne hinüberwechselt.
in the yellowish green changes over

Die drei stehen jetzt direkt vor ihr. Sie hört, wie ein großer schwerer
The three stand now directly before her She hears how a great heavy

Mann in schwarzem Paletot sagt: »Nicht besoffen, mein Junge.
man in black paletot says Not drunk my boy

Wahrscheinlich schlafmittelvergiftet. Wir wollen schnell mal sehen, daß
Probably poisoned with sleeping pills We want fast once see that

wir aus ihr rausquetschen, was zu holen ist. Hören Sie mal, Sie sind
we from her squeeze out what to get is Hear you once you are

Frau Rosenthal?«
Mrs Rosenthal

Sie nickt. »Jawohl, meine Herren, Lore oder richtiger Sara Rosenthal.
She nods Yes my gentlemen Lore or more right Sarah Rosenthal

Mein Mann sitzt in Moabit, zwei Söhne in den USA, eine
My husband sits in Moabit two sons in the United States a
(Berlin prison)

Tochter in Dänemark, eine in England verheiratet ...«
daughter in Denmark one in England married

»Und wieviel Geld haben Sie denen geschickt?« fragte der
And how much money have you them sent asked the

Kriminalkommissar Rusch schnell.
detective inspector Rusch fast

»Geld? Zu was denn Geld? Die haben doch alle Geld genug! Zu was
Money To what then money They have indeed all money enough To what

soll ich denen noch Geld schicken?«
should I them still money send

Sie nickt ernst. Ihre Kinder leben alle in guten Verhältnissen. Die
She nods seriously Her children live all in good conditions They

könnten noch ohne Mühe die Eltern ernähren. Plötzlich fällt ihr etwas
could still without trouble the parents nourish Suddenly falls her something

ein, was sie unbedingt diesen Herren noch sagen muß. »Es ist meine
in what she absolutely these gentlemen still say must It is my

Schuld«, sagt sie unbeholfen mit schwerer Zunge, die immer schwerer
fault says she awkward with heavy tongue which always more heavy

zu sprechen, zu lallen anfängt, »es ist allein meine Schuld. Siegfried wollte
to speak to babble starts it is alone my fault Siegfried wanted

längst aus Deutschland fort. Aber ich sagte ihm: ›Warum all die schönen
long from Germany away But I said him Why all the beautiful

Sachen, das gute Geschäft hierlassen, für einen Dreck verkaufen? Wir
things the good business leave here for a filth sell We
pittance

haben nie niemandem etwas getan, uns werden sie nichts tun.‹ Ich
have never no one something done us will they nothing do I

habe ihn überredet, sonst wären wir längst weg!«
have him persuaded otherwise were we long away

»Und wo haben Sie Ihr Geld gelassen?« fragt der Kommissar, ein
And where have you your money left asks the commissioner a

wenig ungeduldiger.
little impatient

»Das Geld?« Sie versucht, sich zu besinnen. Es war ja wirklich noch
The money She tries herself to reflect It was yes really still
indeed

etwas dagewesen. Wo war es nur hingekommen? Aber das scharfe
something there-been Where was it only to-come But the sharp

Nachdenken macht ihr Mühe, dafür fällt ihr etwas anderes ein. Sie
pondering makes her trouble therefore falls her something different in She

hält das Saphirarmband dem Kommissar hin. »Da!« sagt sie einfach.

»Da!«

Der Kommissar Rusch wirft einen raschen Blick darauf, dann sieht er sich nach seinen beiden Begleitern um, diesem zackigen HJ-Führer, und nach seinem ständigen Gefolgsmann, dem Friedrich, einem dicken Klotz, anzusehen wie ein Scharfrichtergehilfe. Er sieht, daß die beiden ihn gespannt beobachten. So stößt er die Hand mit dem Armband ungeduldig beiseite, er packt die schwere Frau bei den Schultern und beutelt sie ordentlich durch. »Wachen Sie jetzt endlich auf, Frau Rosenthal!« schreit er. »Ich befehle es Ihnen! Sie sollen aufwachen!« Dann läßt er sie los: Ihr Kopf fällt hinten gegen die Sofalehne, der Körper sackt in sich zusammen – ihre Zunge lallt etwas Unverständliches. Dieses Mittel, sie wach zu machen, scheint nicht ganz richtig gewesen zu sein. Eine Weile betrachten die drei schweigend die alte Frau, wie sie da zusammengesunken hockt, das Bewußtsein scheint nicht in sie zurückzukehren.

Der Kommissar flüstert plötzlich ganz leise: »Nimm sie dir mal
The commissioner whispers suddenly completely softly Take she yourself once

mit, da hinten in die Küche, und sieh, daß du sie wach kriegst!«
with there in the back in the kitchen and look that you her awake get

Der Henkersknecht Friedrich nickt nur. Er nimmt die schwere Frau wie
The executioner Friedrich nods only He takes the heavy woman as

ein Kind auf den Arm und steigt vorsichtig mit ihr über die am Boden
a child on the arm and rises carefully with her over the at the ground

liegenden Hindernisse fort.
laying obstacles away

Als er an der Tür ist, ruft der Kommissar noch: »Sieh, daß sie ruhig
As he at the door is calls the commissioner still See that she calm

bleibt! Ich will keinen Krach haben am Sonntagmorgen in einem
remains I want no noise have at the Sunday morning in a

Mietshause! Sonst machen wir es in der Prinz-Albrecht-Straße. Ich
rental home Otherwise make we it in the Prinz-Albrecht-straße I
do

nehme sie sowieso dahin mit.«
take her anyway there to along

Die Tür klappt hinter den beiden, der Kommissar und der
The door works behind the both the commissioner and the

HJ-Führer sind allein.
Hitler-Jugend-leader are alone

Kommissar Rusch steht am Fenster und sieht auf die Straße. »Ruhige
Commissioner Rusch stands at the window and sees on the street Quiet

Straße das«, sagt er. »Richtiger Kinderspielplatz, wie?«
street that says he Right children's playground how
A nice little eh

Baldur Persicke bestätigt, daß die Jablonskistraße eine ruhige Straße ist.
Baldur Persicke confirms that the Jablonskistreet a calm street is

Der Kommissar ist ein bißchen nervös, nicht etwa wegen der Sache,
The commissioner is a bit nervous not about because of the thing
maybe

die der Friedrich da mit der alten Jüdin in der Küche anstellt. I
which the Friedrich there with the old Jewish lady in the kitchen on-sets I
does

wo, solche Sachen und tollere noch entsprechen seinem Wesen. Rusch
where such things and better ones still correspond his being Rusch

ist ein verkrachter Jurist, der den Weg zur Kriminalpolizei fand. Die
is a failed jurist who the way to the criminal police found Those

gab ihn später an die Gestapo ab. Er tut gerne seinen Dienst. Er würde
gave him later to the Gestapo off He does gladly his service He would

jeder Regierung gerne jeden Dienst getan haben, aber die zackigen
each government gladly every service done have but the jagged

Methoden dieser Regierung gefallen ihm besonders. »Bloß keine
methods of this government please him particularly Just no

Gefühlsduselei«, sagt er manchmal zu einem Neuling. »Wir erfüllen unsere
emotional fuss says he sometimes to a newbie We fulfill our

Pflicht nur dann, wenn wir unser Ziel erreichen. Der Weg dahin ist
duty only then when we our target reach The way there to is

ganz egal.«
completely no matter

Nein, wegen der ollen Jüdin macht sich der Kommissar nicht die
No because of the old Jewish lady makes himself the commissioner not the

geringsten Gedanken, er ist wirklich frei von jeder Gefühlsduselei.
least thoughts he is really free from each emotional fuss

Aber dieser Junge, der HJ-Führer Persicke, paßt ihm nicht recht in
But this boy the Hitler-Jugend-leader Persicke fits him not right in

den Kram. Er hat Außenseiter nicht gerne bei so was, man weiß
the stuff He has outsiders not gladly at so what one knows something like this

nie genau, wie sie's aufnehmen. Freilich, dieser scheint die richtige
never exactly how they it take up (would) Indeed this one seems the right

Sorte, aber genau weiß man es immer erst nachher.
variety but exactly knows one it always first after

»Haben Sie gesehen, Herr Kommissar«, fragt Baldur Persicke eifrig – er
Have you seen Mr commissioner asks Baldur Persicke zealously he

will jetzt einfach nicht mehr nach der Küche hinhorchen, das ist deren
want now simply not (any)more to the kitchen listen that is their

283

Sache! »Haben Sie gesehen, sie trug keinen Judenstern?«
thing Have you seen she carried no star of david

»Ich habe noch mehr gesehen«, sagt der Kommissar nachdenklich, »ich
I have still more seen says the commissioner thoughtful I

habe zum Beispiel gesehen, daß die Frau saubere Schuhe anhatte, und
have to the example seen that the woman clean shoes was wearing and

draußen ist Dreckwetter.«
outside is dirty weather

»Ja«, bestätigt Baldur Persicke, noch verständnislos.
Yes confirms Baldur Persicke still without understanding

»Also muß sie einer hier im Hause versteckt gehalten haben, seit
So must she one here in the house hidden held have since

Mittwoch, wenn sie wirklich so lange nicht in der Wohnung war, wie Sie
Wednesday when she really so long not in the house was as you

sagen.«
say

»Ich bin fast sicher«, fängt Baldur Persicke an, etwas beirrt durch
I am almost sure catches Baldur Persicke on something confused through
starts

diesen nachdenklichen, nicht von ihm ablassenden Blick.
this thoughtful not from him letting-off glance

»Fast sicher ist gar nichts, mein Junge«, sagt der Kommissar verächtlich.
Nearly sure is at all nothing my boy says the commissioner contemptuous

»Fast sicher gibt es nicht!«
Nearly sure gives it not

»Ich bin ganz sicher!« sagt Baldur schnell. »Ich kann jederzeit
I am completely sure says Baldur quickly I can at any time

beeiden, daß Frau Rosenthal seit Mittwoch nicht in ihrer Wohnung
make an oath that Mrs Rosenthal since Wednesday not in her house
swear

war!«
was

»Schön, schön«, sagt der Kommissar leichthin. »Sie wissen natürlich, daß
Beautiful beautiful says the commissioner lightly You know of course that

Sie seit Mittwoch die Wohnung unmöglich allein unter Beobachtung
she since Wednesday the house impossibly alone under observation

gehalten haben können. So was nimmt Ihnen kein Richter ab.«
held have been able So what takes you no judge off
Something like that blames for

»Ich habe zwei Brüder in der SS«, sagt Baldur Persicke eifrig.
I have two brothers in the SS says Baldur Persicke zealously

»Na schön«, gibt sich Kommissar Rusch zufrieden. »Es wird alles
Now beautiful gives himself commissioner Rusch satisfied It will everything

schon schiefgehen. Übrigens, was ich Ihnen noch sagen wollte, ich werde
already go wrong By the way what I you still say wanted I will

erst gegen Abend dazu kommen, hier Haussuchung zu halten. Vielleicht
first against evening there-to come here house search to hold Perhaps

observieren Sie die Wohnung solange weiter? Schlüssel haben Sie ja
observe you the house (for) so long further Key have you yes
indeed

wohl?«
well

Baldur Persicke versichert zufrieden, daß er das gerne tun würde. Seinen
Baldur Persicke assures satisfied that he that gladly do would His
In his

Augen war tiefe Freude anzusehen. Na also – so ging es auch, er wußte
eyes was deep joy to look at Now thus so went it also he knew
to see

es ja, und ganz legal!
it yes and completely legal
indeed

»Es wäre ja ganz gut«, sagt der Kommissar gelangweilt und sieht
It would be yes completely good says the commissioner bored and sees
indeed

wieder aus dem Fenster, »wenn dann alles etwa so rumläge wie
again from the window if then everything about so lies around as

jetzt. Natürlich, für das, was in den Schränken und Koffer ist, können
now Of course for that what in the shelves and suitcases is can

Sie nicht stehen, aber sonst ...«
you not stand but otherwise

Ehe Baldur noch antworten kann, ertönt aus dem Innern der Wohnung
Before Baldur still answer can sounds from the inside of the house

ein schriller, hoher Angstschrei.
a shrill high scream of fear

»Verdammt!« sagt der Kommissar, tut aber keinen Schritt.
Damned says the commissioner does however no step

Bleich, mit spitzer Nase starrt ihn Baldur an, seine Knie sind weich
White with sharp nose stares him Baldur on his knees are soft
at

geworden.
become

Der Angstschrei ist sofort erstickt, man hört nur den Friedrich
The scream of fear is immediately suffocated one hears only the Friedrich

fluchen.
curse

»Was ich sagen wollte ...« fängt der Kommissar langsam wieder an.
What I say wanted catches the commissioner slowly again -on-
starts

Er spricht aber, immerfort lauschend, nicht weiter. Plötzlich sehr lautes
He speaks however always listening not further Suddenly very loud

Schimpfen in der Küche, Getrappel, Hin- und Herstampfen. Nun brüllt
scolding in the kitchen trotting to and fro-stamping Now roars

Friedrich sehr laut: »Willste gleich! Willste woll!«
Friedrich very loud Want-you immediately Want-you well

Dann ein lauter Schrei. Noch wüsteres Fluchen. Nun wird eine Tür
Then a loud scream Still wilder cursing Now becomes a door

aufgerissen, Gestampf über den Flur, und ins Zimmer hinein brüllt
torn open stamped over the hall and in the room inside roars
thrown open

Friedrich: »Was sagen Sie nun, Herr Kommissar? Grade hatte ich sie so
Friedrich What say you now Mr commissioner Right had I her so

weit, daß sie vernünftig reden konnte, springt das Aas mir doch aus
far that she sensible talk could jumps the carrion me indeed from

dem Fenster!«
the window

Der Kommissar schlägt ihm wütend ins Gesicht: »Gottverdammter Trottel,
The commissioner strikes him furious in the face Goddamn jerk

ich reiß dir die Kaldaunen aus dem Leibe! Los, schnell!«
I tear you the tripe from the body Loose fast

Und er stürzt aus dem Zimmer, läuft die Treppen hinunter ...
And he crashes from the room runs the stairs down

»Auf den Hof doch!« ruft Friedrich flehend, während er hinterdrein läuft.
On the court then calls Friedrich pleading while he in the back runs

»Sie ist bloß auf den Hof gefallen, nicht auf die Straße! Es wird gar
She is just on the court fallen not on the street It will at all

kein Aufsehen geben, Herr Kommissar!«
no sensation give Mr commissioner!

Er bekommt keine Antwort. Alle drei laufen sie die Treppen hinunter,
He gets no answer All three run they the stairs down

wobei sie sich bemühen, möglichst wenig Lärm in dem
where-by they themselves endeavor as possible little noise in the

sonntagsstillen Haus zu machen. Als letzter läuft, mit einer halben Treppe
Sunday quiet house to make As last one runs with a half stairs

Abstand, Baldur Persicke. Er hat nicht vergessen, die Wohnungstür der
distance Baldur Persicke He has not forgotten the apartment door of the

Rosenthals gut ins Schloß zu ziehen. Wenn ihm auch noch der Schreck
Rosenthal good in the lock to pull When him also still the fright
Even if

in den Gliedern sitzt, weiß er doch, daß er jetzt die Verantwortung für
in the members sits knows he indeed that he now the responsibility for
body parts

alle die schönen Sachen dort hat. Da darf nichts fortkommen!
all the beautiful things there has There may nothing away come

Die drei laufen an der Wohnung der Quangels vorbei, an der von
The three run on the house of the Quangels past on that one from

den Persickes, an der vom Kammergerichtsrat a. D. Fromm. Nur noch
the Persickes on the one from the chamber judge a. d. Fromm Only still
former

zwei halbe Treppen, und sie sind auf dem Hof.
two half stairs and they are on the court

Otto Quangel war unterdes aufgestanden, hatte sich gewaschen und sah
Otto Quangel was under-that gotten up had himself washed and saw
meanwhile

seiner Frau in der Küche zu, wie sie das Frühstück fertigmachte. Nach
his woman in the kitchen to as they the breakfast finished After

dem Frühstück würden sie miteinander sprechen, vorläufig hatten sie nur
the breakfast would they with each other speak for now had they only

einen Guten-Morgen-Gruß gewechselt, aber einen freundlichen.
a good-morning-greeting exchanged but a friendly (one)

Plötzlich schrecken sie beide zusammen. In der Küche über ihnen ist
Suddenly frighten they both together In the kitchen over them is
wince

Geschrei, sie lauschen, eines das andere gespannt und besorgt ansehend.
shouting they listen one the other anxiously and concerned looking at

Dann wird für Sekundenschnelle das Küchenfenster verdunkelt, etwas
Then becomes for seconds-speed the kitchen window darkened something
a flash

Schweres scheint vorbeizustürzen – und nun hören sie es schwer
heavy seems to rush past and now hear they it heavy

aufschlagen auf dem Hof. Unten schreit jemand auf – ein Mann. Und
on-strike on the court Under cries someone up a man And

Totenstille.
dead silence

Otto Quangel reißt das Küchenfenster auf, fährt aber zurück, als er
Otto Quangel rips the kitchen window up drives however back as he
open

Gepolter auf der Treppe hört.
stamping on the stairs hears

»Steck du mal schnell den Kopf raus, Anna!« sagt er. »Sieh, ob du
Stick you once fast the head out Anna! says he See whether you

was sehen kannst. Eine Frau fällt bei so was weniger auf.« Er faßt
what see can A woman falls at so what less up He grabs
something is noticed

sie bei der Schulter und drückt sie sehr stark. »Schrei nicht!« sagt er
her at the shoulder and presses her very strong Scream not says he

befehlend. »Du sollst nicht schreien! So, mach das Fenster wieder zu!«
commanding You will not scream So make the window again to shut

»Gott, Otto!« ächzt Frau Quangel und starrt ihren Mann mit weißem
God Otto groans Mrs Quangel and stares her man with white

Gesicht an. »Die Rosenthal ist aus dem Fenster gestürzt. Sie liegt unten
face at The Rosenthal is from the window rushed She lies under

auf dem Hof. Der Borkhausen steht bei ihr und ...«
on the court The Borkhausen stands at her and

»Still!« sagt er. »Jetzt still! Wir wissen von nichts. Wir haben nichts
Quiet says he Now quiet We know from nothing We have nothing

gesehen und nichts gehört. Bring den Kaffee in die Stube!«
seen and nothing heard Bring the coffee in the room

Und drinnen noch einmal, mit Nachdruck: »Wir wissen nichts, Anna.
And inside still once with emphasis We know nothing Anna

Haben die Rosenthal fast nie gesehen. Und nun iß! Iß, sage ich dir.
Have the Rosenthal almost never seen And now eat Eat say I you

Und trink Kaffee! Wenn einer kommt, er darf uns nichts anmerken!«
And drink coffee When one comes he may us nothing notice of

Der Kammergerichtsrat Fromm hatte noch immer auf seinem
The chamber judge Fromm had still always on his

Beobachtungsposten gestanden. Er hatte zwei Zivilisten die Treppe
observation post stood He had two civilians the stairs

hinaufgehen sehen, und nun stürmten drei Mann – und der Persicke-Junge
go up seen and now stormed three man men and the Persicke boy

dabei – die Treppe hinunter. Es hatte also etwas gegeben, und schon
there-by the stairs down It had thus something given happened and already

brachte ihm seine Bedienerin aus der Küche die Nachricht, daß eben
brought him his servant girl from the kitchen the message that just (now)

Frau Rosenthal von oben auf den Hof gestürzt sei. Er starrte sie
Mrs Rosenthal from above on the court fallen be He stared her

erschrocken an ...
frightened at

Einen Augenblick stand er ganz still. Dann nickte er langsam ein
One moment stands he completely still Then nods he slowly a

paarmal.
few times

»Ja, Liese«, sagte er. »Das ist nicht anders. Man muß nicht nur retten
Yes Liese said he That is not different One must not only save
It's inevitable

wollen. Der andere muß auch mit der Rettung richtig einverstanden sein.«
want The other must also with the rescue right agreeing be

Und dann rasch: »Ist das Küchenfenster wieder zu?« Liese nickte. »Schnell,
And then quickly Is the kitchen window again to Liese nodded Quick
closed

Liese, bring das Zimmer vom gnädigen Fräulein wieder in Ordnung;
Liese bring the room from the gracious Miss again in order

niemand darf sehen, daß es benutzt war. Geschirr weg! Wäsche weg!«
nobody may see that it used was Cutlery away Washing away
Sheets

Wieder nickte Liese.
Again nodded Liese

Dann fragte sie: »Und das Geld und der Schmuck auf dem Tisch, Herr
Then asked she And the money and the jewelry on the table Mr

Rat?«
counselor

Einen Augenblick stand er beinahe hilflos da, kläglich sah er aus mit
One moment stood he almost helpless there plaintively saw he out with

dem ratlosen Lächeln auf dem Gesicht. »Ja, Liese«, sagte er dann.
the perplexed little smile on the face Yes Liese said he then

»Damit wird's schwer werden. Erben werden sich wohl
There-withWith that will it heavy become (From) heirs will themselves well
difficult

keine melden. Und für uns ist's nur eine Last ...«
none report And for us is it only a load

»Ich tu's in den Mülleimer«, schlug Liese vor.
I do it in the garbage can struck Liese -for-
proposed

Er schüttelte den Kopf. »Für Mülleimer sind die zu schlau, Liese«, sagte
He shook the head For garbage can are they too smart Liese said

er dann. »Das können die ja gerade, im Müll rumwühlen! Na,
he then That can those yes just in the rubbish rummaging around Now
indeed

ich werde schon sehen, wo ich damit erst einmal bleibe. Mach bloß
I will already see where I there-with first once remain Make just

schnell schnell mit dem Zimmer! Die können jede Minute kommen!«
fast fast with the room Those can each minute come

Vorläufig standen sie noch auf dem Hof, der Borkhausen bei ihnen.
For now stood they still on the court the Borkhausen with them

Der Borkhausen hatte den Schreck zuerst abgekriegt, und am stärksten.
The borkhausen had the fright first gotten off and at the strongest

Er war da seit dem frühen Morgen auf dem Hof herumgestrichen,
He was there since the early morning on the court stroked around

gequält von seinem Haß auf die Persickes und seiner Gier nach den
tormented from his hate on the Persickes and his greed to the

entschwundenen Sachen. Er wollte doch wenigstens wissen – und so
vanished things He wanted indeed at least know and so

beobachtete er ständig das Treppenhaus, die Fenster vorne …
observed he constantly the stairwell the window in front

Plötzlich war da etwas ganz dicht bei ihm niedergestürzt, so nah
Suddenly was there something completely close at him fallen down so near

und aus großer Höhe, es hatte ihn gestreift. Der Schrecken war ihm
and from great height it had him striped The fright was him

derart in die Glieder gefahren, daß er sich gegen die Hofwand
in such a way in the members driven that he himself against the courtyard wall

lehnte, und gleich darauf mußte er sich auf die Erde setzen, es
leaned and immediately thereupon must he himself on the earth set it
ground

wurde ihm schwarz vor den Augen.
became him black before the eyes

Dann war er wieder hochgefahren, denn plötzlich hatte er gemerkt, daß
Then was he again high-gone since suddenly had he noticed that
stood up

er neben Frau Rosenthal auf dem Hofe saß.
he beside Mrs Rosenthal on the courtyard sat

Gott, da hatte sich
God there had herself

also die alte Frau aus dem Fenster gestürzt, und wer daran schuld
thus the old woman from the window thrown and who there-on guilty

war, das wußte er auch.
was that knew he also

Borkhausen sah gleich, daß die Frau tot war. Ein bißchen Blut
Borkhausen saw immediately that the woman dead was A bit (of) blood

war aus ihrem Mund gelaufen, aber das verunstaltete sie kaum. Auf dem
was from her mouth ran but that defaced her hardly On the

Gesicht lag ein solcher Ausdruck von tiefem Frieden, daß der erbärmliche
face lay a such expression of deep peace that the pathetic

kleine Spitzel wegsehen mußte. Dabei fiel sein Blick auf ihre Hände,
little snitch look away must There-by fell his glance on her hands

und er sah, daß sie in der einen Hand etwas hielt, ein Schmuckstück,
and he saw that she in the one hand something held a trinket

dessen Steine leuchteten.
whose stones shone

Borkhausen warf einen argwöhnischen Blick um sich. Wenn er
Borkhausen threw a suspicious glance around himself When he

etwas tun wollte, mußte es schnell geschehen. Er bückte sich, von
something do wanted must it fast happen He bent himself from

der Toten abgewandt, so daß er ihr nicht ins Gesicht sehen mußte,
the dead (one) turned away so that he her not in the face see must

zog er ihr das Saphirarmband aus der Hand und ließ es in seiner
pulled he her the sapphire bracelet from the hand and let it in his

Hosentasche verschwinden. Wieder sah er argwöhnisch um sich. Ihm
pocket disappear Again saw he suspiciously around himself Him

war, als würde bei den Quangels das Küchenfenster vorsichtig geschlossen.
was as would at the Quangel's the kitchen window carefully closed

Und da kamen sie schon über den Hof gelaufen, drei Mann, und wer
And there came they already over the court ran three man and who

die zwei anderen waren, das sah er auch gleich. Nun kam es darauf
the two others were that saw he also immediately Now came it thereupon

an, daß er sich von Anfang an richtig benahm.
on that he himself from beginning on right behaved

»Da hat sich eben die Frau Rosenthal aus dem Fenster gestürzt, Herr
There has herself just the woman Rosenthal from the window thrown Mr

Kommissar«, sagte er, als melde er ein ganz alltägliches Ereignis.
commissioner said he as report he a completely everyday event

»Beinahe wäre mir die Frau auf den Kopf gefallen.«
Nearly were me the woman on the head fallen

»Woher kennen Sie mich denn?« fragte der Kommissar beiläufig, während
Where from know you me then asked the commissioner casually while

er sich mit dem Friedrich über die Tote beugte.
he himself with the Friedrich over the dead bowed

»Ich kenn Sie nicht, Herr Kommissar«, sagte Borkhausen. »Ich hab's mir
I know you not Mr commissioner said Borkhausen I have it me

bloß gedacht. Weil ich nämlich manchmal was für den Herrn
just thought Because I namely sometimes what/something for the gentleman

Kommissar Escherich arbeiten darf.«
commissioner Escherich work may

»So!« sagte der Kommissar nur. »So. Dann bleiben Sie hier noch mal ein
So said the commissioner only So Then remain you here still once a

bißchen stehen. Sie, junger Mann«, wandte er sich zu Persicke, »passen
bit stand You young man/husband turned he himself to Persicke guard

Sie mal ein bißchen auf, daß uns dieser Junge nicht verlorengeht.
you once a bit -on- that us this boy not gets lost

Friedrich, sorg dafür, daß keine Leute auf den Hof kommen. Sag
Friedrich take care therefore that no people on the court come Say/Give

dem Fahrer Bescheid, er soll in der Torfahrt aufpassen. Ich geh nur
the driver notice he should in the gate drive watch out I go only

mal rasch in Ihre Wohnung telefonieren!«
once quickly in your house to phone

Als der Herr Kommissar Rusch vom Telefonieren auf den Hof
As the Mr commissioner Rusch from the phoning on the court

zurückkam, hatte sich die Lage dort ein wenig geändert. In den
came back had itself the situation there a little changed In the

Fenstern des Hinterhauses lagen überall Gesichter, es standen auch
windows of the back part of the house lay everywhere faces it stood also

ein paar Leute auf dem Hof – aber ferne. Die Leiche war jetzt mit
a few people on the court but far The corpse was now with

einem Laken zugedeckt, das etwas zu kurz war, die Beine der Frau
a sheet covered up that somewhat too short was the legs of the Mrs

Rosenthal sahen bis zu den Knien darunter hervor.
rosenthal saw until to the knees there-under forth
stuck

Der Herr Borkhausen aber sah etwas gelb im Gesicht aus und
The Mr Borkhausen however saw somewhat yellow in the face -out- and

trug jetzt Handkettlein. Von der Hofseite her beobachteten ihn
carried now hand chains From the courtyard side away observed him

schweigend seine Frau und die fünf Kinder.
in silence his wife and the five children

»Herr Kommissar, ich protestiere dagegen!« rief Borkhausen jetzt
Mr commissioner I protest there-against called Borkhausen now

jämmerlich. »Ich habe das Armband bestimmt nicht in die Kellerluke
deplorably I have the bracelet definitely not in the basement hatch

geworfen. Der junge Herr Persicke hat einen Haß auf mich ...«
thrown The young Mr Persicke has a hate on me

Es stellte sich heraus, daß Friedrich, von der Erledigung seiner Aufträge
It set itself out that Friedrich from the completion of his assignments

zurückgekehrt, sofort begonnen hatte, nach dem Armband zu suchen.
returned immediately begun had after the bracelet to search
for

Frau Rosenthal hatte es in der Küche doch noch in der Hand gehabt –
Mrs Rosenthal had it in the kitchen indeed still in the hand had

grade um dieses Armbandes willen, das sie durchaus nicht loslassen wollte,
right for this bracelet will that she throughout not let loose wanted
at all

war ja ein gewisser Ärger bei Friedrich entstanden. Und in diesem Ärger hatte er nicht wie sonst aufgepaßt, und die Frau hatte ihm den Streich mit dem Fenster spielen können. Das Armband mußte also hier irgendwo auf dem Hof liegen.

Als der Friedrich so herumzusuchen anfing, hatte Borkhausen an der Hauswand gestanden. Plötzlich hatte Baldur Persicke etwas blitzen gesehen, und darauf hatte es in der Kellerluke geraschelt. Er hatte gleich nachgesehen, und – siehe! – da lag das Armband in der Luke!

»Ich hab's bestimmt nicht reingeworfen, Herr Kommissar!« beteuerte Borkhausen angstvoll. »Es muß von der Frau Rosenthal fortgefallen sein in das Kellerloch!«

»So!« sagte der Kommissar Rusch. »So ein Vogel bist du also! So ein Vogel arbeitet also für meinen Kollegen Escherich! Das wird meinen Kollegen Escherich mächtig freuen, so was zu hören!«

Aber während der Kommissar so ganz friedlich vor sich hin

schwätzte, ging sein Blick zwischen dem Borkhausen und Baldur Persicke
chatted went his glance between the Borkhausen and Baldur Persicke

hin und her, hin und her. Dann fuhr Rusch fort: »Na, ich denke, du
to and fro to and fro Then drove Rusch away on: Now I think you
continued

wirst nichts dagegen haben, uns auf einem kleinen Spaziergang zu
will nothing there against have us on a small walk to
on the contrary

begleiten? Oder?«
escort Or

»Aber nein!« versicherte Borkhausen, zitterte dabei, und sein Gesicht
But no assured Borkhausen trembled there-by and his face

wurde noch fahler. »Aber gerne komme ich mit! Mir liegt ja am
became even more pale But gladly come I along Me lies yes at the
indeed

meisten daran, daß alles richtig aufgeklärt wird, Herr Kommissar!«
most there-on that everything right enlightened becomes Mr commissioner!

»Na, dann ist's ja schön!« sagte der Kommissar trocken. Und nach
Now then is it yes beautiful said the commissioner dry And after
indeed

einem raschen Blick auf Persicke: »Friedrich, nimm dem Mann die
a quick glance on Persicke Friedrich take the man the

Handfessel ab. Der kommt auch so mit. Oder?«
handcuff off That one comes also like that along Or

»Gewiß komme ich mit! Gewiß doch, gerne!« versicherte Borkhausen
Certainly come I along Certainly indeed with pleasure assured Borkhausen

eifrig. »Ich lauf nicht weg. Und wenn auch – Sie würden mich ja
zealously I run not away And when also you would me yes

doch überall einfangen, Herr Kommissar!«
indeed everywhere capture Mr commissioner!

»Richtig!« sagte der wieder trocken. »So 'n Vogel wie dich fangen wir
Correct said that one again dry Such a bird as you catch we

überall!« Er unterbrach sich. »Da ist ja auch schon der Unfallwagen.
all over He interrupted himself There is yes also already the accident car
indeed

Und die Polizei. Da wollen wir mal sehen, daß wir den Kram schnell
And the police There want we once see that we the stuff fast

hinter uns bringen. Ich habe heute früh noch mehr zu tun.«
behind us bring I have today early still more to do

Später, als sie dann »den Kram schnell hinter sich gebracht« hatten,
Later as they then the stuff fast behind himself brought had

stiegen der Kommissar Rusch und der junge Persicke noch einmal die
climbed the commissioner Rusch and the young Persicke still once the

Treppen zur Rosenthalschen Wohnung hinauf. »Bloß, um das Küchenfenster
stairs to the of Rosenthal's house up Just for the kitchen window

zuzumachen!« hatte der Kommissar gesagt.
to close had the commissioner said

Auf der Treppe blieb der junge Persicke plötzlich stehen. »Ist Ihnen
On the stairs remained the young Persicke suddenly stand Is you

nicht was aufgefallen, Herr Kommissar?« fragte er flüsternd.
not what noticed Mr commissioner asked he whispering
something

»Mir ist verschiedenes aufgefallen«, erwiderte Kommissar Rusch. »Aber was
Me is various (things) noticed answered commissioner Rusch But what
are

ist denn dir zum Bleistift aufgefallen, mein Junge?«
is then you to the pencil noticed my boy
"zum Beispiel" (e.g.)

»Fällt Ihnen nicht auf, wie still das Vorderhaus ist? Haben Sie nicht
Falls you not -on- how quiet the front building is Have you not

darauf geachtet, daß im Vorderhaus kein Kopf zum Fenster
thereupon guarded that in the front building no head to the window

hinausgesehen hat, und im Hinterhaus haben sie doch überall
looked out has and in the back house have they indeed everywhere

geguckt! Das ist doch verdächtig. Die müssen doch was gemerkt
looked That is indeed suspicious Those must indeed what noticed
something

haben, die hier im Vorderhaus. Die wollen nur nichts gemerkt haben.
have those here in the front building Those want only nothing noticed have

Sie müßten jetzt eigentlich gleich Haussuchungen bei denen machen,
They must now actually immediately house searches at those make

Herr Kommissar!«
Mr commissioner!

»Und bei den Persickes würde ich damit anfangen«, antwortete der
And at the Persickes would I there-with begin answered the

Kommissar und stieg ruhig weiter treppauf. »Bei denen hat nämlich auch
commissioner and rose calmly further up the stairs By those has namely also
climbed

keiner aus dem Fenster gesehen.«
none from the window seen

Baldur lachte verlegen auf. »Meine Brüder von der SS«, erklärte er dann,
Baldur laughed shyly -up- My brothers from the SS explained he then

»die haben sich beide gestern abend so bildschön besoffen ...«
they have themselves both yesterday evening so beautifully gotten drunk

»Mein lieber Sohn«, fuhr der Kommissar fort, als hätte er nichts
My dear son drove the commissioner away as had he nothing
continued on

gehört. »Was ich tu, das ist meine Sache, und was du tust, das ist
heard What I do that is my thing and what you do that is

deine Sache. Ratschläge von dir sind unerwünscht. Dafür bist du mir
your thing Advices from you are undesirable Therefore are you me

noch zu grün.« Er sah, im stillen belustigt, über die Schulter in das
still too green He saw in the quiet amused over the shoulder in the
secretly

bekniffene Gesicht des Jungen. »Junge«, sagte er dann, »wenn ich hier
pinched face of the boy Boy said he then if I here

keine Haussuchungen mehr mache, so nur darum, weil die viel
no house searches (any)more make so only therefore because those much

zuviel Zeit gehabt haben, alles Belastende wegzuschaffen. Und wozu
too much time had have everything incriminating to get rid of And to which

so viel Aufstand um 'ne tote Judenfrau? Ich habe mit den Lebendigen
so much upstand for a dead Jewish lady I have with the living
fuss

genug zu tun.«
enough to do

Sie waren unterdes vor der Wohnung der Rosenthals angelangt. Baldur
They were under-that before the house of the Rosenthal's arrived Baldur
meanwhile

schloß auf. In der Küche wurde das Fenster geschlossen und ein Stuhl
closed up In the kitchen became the window closed and a chair
opened

wieder aufgestellt, der umgefallen war.
again set up which fallen over was
set

»So!« sagte der Kommissar Rusch und sah sich um. »Alles in
So said the commissioner Rusch and saw himself around Everything in

bester Butter!«
most best butter

Er ging voran in die Stube und setzte sich in das Sofa, auf genau die
He went in front in the room and set himself in the sofa on exactly the

Stelle, wo er eine Stunde zuvor die alte Frau Rosenthal in eine
spot where he an hour before the old woman rosenthal in a

völlige Ohnmacht hineingebeutelt hatte. Er streckte sich behaglich und
complete impotence bagged in had He extended himself comfortably and

sagte: »So, mein Sohn, und nun hole uns einmal eine Flasche Kognak
said So my son and now get us once a bottle (of) cognac

und zwei Gläser!«
and two glasses!

Baldur ging, kam dann zurück, schenkte ein. Sie prosteten einander
Baldur went came then back presented one They toasted each other

zu.
towards

»Schön, mein Sohn«, sagte der Kommissar behaglich und brannte sich
Beautiful my son said the commissioner comfortably and burned himself
lit

eine Zigarette an, »und nun erzähl mir mal, was du und der Borkhausen
a cigarette -on- and now tell me once what you and the Borkhausen

hier schon in der Wohnung vorgehabt habt!«
here already in the house intended have

Er sagte schneller, als er die empörte Bewegung des jungen Baldur
He said faster as he the indignant movement of the young Baldur

Persicke sah: »Überleg dir's gut, mein Sohn. Eventuell nehme ich sogar
Persicke saw Consider yourself it good my son Eventually take I even
well

einen — HJ-Führer — mit — in — die — Prinz-Albrecht-Straße, — wenn — er — mich
a — Hitler-Jugend-leader — along — in — the — Prinz-Albrecht-straße — when — he — me

nämlich — gar — zu — unverschämt — ansohlt. — Überleg — dir's, — ob — du — nicht
namely — at all — too — outrageously — on-soles lies at — Consider — yourself it — whether — you — not

die — Wahrheit — vorziehst. — Vielleicht — bleibt — die — Wahrheit — ganz — unter — uns,
the — truth — prefers — Perhaps — remains — the — truth — completely — under — us

wollen — mal — sehen, — was — du — zu — erzählen — hast.« — Und — da — er — Baldur
want — once — see — what — you — to — tell — have — And — there — he — Baldur

schwanken — sah: — »Ich — hab — nämlich — auch — ein — paar — Beobachtungen — gemacht,
swaying — saw — I — have — namely — also — a — few — observations — made

Observationen — nennen — wir — so — was. — Zum — Bleistift — habe — ich — deine
observations — call — we — so — what / something like that — To the — pencil "zum Beispiel" (e.g.) — have — I — your

Stiebelsohlen — da — hinten — auf — der — Bettwäsche — gesehen. — In — die — Ecke
toe soles — there — in the back — on — the — bedding — seen — In — the — corner

biste — heute — noch — gar — nicht — gekommen. — Und — woher — haste — eigentlich
are-you — today — still — at all — not — come — And — from where — have you — actually

so — schnell — gewußt, — daß — hier — Kognak — ist — und — wo — er — steht? — Und — was
so — fast — known — that — here — cognac — is — and — where — he it — stands — And — what

denkst — du, — was — mir — der — Borkhausen — alles — in — seiner — Angst — erzählt? — Nee,
think — you — what — me — the — Borkhausen — everything — in — his — fear — tells — No

habe — ich — das — nötig, — hier — zu — sitzen — und — mich — von — dir — anlügen — zu
have — I — that — necessary — here — to — sit — and — me — from — you — to lie to — to

lassen? — Dafür — biste — mir — noch — zu — grün!«
let — Therefore — are-you — me — still — too — green

Das — sah — der — Baldur — auch — ein, — und — er — packte — aus.
That — saw understood — the — Baldur — also — -in- — and — he — packed — out spilled the beans

»So!« — sagte — der — Kommissar — schließlich. — »So. — Na — ja, — jeder — tut, — was — er
So — said — the — commissioner — finally — So — Now — yes — each — does — what — he

kann. — Die — Dummen — Dummes — und — die — Klugen — oft — noch — was
can — The — dumb (persons) — stupid (stuff) — and — the — smart (persons) — often — still — what

viel — Dümmeres. — Na, — mein — Sohn, — zum — Schluß — biste — ja — denn — doch — noch
much — more stupid — Now — my — son — to the — end — are-you — yes — then — indeed — still

schlau geworden und hast den Vater Rusch nicht angelogen. So was soll nicht unbelohnt bleiben. Was möchste hier denn gerne haben?«

Baldurs Augen leuchteten auf. Eben noch war er völlig entmutigt gewesen, aber nun sah er wieder Licht.

»Den Radioapparat mit dem Plattenspieler und den Platten, Herr Kommissar!« flüsterte er gierig.

»Na schön!« sagte der Kommissar gnädig. »Ich habe dir ja gesagt, vor sechse komme ich nicht wieder hierher. Sonst noch was?«

»Vielleicht ein oder zwei Handkoffer mit Wäsche!« bat Baldur. »Meine Mutter ist mächtig knapp mit Wäsche!«

»Gott, wie rührend!« spottete der Kommissar. »Was für 'n rührender Sohn! So 'n richtiges ergreifendes Muttersöhnchen! Na, meinethalben. Damit ist dann aber auch Schluß! Für alles andere bist du mir verantwortlich! Und ich habe ein verdammt gutes Gedächtnis dafür, wie was steht und liegt, mich legst du so leicht nicht rein! Und wie schon bemerkt, in jedem Zweifelsfall Haussuchung bei den Persickes. In jedem Fall gefunden:

ein	Radioapparat	mit	Plattenspieler,	zwei	Handkoffer	mit	Wäsche.	Aber
a	radio	with	turntable	two	suitcases	with	wash clothing	But

keine	Angst,	Sohn,	solange	du	reell	bist,	bin	ich's	auch.«
no	fear	son	as long (as)	you	real	are	am	I it	also

Er	ging	zur	Tür.	Er	sagte	noch,	über	die	Schulter	weg:	»Übrigens,	wenn
He	went	to the	door	He	said	still	over	the	shoulder	away	By the way	when

dieser	Borkhausen	hier	wieder	auftauchen	sollte,	es	gibt	keine	Stänkereien
this	Borkhausen	here	again	duck up appear	should	it	gives	no	fouls

mit	ihm.	Ich	mag	so	was	nicht,	verstanden?«
with	him	I	may	so	what	not	understood

»Jawohl,	Herr	Kommissar«,	antwortete	Baldur	Persicke	gehorsam,	und
Yes	Mr	commissioner	answered	Baldur	Persicke	obediently	and

damit	trennten	sich	die	beiden	Herren	–	nach	einem	so
there-with	separated	themselves	the	both	gentlemen		after	one	so

erfolgreich	verbrachten	Morgen.
successful	spent	morning

Die erste Karte wird geschrieben
The first card becomes (is) written

Für die Quangels verlief dieser Sonntag nicht so erfolgreich, wenigstens
for the quangels ran by this Sunday not so successful at least

kam es nicht zu der von Frau Anna gewünschten Aussprache.
came it not to the from Mrs Anna desired pronunciation
discussion

»Nee«, sagte Quangel auf ihr Drängen. »Nee, Mutter, heute nicht. Der Tag
No said Quangel on her pushing No mother today not The day

hat falsch angefangen, an solchem Tag kann ich nicht tun, was ich
has false started on such (a) day can I not do what I

eigentlich wollte. Und wenn ich's nicht tun kann, will ich auch nicht
actually wanted And when I it not do can want I also not

davon sprechen. Vielleicht andern Sonntag. Horchst du? Ja, da
there-from speak Perhaps another Sunday Hear you Yes there

schleicht wohl schon wieder einer von den Persickes über die Treppe –
creeps well already again one from the Persickes over the stairs

na, laß sie! Wenn sie uns nur in Frieden lassen!«
now let them When they us only in peace leave

Aber Otto Quangel war ungewöhnlich weich an diesem Sonntag. Anna
But Otto Quangel was unusually soft on this Sunday Anna

durfte so viel von dem gefallenen Sohn reden wie sie wollte, er
was allowed so much from the fallen son talk as she wanted he

verbot ihr nicht den Mund. Er sah sogar mit ihr die wenigen Fotos
prohibited her not the mouth He saw even with her the few photos

durch, die sie von dem Sohne besaß, und als sie dabei wieder zu
through which she from the son possessed and as she there-by again to

weinen anfing, legte er ihr die Hand auf die Schulter und sagte: »Laß,
cry began put he her the hand on the shoulder and said Leave (it)

Mutter, laß. Wer weiß, wozu's gut ist was ihm alles erspart
mother leave (it) Who knows what for good is what him everything saved

bleibt.«
remains

Also: dieser Sonntag war auch ohne Aussprache gut. Lange hatte Anna
Thus this Sunday was also without pronunciation good Long had Anna
discussion

Quangel den Mann nicht so milde gesehen, es war, als schiene die Sonne
Quangel the man not so mild seen it was as shone the sun

noch einmal, ein letztes Mal über das Land, ehe der Winter kam, der
still once a last time over the land before the winter came which

alles Leben unter seiner Eis- und Schneedecke verbarg. In den nächsten
all life under its ice and snow cover hid In the next

Monaten, die Quangel immer kälter und wortkarger machten, mußte sie
months which Quangel always colder and taciturn made must she

oft an diesen Sonntag zurückdenken, er war ihr Trost und
often on this Sunday think back he was her consolation and
it

Aufmunterung zugleich.
encouragement at the same time

Dann fing die Arbeitswoche wieder an, eine dieser immer gleichen
Then caught the working week again -on- one of these always (the) same
started

Arbeitswochen, die eine der andern ähnelten, ob nun Blumen blühten
working weeks which one the other resembled whether now flowers flowered

oder Schnee draußen trieb. Die Arbeit war immer die gleiche, und die
or snow outside drove The work was always the same and the

Menschen blieben auch, was sie gewesen waren.
people remained also what they been were
had

Nur ein kleines Erlebnis, ein ganz kleines hatte Otto Quangel. Als er
Only a little happening a completely small one had Otto Quangel As he

zur Fabrik ging, kam ihm in der Jablonskistraße der Kammergerichtsrat
to the factory went came him in the jablonskistreet the chamber judge

a. D. Fromm entgegen. Quangel hätte ihn schon gegrüßt, aber er scheute
a. d. Fromm / former towards Quangel had him already greeted but he shied / feared

die Augen der Persickes. Er wollte auch nicht, daß Borkhausen, von
the eyes of the Persickes He wanted also not that Borkhausen from

dem Anna ihm erzählt hatte, die Gestapo habe ihn mitgenommen,
whom Anna him told had the gestapo have him taken along

etwas sähe. Der Borkhausen war nämlich wieder da, wenn er
something would see The Borkhausen was namely again there when he

überhaupt je fortgewesen war, und hatte sich vor dem Hause
at all indeed been away was and had himself before the house

herumgedrückt.
pushed around

So ging denn Quangel stur, ohne ihn zu sehen, an dem
So went then Quangel stubborn without him to see on the

Kammergerichtsrat vorbei. Der hatte wohl nicht so viele Bedenken,
chamber judge past That one had well not so many thoughts

jedenfalls lüftete er leicht seinen Hut vor dem Mitbewohner des
anyhow aired he easily his hat before the fellow inhabitant of the

Hauses, lächelte mit den Augen und ging ins Haus.
house smiled with the eyes and went into the house

Grade recht! dachte Quangel. Wer's gesehen hat, denkt: Der Quangel
Just right thought Quangel Who it seen has thinks The Quangel

bleibt immer der gleiche rohe Klotz, und der Kammergerichtsrat ist ein
remains always the same raw lump and the chamber judge is a

feiner Mann. Aber daß die beiden was miteinander zu tun haben, das
fine man But that the both what / something with each other to do have that

denkt er nicht!
thinks he not

Der Rest der Woche verlief ohne alle besonderen Ereignisse, und so
The rest of the week passed without all special events and so

kam der Sonntag wieder heran, dieser Sonntag, von dem sich Anna
came the Sunday again near this Sunday from which itself Anna

Quangel endlich die so sehnlich erwartete und so lange aufgeschobene
Quangel finally the so ardently expected and so long postponed

Aussprache mit Otto über seine Pläne erwartete. Er war erst spät
pronunciation with Otto over his plans expected. He was only late
discussion

aufgestanden, aber er war guter Stimmung und nicht ruhelos. Manchmal
gotten up but he was (in) good mood and not restless Sometimes

sah sie ihn beim Kaffeetrinken rasch von der Seite an, ein wenig
saw she him at the coffee drinking quickly from the side on a little

aufmunternd, aber er schien das nicht zu merken, er aß, langsam kauend,
cheerily but he seemed that not to notice he ate slowly chewing

sein Brot und rührte dabei in seinem Kaffee.
his bread and stirred there-by in his coffee

Nur schwer konnte sich Anna entschließen, das Geschirr
Only heavy could herself Anna decide the cutlery and dishes
with trouble

fortzuräumen. Aber diesmal war es wirklich nicht an ihr, das erste Wort
to clear away But this time was it really not on her the first word

zu sprechen. Er hatte ihr für den Sonntag diese Aussprache zugesagt und
to speak He had her for the Sunday this pronunciation promised and
discussion

er würde schon sein Wort halten, jede Aufforderung von ihr hätte wie
he would already his word keep each request from her had like

ein Drängen ausgesehen.
a pushing looked

So stand sie mit einem ganz leisen Seufzer auf und trug die
So stood she with a completely soft sigh up and carried the

Tassen und die Teller in die Küche. Als sie zurückkam, um den
cups and the plates in the kitchen As she came back for the

Brotkorb und die Kanne zu holen, kniete er vor einem Schubfach der
bread basket and the pitcher to get kneeled he before a drawer of the

Kommode und kramte darin herum. Anna Quangel konnte sich nicht
dresser and rummaged therein around Anna Quangel could herself not

erinnern, was eigentlich in diesem Schubfach lag. Es konnte nur alter,
remember what actually in this drawer lay It could only old

Schraps sein. »Suchst du was Bestimmtes, Otto?« fragte sie.
scraps be Search you what certain Otto asked she
something

Aber er gab nur einen Knurrlaut von sich, so zog sie sich tief in
But he gave only a growling from himself so pulled she herself deep in

die Küche zurück, um abzuwaschen und das Essen vorzubereiten.
the kitchen back for to wash off and the food prepare
to do the dishes

Er wollte nicht. Er wollte also wieder nicht! Und mehr denn je war sie
He wanted not He wanted also again not And more then this was she

der Überzeugung, daß sich etwas in ihm vorbereitete, von dem sie
of the conviction that itself something in him prepared from which she

immer noch nichts wußte, und das sie doch wissen mußte!
always still nothing knew and which she indeed know must

Später, als sie wieder in die Stube hineinkam, um sich beim
Later as she again in the room got in for herself at the

Kartoffelschälen in seine Nähe zu setzen, fand sie ihn an dem seiner
potato peeling in his proximity to set found she him on the of his

Decke beraubten Tisch, die Platte lag voller Schnitzmesser, und kleine
cover deprived table the plate lay full of carving knives and little

Späne bedeckten bereits den Boden um ihn. »Was tust du denn, Otto?«
chips covered already the ground around him What do you then Otto

fragte sie maßlos erstaunt.
asked she measureless astonished

»Mal sehen, ob ich noch schnitzen kann«, gab er zurück.
Once see whether I still carve can gave he back
answered

Sie war ein wenig gereizt. Wenn Otto auch kein großer Kenner der
She was a little irritated When Otto also no great connoisseur of the

Menschenseele war, eine kleine Ahnung mußte er doch davon haben,
human soul was a little idea must he indeed there-from have

wie es in ihr aussah, mit welcher Spannung sie jede Mitteilung von ihm
how it in her looked with which tension she each sharing from him
telling

erwartete. Und nun hatte er seine Schnitzmesser aus ihren ersten
expected And now had he his carving knife from her first

Ehejahren hervorgebracht und schnippelte am Holz herum ganz
years of marriage *brought in front* *and* *snipped* *at the* *wood* *around* *completely*

wie damals, als er sie durch sein ewiges Schweigen zur Verzweiflung
as *at that time* *as* *he* *her* *through* *his* *eternal* *silence* *to the* *despair*

brachte. Damals war sie seine Wortkargheit noch nicht so gewohnt
brought *At that time* *was* *she* *his* *lack of words* *still* *not* *so* *used*

gewesen wie heute, aber heute, grade heute, da sie sie gewohnt war,
been *as* *today* *but* *today* *right* *today* *there* *she* *her it* *used* *was*

schien sie ihr völlig unerträglich. Schnitzen, du lieber Gott, wenn das
seemed *her it* *her* *totally* *unbearable* *To carve* *you* *dear* *god* *when* *that*

alles war, was diesem Mann nach solchen Erlebnissen einfiel! Wenn er
all *was* *what* *this* *man* *after* *such* *experiences* *in-fell realized* *When* *he*

sich mit stundenlanger schweigender Schnitzkunst seine so eifersüchtig
himself *with* *hours long* *of silent* *carving* *his* *so* *jealous*

gehütete Stille wiederholen wollte – nein, das würde eine schwere
guarded *quiet* *repeat* *wanted* *no* *that* *would* *a* *heavy*

Enttäuschung für sie bedeuten. Er hatte sie schon oft schwer enttäuscht,
disappointment *for* *her* *mean* *He* *had* *her* *already* *often* *heavy* *disappointed*

aber diesmal würde sie das nicht so stillschweigend ansehen können.
but *this time* *would* *she* *that* *not* *so* *silently* *look at* *be able*

Während sie dies alles sehr unruhig und verzweifelt überdachte, sah
While *she* *this* *everything* *very* *restless* *and* *doubting* *thought over* *saw*

sie doch mit halber Neugier auf das längliche, dicke Holzstück, das er
she *indeed* *with* *half* *curiosity* *on* *the* *elongated* *fat* *piece of wood* *the* *he*

nachdenklich zwischen seinen großen Händen drehte, von dem er mit
thoughtfully *between* *his* *large* *hands* *turned* *from* *which* *he* *with*

seinem Messer dann und wann einen stärkeren Span abnahm. Nein, eine
his *knife* *then* *and* *when* *a* *stronger* *piece* *took off* *No* *a*

Wäschetruhe wurde das diesmal nicht, soviel stand fest.
laundry chest *became* *that* *this time* *not* *so much* *stood* *fast*

»Was wird denn das, Otto?« fragte sie halb unwillig. Ihr war der
What *becomes* *then* *that* *Otto* *asked* *she* *half* *unwilling* *Her* *was* *the*

seltsame Gedanke gekommen, daß er da irgendein Werkstück schnitzte,
strange thought come that he there any workpiece carved

vielleicht einen Teil eines Bombenzünders. Aber so was auch nur zu
perhaps a part of a bomb detonator But so what also only to

denken, war Unsinn – was hatte Otto mit Bomben zu tun?! Außerdem
think was nonsense what had Otto with bombs to do In addition

konnte man wahrscheinlich Holz bei Bomben gar nicht verwenden. »Was
could one probably wood at bombs at all not use What

wird denn das, Otto?« hatte sie also halb widerwillig gefragt.
becomes then that Otto had she thus half reluctantly asked

Erst schien er wieder nur mit einem Knurren antworten zu wollen, aber
First seemed he again only with a growl answer to want but

vielleicht fiel ihm ein, daß er diesen Morgen seiner Anna schon ein
perhaps fell him in that he this morning his Anna already a

bißchen viel zugemutet hatte, vielleicht war er aber auch einfach
bit much expected of had perhaps was he however also simply

bereit, Auskunft zu geben. »Kopf«, sagte er. »Will mal sehen, ob ich
ready notice to give Head said he Want once see whether I

noch einen Kopf schnitzen kann. Habe früher viel Pfeifenköpfe geschnitzt.«
still a head carve can Have before much pipe-heads carved

Und er drehte und schnippelte weiter.
And he turned and snipped further

Pfeifenköpfe! Anna stieß einen empörten Laut aus. Sie sagte jetzt doch
Pipe-heads Anna pushed an outraged sound -out- She said now indeed
uttered

sehr ärgerlich: »Pfeifenköpfe! Aber Otto! Besinn dich! Die Welt stürzt ein,
very annoyed Pipe-heads But Otto Reflect yourself The world crashes in

und du denkst an Pfeifenköpfe! Wenn ich bloß so was höre!«
and you think on pipe-heads When I just so what hear
of

Er schien weder auf ihren Ärger noch auf ihre Worte groß zu achten.
He seemed neither on her annoyance still on her words large to take care
much

Er sagte: »Das wird natürlich kein Pfeifenkopf. Ich will mal sehen,
He said That becomes of course no pipe-head I want once see

ob ich unser Ottochen ein bißchen zurechtschnitzen kann, wie er
whether I our little Otto a bit carve into shape can as he

ausgesehen hat!«
looked has

Sofort schlug ihre Stimmung um. Also an Ottochen dachte er, und
Immediately struck her mood around Thus on little Otto thought he and

wenn er an Ottochen dachte und seinen Kopf schnitzen wollte, so dachte
when he on little Otto thought and his head to carve wanted so thought

er auch an sie und wollte ihr eine Freude damit machen. Sie stand
he also on her and wanted her a joy there-with make She stood

von ihrem Stuhle auf und sagte, hastig die Kartoffelschüssel absetzend:
from her stool up and said hastily the potato bowl off-setting away putting

»Warte, Otto, ich hole dir die Bilder, damit du auch weißt, wie
Wait Otto I get you the images there-with you also know how

Ottochen wirklich ausgesehen hat.«
little Otto really looked has

Er schüttelte ablehnend den Kopf. »Ich will keine Bilder sehen«, sagte er.
He shook rejecting the head I want no images see said he

»Ich will den Otto schnitzen, wie ich ihn hier in mir drin habe.« Er
I want the Otto carve as I him here in me there in have He

tippte gegen seine hohe Stirn. Und nach einer Pause setzte er noch
tapped against his high forehead And after a pause set he still added

hinzu: »Wenn ich's kann!«
there-to If I it can

Nun war sie wieder gerührt. Ottochen war also auch in ihm, er hatte
Now was she again touched Little Otto was thus also in him he had

ein festes Bild von dem Jungen. Jetzt war sie neugierig, wie dieser
a firm picture from the boy Now was she curious how this

Kopf aussehen würde. »Sicher bringst du es fertig, Otto!« sagte sie.
head look would For sure bring you it ready Otto said she
will you manage it

»Na!« sagte er nur, aber es klang nicht einmal so zweifelnd wie
Now said he only but it sounded not once so doubtingly as

zustimmend.
agreeing

Damit war die Unterhaltung zwischen den beiden erst einmal beendet.
There-with was the conversation between the both first once finished

Anna mußte in die Küche zurück zu ihrem Mittagessen, und sie ließ ihn
Anna must in the kitchen back to her lunch and she leaves him

da am Tisch, wie er langsam diesen Klotz Lindenholz zwischen seinen
there at the table as he slowly this lump (of) limewood between his

Fingern drehte und mit einer stillen, behutsamen Geduld Spänchen auf
fingers turned and with a quiet cautious patience chip on

Spänchen von ihm abnahm.
chip from him took off
it

Sie war dann aber doch sehr überrascht, als sie kurz vor dem
She was then however indeed very surprised as she short before the

Mittagessen zurückkam, um den Tisch zu decken, diesen Tisch schon
lunch came back for the table to cover this table already

aufgeräumt und mit seiner Decke geschmückt zu finden. Quangel stand
tidied and with his cover decorated to find Quangel stood
cleared out

am Fenster und sah in die Jablonskistraße hinunter, wo die spielenden
at the window and saw in the Jablonskistreet down where the playing

Kinder lärmten.
children made a noise

»Na, Otto«, fragte sie. »Schon fertig mit der Schnitzerei?«
Now Otto asked she Already done with the carving

»Für heute ist Feierabend«, antwortete er, und im selben Augenblick
For today is free-evening answered he and in the same moment
free

wußte sie, daß diese Unterredung nun doch ganz nahe bevorstand,
knew she that this conversation now indeed completely close before-stood

daß Otto doch etwas vorhatte, dieser unbegreiflich beharrliche Mann,
that Otto indeed something intended this incomprehensible persistent man

den nichts dazu bringen konnte, etwas übereilt zu tun, der stets
who nothing there-to bring could something hastily to do who all the time

auf die richtige Stunde warten konnte.
on the right hour wait could

Das Mittagessen verzehrten sie schweigend. Dann ging sie wieder in die
The lunch consumed they in silence Then went she again in the

Küche, um dort Ordnung zu schaffen, und sie verließ ihn, in seiner
kitchen for there order to create and she left him in his

Sofaecke hockend, starr vor sich hin sehend.
sofa corner crouching rigid before himself away seeing

Als sie, eine halbe Stunde später, zurückkam, saß er noch immer so da.
As she a half hour later came back sat he still always so there

Aber jetzt wollte sie nicht noch länger warten, bis er sich entschloß;
But now wanted she not still longer wait until he himself decided

seine Geduld, die eigene Ungeduld machten sie zu unruhig. Womöglich
his patience the own impatience made her too restless Possibly

saß er um vier noch so da, und nach dem Abendessen auch
sat he at four (o'clock) still so there and after the evening dinner also

noch! Sie konnte nicht mehr länger warten! »Nun, Otto«, fragte sie,
still She could not (any)more longer wait Now Otto asked she

»was gibt's? Ist heute kein Nachmittagsschlaf wie alle Sonntage?«
what gives it Is today no afternoon nap as all Sundays
will there be

»Heute ist nicht alle Sonntage. Mit ›alle Sonntage‹ ist es endgültig
Today is not all Sundays With all Sundays is it finally

vorbei.« Er stand plötzlich auf und ging aus der Stube.
past He stood suddenly up and went from the room

Aber heute war sie nicht gesonnen, ihn einfach wieder fortlaufen zu
But today was she not minded him simply again run away to

lassen, auf einen seiner geheimnisvollen Gänge, von denen sie doch nie
let on one of his mysterious walks from which she indeed never

etwas erfuhr. Sie lief ihm nach. »Nein, Otto ...« fing sie an.
something experienced She ran him after No Otto caught she -on-
heard started

Er stand an der Etagentür, deren Kette er eben vorgelegt hatte. Er
He stood on the floor door of which chain he just laid before had He

hatte die Hand erhoben, um Stille zu gebieten, und lauschte in das Haus
had the hand lifted for silence to order and listened in the house

hinaus. Dann nickte er und ging an ihr vorbei wieder in die Stube. Als
out Then nodded he and went on her past again in the room As

sie zu ihm kam, hatte er seinen Sofaplatz wieder eingenommen, sie setzte
she to him came had he his sofa place again occupied she set

sich zu ihm.
himself to him

»Wenn's klingelt, Anna«, sagte er, »machst du nicht eher auf, als bis ich
If so rings Anna said he make you not before up as until I
open

...«

»Wer soll denn klingeln, Otto?« fragte sie ungeduldig. »Wer soll denn
Who should then ring Otto asked she impatient Who should then

zu uns kommen? Nun sage schon, was du sagen willst!«
to us come Now say already what you say want

»Ich werd's schon sagen, Anna«, antwortete er mit ungewohnter Milde.
I will it already say Anna answered he with more unusual mildness

»Aber wenn du mich drängelst, machst du es mir nur noch schwerer.«
But when you me jostle make you it me only still heavier
more difficult

Sie berührte schnell seine Hand, die Hand dieses Mannes, dem jede
She touched fast his hand the hand of this man who each

Mitteilung dessen, was in seinem Innern vorging, immer wieder schwerfiel.
sharing of which what in his inside proceeded always again heavy-fell
telling was difficult

»Ich werde dich schon nicht drängeln, Otto«, sagte sie beruhigend. »Laß
I will you already not jostle Otto said she soothing Let

dir Zeit!«
yourself time

Aber gleich darauf begann er zu sprechen, und nun sprach er fast
But immediately thereupon began he to speak and now spoke he almost

fünf Minuten hintereinander, in langsamen, kurz abgerissenen, sehr
five minutes behind each other in slow short cut off very

überlegten Sätzen, hinter deren jedem er erst einmal fest den
deliberate sentences behind of which each he first once firmly the

schmallippigen Mund schloß, als komme nun bestimmt nichts mehr. Und
narrow-lipped mouth closed as come now definitely nothing (any)more And

während er so sprach, hatte er den Blick auf etwas gerichtet, was
while he so spoke had he the glance on something directed what

seitlich hinter Anna in der Stube war.
laterally behind Anna in the room was

Anna Quangel aber hielt die Augen während seines Sprechens fest auf
Anna Quangel however held the eyes while of his speaking firmly on

sein Gesicht gewendet, und sie war ihm fast dankbar, daß er sie nicht
his face turned and she was him almost grateful that he her not

ansah, so schwer wurde es ihr, die Enttäuschung, die sich immer
looked at so heavy became it her the disappointment which itself always

stärker ihrer bemächtigte, zu verbergen. Mein Gott, was hatte sich
stronger her seized to hide My god what had himself

dieser Mann da ausgedacht! Sie hatte an große Taten gedacht (und
this man there made up She had on great deeds thought and

sich auch vor ihnen gefürchtet), an ein Attentat auf den Führer, zum
himself also before them been afraid of on a attack on the leader at the

mindesten aber an einen tätigen Kampf gegen die Bonzen und die
least however on an active fight against the big bosses and the

Partei.
(political) party

er nun nicht etwa an bestimmte Menschen senden oder als Plakate an
he now not about on certain people send or as posters on
just

die Wände kleben, nein, er wollte sie nur auf den Treppen sehr
the walls stick no he wanted them only on the stairs (of) much

begangener Häuser niederlegen, sie dort ihrem Schicksal überlassen,
visited houses lay down them there their fate leave over

ganz unbestimmt, wer sie aufnahm, ob sie nicht gleich
completely uncertain who them took up whether them not immediately

zertreten wurden, zerrissen ... Alles in ihr empörte sich gegen diesen
trample became torn up Everything in her indignant himself against this

gefahrlosen Krieg aus dem Dunkeln. Sie wollte tätig sein, es mußte
safe war from the dark She wanted active be it must
there

etwas getan werden, von dem man eine Wirkung sah!
something done become from which one an effect saw

Quangel aber, nachdem er zu Ende geredet hatte, schien gar keine
Quangel however after he to end talked had seemed at all no

Erwiderung von seiner Frau zu erwarten, die da still mit sich
reply from his wife to expect who there quiet with herself

kämpfend in ihrer Sofaecke saß. Sollte sie ihm nicht doch lieber
fighting in her sofa corner sat Should she him not indeed rather

etwas sagen?
something say

Er war aufgestanden und wieder zum Lauschen an die Flurtür gegangen.
He was gotten up and again to the listening on the floor door gone

Als er zurückkam, nahm er wieder die Decke vom Tisch, faltete sie
As he came back took he again the cover from the table folded her

zusammen und hängte sie sorgfältig über die Stuhllehne. Dann ging er an
together and hung her carefully over the chair back Then went he on

den alten Mahagonisekretär, suchte das Schlüsselbund aus seiner Tasche
the old mahogany secretary searched the keychain from his pocket

hervor und schloß auf.
forth and closed up
opened

Während er noch im Schrank kramte, entschloß sich Anna. Zögernd sagte sie: »Ist das nicht ein bißchen wenig, was du da tun willst, Otto?«

Er hielt inne in seiner Kramerei, noch gebückt dort stehend, drehte er den Kopf seiner Frau zu. »Ob wenig oder viel, Anna«, sagte er, »wenn sie uns darauf kommen, wird es uns unsern Kopf kosten ...«

Es lag etwas so schrecklich Überzeugendes in diesen Worten, in dem dunklen, unergründlichen Vogelblick, mit dem der Mann sie in dieser Minute ansah, daß sie zusammenschauderte. Und einen Augenblick sah sie deutlich vor sich den grauen, steinernen Gefängnishof, das Fallbeil aufgerichtet, in dem grauen Frühlicht hatte sein Stahl nichts Glänzendes, es war wie eine stumme Drohung.

Anna Quangel spürte, daß sie zitterte. Dann sah sie rasch wieder zu Otto hinüber. Er hatte vielleicht recht, ob wenig oder viel, niemand konnte mehr als sein Leben wagen. Jeder nach seinen Kräften und

Anlagen – die Hauptsache man widerstand.
equipment / possibilities — the — main thing — (that) one — resisted

Noch immer sah Quangel sie stumm an, als beobachtete er den Kampf,
Still — always — saw — Quangel — her — mutely — on — as — observed — he — the — fight

den sie in sich kämpfte. Nun wurde sein Blick heller, er nahm die
which — she — in — herself — struggled — Now — became — his — glance — clear — he — took — the

Hände aus dem Sekretär, richtete sich auf und sagte fast lächelnd:
hands — from — the — secretary — arranged — himself — up — and — said — almost — smiling

»Aber so leicht sollen die uns nicht kriegen! Wenn die schlau sind, wir
But — so — easy — should — they — us — not — get — When — they — smart — are — we

können auch schlau sein. Schlau und vorsichtig. Vorsichtig, Anna, immer
can — also — smart — be — Smart — and — careful — Careful — Anna — always

auf der Hut – je länger wir kämpfen um so länger werden wir wirken.
on — the — guard — the — longer — we — struggle — for — so — longer — will — we — work

Es nützt nichts, zu früh zu sterben. Wir wollen leben, es noch
It — is useful to — nothing — too — early — to — die — We — want — live — it — still

erleben, daß sie fallen. Wir wollen dann sagen können, wir sind auch
live to see / experience — that — they — fall — We — want — then — say — be able — we — are / have — also

dabeigewesen, Anna!«
there-by-been — Anna

Er hatte diese Worte leicht, fast scherzend gesprochen. Nun, während er
He — had — these — words — lightly — almost — joking — spoken — Now — while — he

wieder kramte, lehnte sich Anna erleichtert in das Sofa zurück. Eine
again — rummaged — leaned — herself — Anna — lightened / relieved — in — the — sofa — back — A

Last war ihr abgenommen, jetzt war sie auch davon überzeugt, daß
load — was — her — taken off — now — was — she — also — there-from — convinced — that

Otto etwas Großes vorhatte.
Otto — something — large — intended

Er trug sein Fläschchen Tinte, seine in einem Umschlag befindlichen
He — carried — his — vials — ink — his — in — an — envelope — located

Postkarten, die weißen, riesigen Handschuhe an den Tisch. Er zog den
postcards — the — white — huge — hand-shoes / gloves — on — the — table — He — pulled — the

317

Pfropfen aus der Flasche, glühte mit einem Streichholz die Feder aus und
stopper from the bottle glowed with a match the feather out and

steckte sie in die Tinte. Es zischte leise, er besah aufmerksam die
stuck her in the ink It hissed softly he looked at attentive the

Feder und nickte dann. Nun zog er umständlich die Handschuhe an,
feather and nodded then Now pulled he laboriously the hand-shoes on
gloves

nahm eine Karte aus dem Umschlag, legte sie vor sich hin. Er nickte
took a card from the envelope put her before himself away He nodded

Anna langsam zu. Sie hatte jeden dieser behutsamen, lange
Anna slowly towards She had every (one) (of) this cautious long

vorbereiteten Griffe mit aufmerksamem Auge verfolgt. Nun deutete er auf
prepared handles with attentive eye followed Now pointed he on

die Handschuhe und sagte: »Wegen Fingerabdrücke – du verstehst!«
the hand-shoes and said Because of fingerprints you understand!
gloves

Dann nahm er die Feder zur Hand und sagte leise, aber mit
Then took he the feather to the hand and said softly but with

Nachdruck: »Der erste Satz unserer ersten Karte wird lauten: ›Mutter!
emphasis The first sentence of our first card will sound Mother

Der Führer hat mir meinen Sohn ermordet ‹...«
The leader has me my son murdered

Und wieder erschauerte sie. Es lag etwas so Unheilvolles, so Düsteres,
And again shuddered she It lay something so ominous so dark
There

so Entschlossenes in diesen Worten, die Otto eben gesprochen hatte. Sie
so determined in these words which Otto just spoken had She

begriff in einem Augenblick, daß er mit diesem ersten Satz für
understood in a moment that he with this first sentence for

heute und ewig den Krieg angesagt hatte, und sie erfaßte auch dunkel,
today and eternally the war declared had and she captured also dark

was es hieß: Krieg zwischen ihnen beiden, den armen, kleinen,
what it was called War between them both the poor small

bedeutungslosen Arbeitern, die wegen eines Wortes für immer ausgelöscht
meaningless workers who because of of a word for always extinguished

werden konnten, und auf der anderen Seite der Führer, die Partei,
become could and on the other side the leader the (political) party

dieser ganze ungeheure Apparat mit all seiner Macht und seinem Glanz
this whole tremendous machine with all his/its might and his/its radiance

und drei Viertel, ja vier Fünftel des ganzen deutschen Volkes dahinter.
and three quarter yes four fifth of the whole German people there behind

Und sie beide hier in diesem kleinen Zimmer in der Jablonskistraße
And they both here in this small room in the Jablonskistreet

allein!
alone

Sie sieht zu dem Manne hinüber. Während sie dies alles gedacht hat,
She looks at the man over While she this everything thought has

ist er erst beim dritten Wort des ersten Satzes angekommen. Unendlich
is he only at the third word of the first sentence arrived Infinitely

geduldig malt er das »F« von Führer hin. »Laß mich doch schreiben,
patient paints he the F from leader away Let me indeed write

Otto!« bittet sie. »Bei mir geht das viel schneller!«
Otto asks she By me goes that much more quickly

Erst knurrt er wieder nur. Aber dann gibt er ihr doch eine Erklärung.
First growls he again only But then gives he her indeed an explanation

»Deine Handschrift«, sagt er. »Sie würden uns früher oder später durch
Your handwriting says he They would us earlier or later through

deine Handschrift erwischen. Dies ist eine Kunstschrift, Blockschrift – du
your handwriting catch This is an art script block letters you

siehst, eine Art Druckbuchstaben ...«
see a sort of printing press letters

Er verstummt wieder, malt weiter. Ja, so hat er es sich ausgedacht. Er
He falls silent again paints further Yes so has he it himself made up He

glaubt nicht, daß er was vergessen hat. Diese Kunstschrift kannte er
believes not that he what/something forgotten has This art writing knew he

von den Möbelzeichnungen der Innenarchitekten her, niemand kann einer
from the furniture drawings of the interior designers away nobody can a

solchen Schrift ansehen, von wem sie stammt. Natürlich fällt sie bei
such writing on-look from whom she originates Of course falls she with
    conclude from   it   it

Otto Quangels schreibungewohnten Händen sehr grob und klobig aus. Aber
Otto Quangels writing-unused hands very rough and chunky from But

das schadet nichts, das verrät ihn nicht. Es ist eher gut, so bekommt
that hurts nothing that betrays him not It is rather good so gets

die Karte etwas Plakatartiges, das sofort das Auge auf sich zieht. Er
the card something poster-like that immediately the eye on itself pulls He

malt geduldig weiter.
paints patiently further

Und sie ist auch geduldig geworden. Sie fängt an, sich darein zu
And she is also patient become She catches -on- herself therein to
    starts

denken, daß dies ein langer Krieg wird. Es ist jetzt Ruhe in ihr, Otto
think that this a long war becomes It is now rest in her Otto

hat alles bedacht, auf Otto ist Verlaß, immer und immer. Wie er
has everything considered on Otto is leave always and always How he
    decorated   to be trusted

alles überlegt hat! Die erste Karte in diesem Kriege, sie hat im
everything considered has The first card in this war she has in the
    it

gefallenen Sohne ihren Ursprung, sie spricht von ihm. Einmal hatten sie
fallen son her origin she speaks from him Once had she
    its   it

einen Sohn, der Führer hat ihn ermordet, jetzt schreiben sie Karten. Ein
a son the leader has him murdered now write they cards A

neuer Lebensabschnitt. Äußerlich hat sich nichts geändert. Ruhe um die
new stage of life Outwardly has itself nothing changed Rest for the

Quangels. Innerlich ist alles ganz anders geworden, da ist Krieg
Quangels Internally is everything completely different become there is war

...

Sie holt sich ihren Stopfkorb und fängt an, Strümpfe zu stopfen. Ab
She gets herself her darning basket and catches -on- socks to darn Off
    starts

und zu sieht sie zu Otto hinüber, der langsam, ohne je das Tempo
and on looks she to Otto over who slowly without indeed the tempo

zu beschleunigen, seine Buchstaben malt. Fast nach jedem Buchstaben
to accelerate his letters paints Almost after each letter

hält er die Karte in Armeslänge vor sich und betrachtet sie mit
holds he the card in arm length before himself and considers her with
it

eingekniffenen Augen. Dann nickt er.
pinched eyes Then nods he

Schließlich zeigt er ihr diesen ersten fertigen Satz. Er nimmt
Finally shows he her this first finished sentence He takes
It

anderthalb sehr große Zeilen der Karte ein.
one and a half very great lines of the card in

Sie sagt: »Du wirst nicht viel heraufbekommen auf so eine Karte!«
She says You will not much on it get on so a card

Er antwortet: »Ganz egal! Ich werde noch viele solche Karten schreiben!«
He answers All equal I will still many such cards write

»Und solche Karte dauert lange.«
And such cards take long

»Ich werde eine, später vielleicht zwei Karten an einem Sonntag schreiben.
I will one later perhaps two cards on a Sunday write

Der Krieg ist noch nicht zu Ende, das Morden geht immer weiter.«
The war is still not to end the murder goes always further

Er ist nicht zu erschüttern. Er hat seinen Entschluß gefaßt, und er wird
He is not to shake He has his decision taken and he will

nach diesem Entschluß handeln. Nichts kann ihn umstoßen, niemand wird
after this decision deal Nothing can him knock over nobody will

Otto Quangel auf seinem Wege Halt gebieten.
Otto Quangel on his road stop order

Er sagt: »Der zweite Satz: ›Mutter! Der Führer wird auch deine Söhne
He says The second sentence Mother The leader will also your sons

ermorden, er wird noch nicht aufhören, wenn er Trauer in jedes Haus
murder he will still not stop when he mourning in each house

auf der Welt gebracht hat‹ ...«
on the world brought has

Sie wiederholt: »Mutter, der Führer wird auch deine Söhne ermorden!«
She repeated Mother the leader will also your sons murder

Sie nickt, sie sagt: »Das schreib!« Sie überlegt: »Man müßte diese Karte
She nods she says That write She considers One must this card

dorthin legen, wohin Frauen kommen!«
there-to put where-to women come

Er denkt nach, dann schüttelt er den Kopf: »Nein. Bei Frauen, die einen
He thinks -after- then shakes he the head No At women who a

Schreck bekommen, weiß man nie, was sie tun. Ein Mann wird solche
fright become knows one never what they do A man will such

Karte schnell in die Tasche stecken, auf der Treppe. Später wird er sie
(a) card quickly in the pocket stick on the stairs Later will he her it

dann gründlich lesen. Außerdem: Alle Männer sind Söhne von Müttern.«
then thoroughly read In addition All men are sons from mothers

Er schweigt wieder, er fängt von neuem mit Malen an. Der Nachmittag
He is silent again he catches from new with painting on The afternoon starts

vergeht, sie denken nicht an das Vesperbrot. Schließlich, der Abend ist
passes they think not on the afternoon tea Finally the evening is

da, wird auch die Karte fertig. Er steht auf. Er sieht sie noch einmal
there becomes also the card ready He stands up He looks her still once

an.
at

»So!« sagt er. »Das wäre geschafft. Nächsten Sonntag die zweite.«
So says he That would be done Next Sunday the second

Sie nickt.
She nods

»Wann trägst du sie weg?« flüstert sie.
When carry you her away whispers she

Er sieht sie an. »Morgen vormittag.«
He looks her at Tomorrow morning

Sie bittet: »Laß mich dabeisein, dieses erste Mal!«
She asks Let me participate this first time

Er schüttelt den Kopf. »Nein«, sagt er. »Grade das erste Mal nicht. Ich
He shakes the head No says he Just the first time not I

muß erst sehen, wie das läuft.«
must first see how that runs

»Doch!« bittet sie. »Es ist meine Karte! Es ist die Karte von der
But asks she It is my card It is the card from the

Mutter!«
mother

»Gut!« entscheidet er. »Komm mit. Aber nur bis ans Haus. Drinnen will
Well decides he Come along But only until to the house Inside want

ich allein sein.«
I alone be

»Es ist recht.«
It is right
Agreed

Dann ist die Karte vorsichtig in ein Buch geschoben, das Schreibzeug
Then is the card carefully in a book shoved the writing material
slid

verwahrt, sind die Handschuhe in seine Joppe gesteckt.
kept safe are the hand-shoes in his jacket put
gloves

Sie essen zu Abend, sie sprechen kaum. Aber sie merken gar nicht,
They eat for (the) evening they speak hardly But they notice at all not

daß sie so schweigsam sind, auch Anna nicht. Beide sind müde, ganz
that they so in silence are also Anna not Both are tired completely

als hätten sie eine schwere Arbeit hinter sich oder als sei eine
as had they a heavy work behind themselves or as be a

weite Reise getan.
wide journey done
far made

Er sagt, vom Essen aufstehend: »Ich lege mich dann gleich hin.«
He says from the food getting up I lie myself then immediately away

Und sie: »Ich mach bloß noch die Küche. Dann komm ich auch. Gott,
And she I make just still the kitchen Then come I also God
order

wie müde ich bin, und wir haben doch nichts getan!«
how tired I am and we have indeed nothing done

Er sieht sie mit einem halben Lächeln an, dann geht er schnell in die
He looks her with a half smile at then goes he fast in the

Schlafstube und fängt an, sich auszuziehen.
dormitory and catches -on- himself out-to-pull
starts to undress

Aber dann, als sie beide liegen, als es dunkel ist, können sie beide
But then as they both lie as it dark is can they both

nicht einschlafen. Sie wälzen sich hin und her, sie horchen auf den
not in-sleep They roll over themselves to and fro they listen on the
fall asleep

Atem des andern, und schließlich fangen sie an zu reden. In der
breath of the other and finally catch they -on- to talk In the
start

Dunkelheit spricht es sich besser.
darkness speaks it itself better

»Was meinst du«, fragt Anna, »was mit unsern Karten geschieht?«
What mean you asks Anna what with our cards happens
believe

»Alle werden zuerst einen Schreck bekommen, wenn sie diese Karten
All will first a fright become when they these cards

daliegen sehen und die ersten Worte lesen. Alle haben doch heute
lying there see and the first words read All have indeed today

Angst.«
fear

»Ja«, sagt sie. »Alle ...«
Yes says she All

Aber sie nimmt sie beide, die Quangels, aus. Fast alle haben Angst,
But she takes them both the Quangels out Almost all have fear
exception

denkt sie. Wir nicht.
thinks she We not

»Die Finder«, wiederholt er hundertmal Durchdachtes, »werden Angst
The finder repeats he (a) hundred times thoughtful will fear

haben, daß sie auf der Treppe beobachtet worden sind. Sie werden die
have that they on the stairs observed become are They will the

Karte schnell fortstecken und weglaufen. Oder sie legen sie auch wieder
card fast away-put and away-walk Or they put her also again
it

hin und verdrücken sich, und der nächste kommt ...«
away and press away themselves and the next (one) comes
stalk away

»So wird es sein«, sagt Anna, und sie sieht das Treppenhaus vor sich,
So will it be says Anna and she sees the stairwell before herself

irgend solch ein Berliner Treppenhaus, schlecht beleuchtet, und jeder, der
any such one from Berlin stairwell bad illuminated and each who

eine solche Karte in der Hand hat, wird sich plötzlich fühlen, als sei er
a such card in the hand has will himself suddenly feel as be he

ein Verbrecher. Weil eigentlich jeder denkt wie dieser Kartenschreiber
a criminal Because actually each thinks as this card writer

und doch nicht so denken darf, weil Tod auf solchem Denken steht
and indeed not so think may because death on such thinking stands

...

»Manche«, fährt Quangel fort, »werden die Karte auch sofort abgeben,
Some drives Quangel away will the card also immediately deliver
goes

an den Blockwart oder die Polizei: nur schnell fort mit ihr! Aber auch
on the block attendant or the police only fast away with her But also
it

das macht nichts aus, ob in der Partei oder nicht, ob
that makes nothing -out- whether in the (political) party or not whether
matters

Politischer Leiter oder Polizei, sie alle werden die Karte lesen, sie wird
political leader or police they all become the card read they will

Wirkung in ihnen tun. Und wenn sie nur die eine Wirkung tut, daß sie
effect in them do And when they only the one effect does that they
has

wieder einmal erfahren, es ist noch Widerstand da, nicht alle folgen
again once experience it is still resistance there not all follow
there

diesem Führer ...«
this leader

»Nein«, sagt sie. »Nicht alle. Wir nicht.«
No says she Not all We not
 don't

»Und es werden mehr werden, Anna. Durch uns werden es mehr
And it will more become Anna Through us will it more
 there be there

werden. Vielleicht bringen wir andere auf den Gedanken, solche Karten zu
become Perhaps bring we others on the thoughts such cards to
be

schreiben, wie ich es tue. Schließlich werden Dutzende, Hunderte sitzen
write as I it do Finally will dozens hundreds sit

wie ich und schreiben. Wir werden Berlin mit diesen Karten
as I and write We will Berlin with these cards

überschwemmen, wir werden den Gang der Maschinen hemmen, wir
flood we will the course of the machinery block we

werden den Führer stürzen, den Krieg beenden ...«
will the leader (make) fall the war end

Er hält inne, bestürzt von seinen eigenen Worten, von diesen Träumen,
He holds in dismayed from his own words from these dreams
 by by

die sein kühles Herz so spät noch aufsuchen.
which his cool heart so late still seek out

Aber Anna Quangel sagt, begeistert von dieser Vision: »Und wir werden
But Anna Quangel says enthusiastically of this vision And we will

die ersten gewesen sein! Niemand wird es wissen, aber wir wissen es.«
the first been be Nobody will it know but we know it

Er sagt plötzlich nüchtern: »Vielleicht denken schon viele so wie wir,
He says suddenly sober Perhaps think already many so as we

Tausende von Männern müssen schon gefallen sein. Vielleicht gibt es
thousands from men must already fallen be Perhaps gives it
 are there

schon solche Kartenschreiber. Aber das ist egal, Anna! Was geht es
already such card writers But that is equal Anna What goes it
 doesn't matter matters

uns an? Wir tun dies!«
us on We do this
to us

»Ja«, sagt sie.
Yes says she

Und er, noch einmal hingerissen von den Aussichten des begonnenen
And he still once carried away from the views of the started

Unternehmens: »Und wir werden die Polizei in Gang setzen, die Gestapo,
enterprise And we will the police in course set the gestapo

die SS, die SA. Überall wird man von dem geheimnisvollen
the SS the SA everywhere will one from the mysterious
they

Kartenschreiber sprechen, sie werden fahnden, verdächtigen, beobachten,
card writer speak they will search make suspects observe

Haussuchungen machen – vergeblich! Wir schreiben weiter, immer weiter!«
house searches make in vain We write further always further

Und sie: »Vielleicht werden sie dem Führer selbst solche Karten vorlegen
And they Perhaps will they the leader himself such cards before-lay

– er selbst wird sie lesen, wir klagen ihn an! Er wird toben! Er
he himself will them read we complain him -on- He will rage He
accuse

soll doch immer gleich toben, wenn was nicht nach seinem Willen
should indeed always immediately rage when what not after his will

geht. Er wird befehlen, uns zu finden, und sie werden uns nicht finden!
goes He will order us to find and they will us not find

Er wird weiter unsere Anklagen lesen müssen!«
He will further our accusations read must

Sie schweigen beide, beide geblendet von diesem Ausblick. Was waren
They kept silent both both dazzled from this outlook What were

sie eben noch? Unbekannte Existenzen, im großen, dunklen Gewimmel
they just still Unknown existing (persons) in the large dark swarming

hatten sie mitgewimmelt. Und nun sind sie beide ganz allein,
had they swarmed along And now are they both completely alone

getrennt, erhoben vor den andern, mit keinem von ihnen zu
parted risen before the other with none from them to

verwechseln. Es ist Eiseskälte um sie, so allein sind sie.
confound It is freezing cold for them so alone are they

Und Quangel sieht sich in der Werkstatt stehen, wie immer im
And Quangel sees himself in the workshop stand as always in the

gleichen Getriebe, treibend und getrieben, den Kopf achtsam, ruckweise
(the) same drive impulsive and driven the head mindful jerkily
bustle

von Maschine zu Maschine gedreht. Für die wird er immer der olle
from machine to machine turned For those will he always the old

doofe Quangel sein, nur von seiner Arbeit und seinem schmutzigen Geiz
stupid Quangel be only from his work and his dirty greed
by

besessen. In seinem Kopf aber hat er Gedanken, wie sie keiner von
possessed In his head however has he thoughts as they none from

ihnen hat. Jeder von ihnen würde vor Angst umkommen, wenn er solche
them has Each from them would for fear perish when he such
of

Gedanken hätte. Er aber, der dußlige olle Quangel, er hat sie. Er steht
thoughts had He however the stupid old Quangel he has them He stands

da und täuscht sie alle.
there and deceives them all

Anna Quangel aber denkt jetzt an den Weg, den sie morgen beide
Ann Quangel however thinks now on the way which they tomorrow both

gehen werden, die erste Karte fortzubringen. Sie ist etwas unzufrieden
go will the first card away to bring She is somewhat dissatisfied

mit sich, daß sie nicht darauf bestanden hat, mit Quangel ins Haus
with herself that she not thereupon insisted has with Quangel in the house

hineinzugehen. Sie überlegt, ob sie ihn nicht noch einmal darum
inside to go She considers whether she him not still once therefore

bitten soll. Vielleicht. Im allgemeinen ist Otto Quangel durch Bitten
ask should Perhaps In the general is Otto Quangel through asking

nicht umzustimmen. Aber vielleicht heute abend, da er so
not to change of mind But perhaps today evening there he (in a) so

ungewöhnlich heiterer Laune zu sein scheint? Vielleicht gleich jetzt?
unusually cheerful mood to be seems Perhaps immediately now

Aber es dauert zu lange, bis sie sich entschlossen hat. Da merkt sie:
But it takes to long until she herself decided has There notices she

Quangel ist schon eingeschlafen. So schickt auch sie sich an zu
Quangel is already slept inasleep fallen So sends also she herself on to

schlafen, sie wird sehen ob es morgen paßt. Wenn es paßt, wird sie
sleep she will see whether it tomorrow suits when it suits will she

bestimmt fragen.
definitely ask

Und dann schläft auch sie ein.
And then sleeps also she in

Die erste Karte wird abgelegt
The first cards become laid off (The first cards are dropped off)

Sie	wagt	es	erst	auf	der	Straße,	ihm	davon	zu	sprechen,	so	wortkarg
She	dares	it	first only	on	the	street	him	there-from	to	speak	so	taciturn

war	Otto	an	diesem	Vormittag.	»Wo	willst	du	die	Karte	hinbringen,
was	Otto	on	this	morning	Where	want	you	the	card	to-bring

Otto?«
Otto

Er	antwortet	mürrisch:	»Sprich	jetzt	nicht	davon.	Nicht	jetzt	auf	der
He	answers	grumpily	Speak	now	not	there-from	Not	now	on	the

Straße.«
street

Und	dann	setzt	er	doch	noch	widerwillig	hinzu:	»Ich	habe	mir	ein
And	then	set added	he	indeed	still	reluctantly	there-to	I	have	myself	a

Haus	in	der	Greifswalder	Straße	ausgesucht.«
house	in	the	Greifswalder	street	out-searched

»Nein«,	sagt	sie	entschieden.	»Nein,	tu	das	nicht,	Otto.	Das	ist	falsch,
No	says	she	decidedly	No	do	that	not	otto	That	is	wrong

was	du	da	tun	willst!«
what	you	there	do	want

»Komm!«	sagt	er	böse,	denn	sie	ist	stehengeblieben.	»Ich	sage	dir	doch
Come	says	he	angry	then	she	is	stand-remained halted	I	say	you	indeed

nicht	hier	auf	der	Straße!«
not	here	on	the	street

Er	geht	weiter,	sie	folgt	ihm	und	besteht	auf	ihrem	Recht,
He	goes	further	she	follows	him	and	insists	on	her	right

mitzusprechen. »Nicht so in der Nähe unserer Wohnung«, betont sie.
along to speak Not so in the proximity (of) our flat stresses she

»Wenn diese Sache denen in die Hände fällt, haben sie gleich einen
If this thing those in the hands falls have they immediately a

Fingerzeig über die Gegend. Laß uns bis zum Alex runtergehen ...«
finger-point over the area Let us until to the Alex go down
(Alexanderplatz)

Er denkt nach, er überlegt. Vielleicht, nein, sicher hat sie recht. Man
He thinks -after- he considers Perhaps no sure has she right One
is

muß mit allem rechnen. Und doch, dieses plötzliche Umändern seiner
must with all count And indeed this sudden change (of) his

Pläne paßt ihm nicht recht. Wenn sie jetzt bis zum Alex laufen,
plans suits him not right When they now until to the Alex run
(Alexanderplatz)

wird die Zeit sehr knapp, und er muß doch zum Arbeitsbeginn
becomes the time very tight and he must indeed to the start of work

zurechtkommen. Auch weiß er kein passendes Haus am Alex.
to-right-come Also knows he no suitable house at the Alex
arrive (Alexanderplatz)

Sicher gibt es dort viele, aber man muß das richtige erst suchen und
Sure gives -it- there many but one must the right (one) first search and
are

das tut er lieber allein als mit der Frau, die ihn dabei stört.
that does he rather alone as with the woman who him there-by bothers
than

Dann, ganz plötzlich, entschließt er sich. »Gut«, sagt er. »Du hast
Then completely suddenly decides he himself Good says he You have
are

recht, Anna. Gehen wir zum Alex.«
right Anna go we to the Alex

Sie sieht ihn dankbar von der Seite an. Sie ist glücklich, daß er auch
She sees him grateful from the side on She is happy that he also
looks at

einmal einen Ratschlag von ihr angenommen hat. Und weil er sie eben
once a council from her taken on has And because he her just

grade so glücklich gemacht hat, will sie ihn nicht noch um das
right so happy made has want she him not still for the

andere bitten, daß sie mit ihm ins Haus gehen darf. Nun gut, soll
other (thing) ask that she with him in the house go may Now good should

er allein gehen. Sie wird während des Wartens auf seine Rückkehr ein
he alone go She will while of the waiting on his return a

bißchen ängstlich sein – aber warum eigentlich? Sie zweifelt nicht einen
bit fearfully be but why actually She doubts not a
anxiously

Augenblick daran, daß er zurückkommen wird. Er ist so ruhig und so
moment there-on that he return will He is so calm and so
to it

kalt, er läßt sich nicht überrumpeln. Noch in deren Händen würde er
cold he lets himself not surprise Still in those hands would he

sich nicht verraten, er würde sich freikämpfen.
himself not betray he would himself fight free

Während sie so überlegend neben dem schweigsamen Manne einhergeht,
While she so considering beside the silent man accompanies
husband

sind sie von der Greifswalder in die Neue Königstraße hineingekommen.
are they from the Greifswalder in the New Koenigstrasse come in

Sie ist so beschäftigt gewesen mit ihren Gedanken, daß sie nicht darauf
She is so occupied been with her thoughts that she not thereupon
has

geachtet hat, wie wachsam Otto Quangels Augen an den Häusern
guarded has how watchful Otto Quangel's eyes on the houses

entlangstrichen. Nun bleibt er plötzlich stehen – sie haben noch ein
stroked along Now remains he suddenly stand they have still a

gutes Stück bis zum Alexanderplatz – und sagt: »Da, sieh dir da das
good bit until to the Alexanderplatz and says There look you there the

Schaufenster an, ich bin gleich zurück.«
store window on I am immediately back

Schon geht er über die Fahrbahn auf ein großes, helles Bürohaus zu.
Already goes he over the roadway on a large bright office building towards

Ihr Herz fängt stark an zu klopfen. Sie möchte ihm zurufen: Nein,
Her heart catches strong -on- to knock She may him shout to No
starts beat

nicht, wir haben Alex ausgemacht. Laß uns so lange noch
not we have Alex made out decided Let us so long still

zusammenbleiben! Und: Sage mir wenigstens Lebewohl! Aber die Tür dort
stay together And Say me at least live-well goodbye But the door there

schlug schon hinter ihm zu.
struck already behind him to close

Mit einem schweren Seufzer wendet sie sich dem Schaufenster zu.
With a heavy sigh turns she herself the store window towards

Aber sie sieht nichts von dem Ausgestellten. Sie lehnt die Stirn gegen
But she sees nothing from the displayed (item) She leans the forehead against

die kalte Scheibe, vor ihren Augen flirrt und flimmert es. Ihr Herz
the cold pane before her eyes shimmers and flickers it Her heart

klopft so sehr, daß sie kaum atmen kann, alles Blut scheint ihr in den
knocks so much that she hardly breathe can all blood seems her in the
beats to

Kopf zu treten.
head to step rush

Also habe ich doch Angst, denkt sie. Um Gottes willen, er darf das nie
Thus have I indeed fear thinks she For god's will he may that never

merken, daß ich Angst habe. Sonst nimmt er mich nie wieder mit.
notice that I fear have Otherwise takes he me never again along

Aber ich habe auch keine richtige Angst, überlegt sie weiter. Ich habe
But I have also no right true fear considers she further I have

keine Angst um mich. Ich habe um ihn Angst. Wenn er nun nicht
no fear for myself I have for him fear When he now not

wiederkommt!
comes back

Sie kann es nicht lassen, sie muß sich nach dem Bürohaus umdrehen.
She can it not let (go) she must herself to the office building turn around

Die Tür wird aufgestoßen, Menschen kommen, Menschen gehen; warum
The door becomes pushed open people come people go why

kommt Quangel nicht? Er muß fünf, nein, zehn Minuten fort sein. Warum
comes Quangel not He must five no ten minutes away be Why

rennt der Mann, der eben aus dem Haus kam, so? Soll er vielleicht
runs the man who just from the house came so Should he perhaps

die Polizei rufen? Haben sie Quangel gleich beim ersten Male gefaßt?
the police call Have they Quangel immediately at the first time taken

Oh, ich halte das nicht aus! Was hat er sich vorgenommen?! Und
Oh I hold that not out What has he himself taken in front/decided to do And

ich dachte, es wäre etwas Kleines! Jede Woche einmal, und wenn er
I thought it would be something small Each week once and when he

erst zwei Karten schreibt, jede Woche zweimal in Lebensgefahr! Und er
first two cards writes each week twice in life's-danger/risk of death And he

wird mich nicht immer mitnehmen wollen! Ich habe das heute früh schon
will me not always take along want I have that today early already

gemerkt, eigentlich war ihm mein Mitkommen nicht recht. Er wird allein
noticed actually was him my coming along not right He will alone

gehen, allein wird er die Karten fortbringen, und von da wird er zur
go alone will he the cards away bring and from there will he to the

Fabrik gehen (oder er wird auch nie wieder zur Fabrik gehen!), und
factory go or he will also never again to the factory go and

ich werde zu Hause sitzen, sitzen und mit Angst auf ihn warten. Ich
I will at house sit sit and with fear on him wait I

fühle, diese Angst wird nie aufhören, daran werde ich mich nie
feel this fear will never stop there-on/to that will I myself never

gewöhnen. Da kommt Otto! Endlich! Nein, er ist es nicht. Er ist es
habituate There comes Otto Finally No he is it not He is it

wieder nicht! Jetzt gehe ich ihm nach, er kann noch so böse werden!
again not Now go I him after he can still so angry become

Es ist bestimmt etwas passiert, er muß schon eine Viertelstunde fort
It is definitely something happened he must already a quarter of an hour away
There has

sein, so lange kann das nie und nimmer dauern! Jetzt suche ich ihn!
be so long can that never and never last Now search I him

Sie macht drei Schritte auf das Haus zu – und kehrt wieder um.
She makes three steps on the house towards and turns again around

Stellt sich vor das Schaufenster, starrt hinein.
Puts himself before the store window stares inside

Nein, ich werde ihm nicht nachgehen, ich werde ihn nicht suchen. Nicht
No I will him not go after I will him not search Not

schon gleich beim ersten Male kann ich so versagen. Ich bilde mir
already immediately at the first time can I so fail I picture myself
imagine

ja nur ein, daß was geschehen ist; sie gehen in dem Haus ein und
yes only -in- that what happened is they go in the house in and
indeed

aus wie immer. Sicher ist Otto auch noch keine Viertelstunde fort. Ich
out as always Sure is Otto also still no quarter of an hour away I

will jetzt sehen, was in diesem Schaufenster ist. Büstenhalter, Gürtel …
want now see what in this store window is Bra's belts

Unterdes war Quangel in das Bürohaus eingetreten. Er hatte sich nur
Under-that was Quangel in the office building stepped in He had himself only
Meanwhile

darum so rasch dazu entschlossen, weil die Frau an seiner Seite
therefore so quickly there-to decided because the woman on his side

war. Sie machte ihn unruhig, jeden Augenblick konnte sie wieder »davon«
was She made him restless every moment could she again from that

zu reden anfangen. In ihrer Gegenwart mochte er nicht lange suchen. Sie
to talk start In her presence might he not long search She

würde sicher wieder davon zu reden anfangen. Dieses Haus vorschlagen,
would sure again there-from to talk start This house propose

jenes ablehnen. Nein, nichts mehr davon! Da ging er lieber in das
that reject No nothing more there-from There went he rather in the

erste beste hinein, wenn es auch das erste schlechteste war.
first best inside when it also the first worst was

Es war das erste schlechteste. Es war ein helles, modernes Bürohaus,
It was the first worst It was a bright modern office building

mit vielen Firmen wohl, aber auch mit einem Portier in grauer Uniform.
with many companies well but also with a porter in gray uniform
indeed

Quangel geht, ihn gleichgültig ansehend, an ihm vorüber. Er ist darauf
Quangel goes him indifferent looking at on him past He is thereupon

gefaßt, nach dem Wohin gefragt zu werden, er hat sich gemerkt, daß
taken after the where-to asked to become he has himself noticed that

Rechtsanwalt Toll im vierten Stock sein Büro hat. Aber der Portier fragt
lawyer Toll in the fourth floor his office has But the porter asks

ihn nichts, er redet mit einem Herrn. Er streift den Vorübergehenden
him nothing he talks with a gentleman He grazes the passers-by

nur mit einem flüchtigen, gleichgültigen Blick. Quangel wendet sich nach
only with a fleeting indifferent glance Quangel turns himself to

links, schickt sich an, die Treppe hochzusteigen, da hört er einen
left sends himself on the stairs to climb up there hears he an

Fahrstuhl surren. Siehe da, damit hat er auch nicht gerechnet, daß es
elevator whir See there there-with has he also not counted that it there

in einem solchen modernen Haus Fahrstühle gibt, so daß die Treppen
in a such modern house elevators gives so that the stairs / are

kaum benutzt werden.
hardly used become

Aber Quangel steigt weiter die Treppe hoch. Der Junge im Lift wird
But Quangel rises further the stairs high The boy in the elevator will
climbs / up

denken: Das ist ein alter Mann, er mißtraut einem Fahrstuhl. Oder er
think That is an old man he distrusts an elevator Or he

wird denken, er will nur in den ersten Stock. Oder er wird überhaupt
will think he wants only in the first floor Or he will at all

nichts denken. Jedenfalls sind diese Treppen kaum benutzt. Er ist schon
nothing think Anyhow are this stairs hardly used He is already

auf der zweiten, und bisher ist ihm nur ein Bürojunge begegnet, der
on the second and until-here is him only an office boy encountered who
until now

eilig, ein Paket Briefe in der Hand, die Treppen hinabstürzte. Er
hurriedly a package (of) letters in the hand the stairs rushed down He

sah Quangel gar nicht an. Der könnte seine Karte hier überall
saw Quangel at all not on That one could his card here everywhere
looked / at

ablegen, aber er vergißt nicht einen Augenblick, daß dieser Fahrstuhl da
lay off but he forgets not a moment that this elevator there
drop off

ist, durch dessen blinkende Scheiben er jederzeit beobachtet werden kann.
is through whose flashing panes he at any time observed become can

Er muß noch höher, und der Fahrstuhl muß grade in die Tiefe versunken
He must still higher and the elevator must right in the deep sunk

sein, dann wird er es tun.
be then will he it do

Er bleibt an einem der hohen Fenster zwischen zwei Stockwerken
He remains on one of the high windows between two floors

stehen und starrt auf die Straße hinunter. Dabei zieht er, gut gegen
stand and stares on the street down There-by pulls he good against

Sicht gedeckt, den einen Handschuh aus der Tasche und streift ihn über
view covered the one glove from the pocket and strikes him over
slides it

seine Rechte. Er steckt diese Rechte wieder in die Tasche, vorsichtig
his right (one) He sticks this right (one) again in the pocket carefully

gleitet sie an der dort bereitliegenden Karte vorbei, vorsichtig, um sie
slides she on the there available cards past carefully for her
it it

nicht zu zerknittern. Er faßte sie mit zwei Fingern …
not to crumple He seized her with two fingers
it

Während Otto Quangel all das tut, hat er längst gesehen, daß Anna nicht
While Otto Quangel all that does has he long seen that Anna not

auf ihrem Platz am Schaufenster, sondern daß sie am Rande des
on her place at the store window but that she at the edge of the

Fahrdamms steht und höchst auffallend mit sehr blassem Gesicht nach
road dam stands and most high strikingly with very pale face to
road divider most

dem Bürohaus hinübersieht. So hoch, wie er steht, erhebt sie den Blick
the office building looks over So high as he stands raises she the glance

nicht, sie mustert wohl die Türen im Erdgeschoß. Er schüttelt unmutig
not she inspects well the doors in the ground floor He shakes angrily

den Kopf, fest entschlossen, die Frau nie wieder auf einen solchen
the head firmly decided the woman never again on a such

Weg mitzunehmen. Natürlich hat sie Angst um ihn. Aber warum hat sie
road to take along Of course has she fear for him But why has she

Angst um ihn? Sie sollte um sich selbst Angst haben, so falsch wie sie
fear for him She should for herself self fear have so false/wrong as she

sich benimmt. Sie erst bringt sie beide in Gefahr!
herself behaves She only/first brings them both in danger

Er steigt weiter treppauf. Als er am nächsten Fenster vorbeikommt,
He rises further up the stairs As he at the next window comes past

schaut er noch einmal auf die Straße, aber jetzt sieht Anna wieder in
stares/looks he still once on the street but now sees Anna again in

das Schaufenster hinein. Gut, sehr gut, sie hat ihre Angst untergekriegt.
the store window inside Good very good she has her fear gotten down

Sie ist eine mutige Frau. Er wird gar nicht mit ihr darüber sprechen.
She is a brave woman He will at all not with her there-about/about it speak

Und plötzlich nimmt Quangel die Karte, legt sie vorsichtig auf das
And suddenly takes Quangel the card lays her/it carefully on the

Fensterbrett, reißt, schon im Gehen, den Handschuh von der Hand und
window sill rips already in the go the glove from the hand and

steckt ihn in die Tasche.
sticks him/it in the pocket

Die ersten Stufen hinabsteigend, sieht er noch einmal zurück. Da liegt
The first steps descending sees he still once back There lies

sie im hellen Tageslicht, von hier aus kann er noch sehen, eine wie
she/it in the bright daylight from here out can he still see a how

große, deutliche Schrift seine erste Karte bedeckt! Jeder wird sie lesen
great clear writing his first card covered Each will her/it read

können! Und verstehen auch! Quangel lächelt grimmig.
be able And understand also Quangel smiles grim

Zugleich hört er aber auch, daß eine Tür im Stockwerk über
At the same time hears he however also that a door in the floor over

ihm geht. Der Fahrstuhl ist vor einer Minute in die Tiefe gesunken.
him goes. The elevator is before a minute in the deep sunk

Wenn es dem da oben, der grade ein Büro verlassen hat, zu
When it the one there above who right an office left has too

langweilig ist, auf das Wiederheraufkommen des Fahrstuhls zu warten,
boring is on the again-up-coming of the elevator to wait

wenn er die Treppe hinuntersteigt, die Karte findet: Quangel ist nur eine
when he the stairs descends the card finds Quangel is only one

Treppe tiefer. Wenn der Mann läuft, kann er Quangel noch erwischen,
stairs deeper. When the man runs can he Quangel still get

vielleicht erst ganz unten, aber kriegen kann er ihn, denn Quangel
perhaps first completely under but get can he him then Quangel

darf nicht laufen. Ein alter Mann, der wie ein Schuljunge die Treppe
may not run. An old man who like a school boy the stairs

hinunterläuft – nein, das fällt auf. Und er darf nicht auffallen, niemand
runs down no that falls on And he may not fall up nobody
is noticeable be noticeable

darf sich erinnern, einen Mann von dem und dem Aussehen überhaupt
may himself remember a man from that and that out-look at all
such so looks

in diesem Hause gesehen zu haben ...
in this house seen to have

Er geht aber immerhin ziemlich rasch diese Steinstufen hinunter, und
He goes however after all rather quickly these stone steps down and

zwischen dem Geräusch, das seine Schritte machen, lauscht er nach oben,
between the sound that his steps make listens he after above
up

ob der Mann wohl wirklich die Treppe benutzt hat. Dann muß er
whether the man well really the stairs used has Then must he
indeed

eigentlich die Karte gesehen haben, die ist gar nicht zu übersehen.
actually the card seen have that one is at all not to overlook

Aber Quangel ist seiner Sache nicht sicher. Einmal glaubt er, Schritte
But Quangel is his thing not sure Once believes he steps

gehört zu haben. Aber nun hört er schon lange nichts mehr. Und jetzt
heard to have But now hears he already long nothing (any)more And now

ist er zu tief unten, um noch irgend etwas zu hören. Der Fahrstuhl
is he too deep under for still any something to hear The elevator

fährt lichterglänzend an ihm vorbei in die Höhe.
drives shiny on him past in the height
goes

Quangel tritt in den Ausgang. Grade kommt ein großer Trupp Menschen
Quangel steps in the exit Right comes a great troop (of) people

vom Hofe her, Arbeiter aus irgendeiner Fabrik, Quangel schiebt sich
from the court away workers from some factory Quangel pushes himself
slides

unter sie. Diesmal, ist er ganz sicher, hat ihn der Portier überhaupt
under them This time is he completely sure has him the porter at all
between

nicht angesehen.
not watched

Er geht über den Fahrdamm und stellt sich neben Anna.
He goes over the road dam and puts himself beside Anna

»Erledigt!« sagt er.
Done says he

Und als er das Aufleuchten ihres Auges, das Nachzittern ihrer Lippen
And as he the lighting up of her eyes the after-shivering of her lips

sieht, setzt er hinzu: »Niemand hat mich gesehen!« Und schließlich:
sees sets he there-to No one has me seen And finally
adds

»Komm, laß uns gehen. Es ist grade noch Zeit, daß ich zu Fuß in die
Come let us go It is right still time that I at foot in the

Fabrik komme.«
factory come.

Sie gehen. Aber beide werfen im Gehen noch einen Blick auf dieses
They go But both throw in the going still a glance on this

Bürohaus zurück, in dem nun die erste Karte Quangels ihren Weg in
office building back in which now the first card (of) Quangel her way in
its

die Welt antritt. Sie nicken dem Haus gewissermaßen abschiednehmend
the world on-steps They nod the house (in) certain measure saying goodbye
    steps in   so to speak

zu. Es ist ein gutes Haus, und so viele Häuser sie auch in den
to It is a good house, and so many houses they also in the

nächsten Monaten und Jahren in der gleichen Absicht aufsuchen werden –
next months and years in the (the) same intention seek out will

dieses Haus wird von ihnen nicht vergessen werden.
this house will from them not forgotten become
               by

Anna Quangel möchte gerne einmal rasch die Hand des Mannes
Anna Quangel may gladly once quickly the hand of the man

streicheln, aber sie wagt es nicht. So streift sie nur wie zufällig
stroke but she dares it not so grazes she only as coincidentally

dagegen und sagt erschrocken: »Verzeihung, Otto!«
there against and says frightened Forgiveness Otto
                         Sorry

Er sieht sie verwundert von der Seite an, aber er schweigt.
He sees her surprised from the side on but he is silent
  looks   at

Sie gehen weiter.
They go further

www.ingramcontent.com/pod-product-compliance
Lightning Source LLC
Chambersburg PA
CBHW062147080426
42734CB00010B/1598